Grenzen ärztlicher Schweigepflicht am Beispiel von Kindesmisshandlungen

Europäische Hochschulschriften

European University Studies
Publications Universitaires Européennes

Reihe II	**Rechtswissenschaft**
Series II	Law
Série II	Droit

Band/Volume **5577**

Konstantinos Vitkas

Grenzen ärztlicher Schweigepflicht am Beispiel von Kindesmisshandlungen

Zugleich ein Beitrag zu § 4 Abs. 3 Kinderschutz-Kooperationsgesetz

PL ACADEMIC RESEARCH

Bibliografische Information der Deutschen Nationalbibliothek
Die Deutsche Nationalbibliothek verzeichnet diese Publikation in der Deutschen Nationalbibliografie; detaillierte bibliografische Daten sind im Internet über http://dnb.d-nb.de abrufbar.

Zugl.: Düsseldorf, Univ., Diss., 2013

D 61
ISSN 0531-7312
ISBN 978-3-631-65052-3 (Print)
E-ISBN 978-3-653-04107-1 (E-Book)
DOI 10.3726/978-3-653-04107-1

PL Academic Research ist ein Imprint der Peter Lang GmbH.
Peter Lang – Frankfurt am Main · Bern · Bruxelles · New York · Oxford · Warszawa · Wien

Dieses Buch wurde vor Erscheinen peer reviewed.

www.peterlang.com

Vorwort

Die vorliegende Arbeit lag im Wintersemester 2012/2013 der Juristischen Fakultät der Heinrich-Heine-Universität Düsseldorf als Dissertation vor. Die aktualisierte Druckfassung berücksichtigt Rechtsprechung und Literatur im Wesentlichen bis November 2013.

Mein Dank gilt an erster Stelle meinem Doktorvater Herrn Prof. Dr. Helmut Frister für die hervorragende Betreuung. Als wissenschaftlicher Mitarbeiter durfte ich an seinem Lehrstuhl und dem von ihm und Herrn Prof. Dr. Dirk Olzen geleiteten Micheline Radzyner Institut für Rechtsfragen der Medizin eine wunderschöne Zeit erleben und konnte stets auf seine fachliche und persönliche Unterstützung zählen.

Dankbar bin ich darüber hinaus Herrn Prof. Dr. Schlehofer für die außerordentlich zügige Erstellung des Zweitgutachtens.

Bei meinen großartigen Kollegen bedanke ich mich für die angenehme Atmosphäre und die schöne Zeit am Lehrstuhl und am Institut für Rechtsfragen der Medizin, die alle auf ihre Weise zum Gelingen dieser Arbeit beigetragen haben.

Schließlich danke ich meiner Familie. Meine Eltern Efrossini und Alexandros Vitkas haben nie gezögert, mich auf vielfältige Weise zu unterstützen. Neben ihnen hat auch mein Bruder Lazaros den Fortgang meines Promotionsvorhabens stets mit großem Interesse verfolgt.

Der größte Dank gebührt meiner Ehefrau Anna Vitkas. Sie steht mir in allen Lebenslagen unermüdlich mit Rat und Tat zur Seite und hat dadurch einen wesentlichen Beitrag zum Gelingen meiner Promotion geleistet. Als Dank sei ihr diese Arbeit gewidmet.

Düsseldorf, im November 2013 Konstantinos Vitkas

Inhaltsverzeichnis

Erstes Kapitel: Einleitung

A. Problemstellung

Historisch betrachtet ist Gewalt gegen Kinder kein neues Phänomen, sondern erstreckt sich bis heute durch die Geschichte unserer Gesellschaft. Viele der früher von den Wertvorstellungen der Gesellschaft gebilligten Praktiken werden heute als Misshandlungen bezeichnet.[1] In manchen Kulturkreisen war sogar die Kindstötung ein anerkanntes Mittel, um die Bevölkerungszahlen zu regulieren oder Kinder mit Behinderungen zu eliminieren.[2] In Deutschland selbst wurde den Personensorgeberechtigten ebenfalls ein Züchtigungsrecht eingeräumt, welches erst durch das Sorgerechtsgesetz, das am 1.1.1980 in Kraft getreten ist, beseitigt wurde.[3] Obwohl sich ein Wandel der Wertvorstellungen in der Gesellschaft vollzogen hat, bleibt die Misshandlung von Kindern ein großes gesellschaftliches Problem.

In Deutschland liegen kaum verlässliche Daten zur Häufigkeit von Kindesmisshandlungen vor. Schätzungen zufolge werden ungefähr vier bis sechzehn Prozent der Kinder physisch misshandelt oder sexuell missbraucht und etwa zehn Prozent der Kinder werden vernachlässigt oder psychisch misshandelt.[4] Speziell für den Fall des sexuellen Missbrauchs von Kindern (§§ 176, 176a, 176b StGB) weist die Polizeistatistik von 2011 für 2010 12.444 Fälle auf, die den Behörden bekanntgeworden sind.[5] Erschreckend hoch ist die Dunkelziffer bei Kindesmisshandlungen. Schätzungen zufolge erhalten Behörden von 95 Prozent der Fälle keine Kenntnis.[6] Die Gründe sind z. B. darin zu sehen, dass Kindesmisshandlungen im

---

1 *Herrmann/Dettmeyer/Banaschak/Thyen,* Kindesmisshandlung, 4 f; http://www.bundesaerztekammer.de/downloads/Kindesmisshandlung.pdf, S. 1. (zuletzt abgerufen am 19.11.2013).

2 http://www.bundesaerztekammer.de/downloads/Kindesmisshandlung.pdf, S. 1. (zuletzt abgerufen am 19.11.2013).

3 Vgl. auch Fn. 430.

4 http://www.bundesaerztekammer.de/downloads/Kindesmisshandlung.pdf, S. 2. (zuletzt abgerufen am 19.11.2013).

5 Polizeiliche Kriminalstatistik 2011, S. 9, abrufbar unter: http://www.bmi.bund.de/SharedDocs/Downloads/DE/Broschueren/2012/PKS2011.pdf?__blob=publicationFile (zuletzt abgerufen am 19.11.2013).

6 *Bode/Zoubek,* Monatsschrift Kinderheilkunde 2008, 627; *Herrmann/Dettmeyer/Banaschak/Thyen,* Kindesmisshandlung, 4; *Kohlhaas,* NJW 1967, 958 (959); *Landgraf u.a.,* Monatsschrift Kinderheilkunde 2010, 149; *Müller/Lamberty/de Paz Martinez,*

häuslichen Bereich begangen werden, in der sogenannten Intimsphäre der Familie.[7] Die Kindesmisshandlungen werden daher nur von einem eng begrenzten Personenkreis wahrgenommen, in der Regel nur vom Opfer und dem Täter selbst.[8] Wenn Zeugen dieser Taten vorhanden sind, handelt es sich grundsätzlich um solche, die in naher Verbindung zum Täter stehen oder von ihm abhängig sind, wie z. B. der Ehegatte, die Geschwister, Freunde oder Nachbarn.[9] Aus Furcht, mit der betreffenden Familie oder den Behörden in Konflikt zu geraten, wird nicht selten der Mantel des Schweigens über die Tat gelegt. Aber selbst dann, wenn diese Personen die Behörden informieren, ist dem Kind nicht immer geholfen. Es ist vielfach zu beobachten, dass beispielsweise der Nachbar, der zur Polizei geht, aus eigener Anschauung nichts sagen kann, da er nur Schreie gehört oder Striemen gesehen hat.[10] Die Schreie werden von den Eltern beispielsweise mit einer Rauferei mit einem Geschwisterkind und die Hämatome mit einem Sturz vom Treppengeländer erklärt.[11]

Eine herausragende Rolle für den Kinderschutz spielt deshalb die Kooperation von Kinder- und Jugendhilfe und Gesundheitswesen. Oft sind es Ärzte,[12] die erste Anzeichen für eine Kindesmisshandlung entdecken, denen die rechtlichen Mittel eingeräumt werden müssen, Verdachtsfälle gegebenenfalls an staatliche Stellen weiterzuleiten.[13] Das Thema Kinderschutz und die mit ihm nicht selten

---

JAmt 2012, 69 ff.; NK-StGB-*Paeffgen,* § 225 Rn. 30; *Paulus,* Die Kriminalpolizei 2012, 4 (4 ff.); *Trube-Becker,* Gewalt gegen das Kind, 12 f.

7 *Göppinger,* Kriminologie, § 28 Rn. 51 ff.; *Kohlhaas,* NJW 1967, 958 (959); *Trube-Becker,* Gewalt gegen das Kind, 12 f. Vgl. auch den Abschlussbericht des Runden Tisches „Sexueller Kindesmissbrauch in Abhängigkeits- und Machtverhältnissen in privaten und öffentlichen Einrichtungen und im familiären Bereich" vom 30.11.2011, S. 12.

8 *Trube-Becker,* Gewalt gegen das Kind, 12 f.

9 *Trube-Becker,* Gewalt gegen das Kind, 13.

10 *Kohlhaas,* NJW 1967, 958 (959); *Herrmann/Dettmeyer/Banaschak/Thyen,* Kindesmisshandlung, 21; *Staubli,* Notfall und Rettungsmedizin 2007, 579; *Trube-Becker,* Gewalt gegen das Kind, 12 f.

11 *Herrmann/Dettmeyer/Banaschak/Thyen,* Kindesmisshandlung, 20 f.; *Kohlhaas,* NJW 1967, 958 (959); *Lindner,* ZRP 2007, 115 (117); *Trube-Becker,* Gewalt gegen das Kind, 12 f.

12 Der leichteren Lesbarkeit halber wurde im Text bei sämtlichen beide Geschlechter betreffenden Formulierungen die männliche Form gewählt. Ich bitte dafür insbesondere bei den Leserinnen um Nachsicht.

13 *Herrmann/Dettmeyer/Banaschak/Thyen,* Kindesmisshandlung, 2; *Huster/Rux,* NWVBl. 2008, 455.

konfligierende ärztliche Schweigepflicht wurde in der Literatur zum Teil als „Top-Thema“[14] oder als „Mega-Thema“[15] bezeichnet. Trotz der bestehenden gesetzgeberischen und politischen Bestrebungen, Rechtssicherheit für Ärzte zu schaffen, stellen sich eine Vielzahl von Rechtsfragen. Ziel dieser Dissertation ist es, die bestehenden rechtlichen Unsicherheiten auszuräumen.

B. Gang der Untersuchung

Die Arbeit befasst sich mit Rechtsfragen der ärztlichen Schweigepflicht im Falle von Kindesmisshandlungen. Ihren Ausgang nimmt die Bearbeitung in der Erörterung des Begriffs *Kindesmisshandlung* aus medizinischer[16] sowie juristischer Sicht.[17] Daran schließt sich die Darstellung der bestehenden Normen und Institutionen an, die dem Kinderschutz dienen sollen.[18] In der gebotenen Kürze wird sodann im zweiten Kapitel die rechtliche Verankerung der ärztlichen Schweigepflicht dargestellt.[19] Dem schließt sich die Darstellung der rechtlichen Probleme an, die sich bereits auf der Tatbestandsebene des § 203 Abs. 1 StGB im Falle von Kindesmisshandlungen stellen,[20] insbesondere die Frage nach der Reichweite und dem Schutz von Drittgeheimnissen.[21]

Der Schwerpunkt der Bearbeitung liegt jedoch in der Rechtfertigung der Verletzung der ärztlichen Schweigepflicht.[22] In diesem Zusammenhang erfolgt eine detaillierte Darstellung der Rechtfertigungsmöglichkeiten des Arztes für den Falltypus der Kindesmisshandlung. Die Bearbeitung differenziert danach, welche Rechtfertigungsmöglichkeiten dem Arzt gegenüber dem Jugendamt[23] und welche Rechtfertigungsmöglichkeiten ihm gegenüber anderen Stellen, wie z. B. dem Familiengericht zustehen. Zunächst werden die Einwilligung und die mutmaßliche Einwilligung als in Betracht kommende Rechtfertigungsgründe erörtert. Im Fokus

14 *Müller/Lamberty/de Paz Martinez,* JAmt 2012, 68.
15 *Meysen,* FamRZ 2012, 405.
16 S. 5 ff.
17 S. 10 f.
18 S. 12 ff.
19 S. 15 ff.
20 S. 23 ff.
21 S. 39 ff.
22 S. 45 ff.
23 Vgl. S. 46 ff.

der Bearbeitung steht vor allem das am 01.01.2012 in Kraft getretene KKG[24] und die in § 4 Abs. 3 S. 1 KKG verankerte Befugnisnorm zur Informationsweitergabe für Berufsgeheimnisträger.[25] Nach der Darstellung der Voraussetzungen des § 4 Abs. 3 S. 1 KKG wird das Problem der „aufgedrängten Informationsweitergabe" und das Verhältnis dieser Befugnisnorm zu landesrechtlichen Befugnisnormen erörtert.[26] Dem schließt sich ein Überblick über die Anwendbarkeit weiterer Rechtfertigungsgründe an. Es wird ferner untersucht, wie sich diese Befugnisnorm auf bisherige Rechtfertigungsmöglichkeiten auswirkt, insbesondere auf die Frage, ob und auf welcher Grundlage Ärzte auch andere Stellen bei diagnostizierten Kindesmisshandlungen informieren dürfen oder gar müssen.[27] Die Beantwortung dieser Frage hat erhebliche Auswirkungen auf die rechtliche Zulässigkeit der Informationsweitergabe vom Jugendamt an weitere Stellen, welche in einem weiteren Abschnitt näher erläutert wird.[28] Hierbei wird vor allem untersucht, ob die Datenübermittlung an weitere Stellen sowohl zu präventiven als auch zu repressiven Zwecken möglich ist. Abschließend wird in diesem Zusammenhang der Frage nachgegangen, ob die Eintragung von möglichen Kindesmisshandlungsfällen in die sogenannte „RISKID"-Datei rechtmäßig ist.[29] „RISKID" ist ein dateibasiertes elektronisches Informationssystem für Ärzte und geht auf eine Initiative der Duisburger Kinderärzte und der Kriminalpolizei zurück, die beobachteten, dass sich die Eltern von Kindern mit Verletzungen ungeklärter Herkunft der ärztlichen Nachfrage und Beobachtung durch häufige Arztwechsel entziehen.

Im sechsten Kapitel wird untersucht, ob der Arzt durch die Nichtanzeige einer tatsächlich bestehenden Kindesmisshandlung ein Strafbarkeitsrisiko eingeht.[30] Daran schließt sich in einem weiteren Kapitel die Frage an, welche möglichen straf-, zivil-, berufs-, approbations-, vertragsarzt- und arbeitsrechtlichen Risiken durch die Informationsweitergabe an andere Stellen bestehen, sofern sich herausstellt, dass keine Kindesmisshandlung vorlag, sondern die Verletzungen des Kindes harmlose Ursachen hatten.[31]

---

24 Gesetz zur Kooperation und Information im Kinderschutz (Kinderschutz-Kooperationsgesetz) vom 22.12.2011 (BGBl. I S. 2975).
25 S. 74 ff.
26 Siehe S. 93 ff.
27 S. 106 ff.
28 S. 133 ff.
29 S. 121 ff.
30 S. 149 ff.
31 S. 169 ff.

Die Bearbeitung schließt mit der zusammenfassenden Schlussbetrachtung der Thematik.[32]

C. Begriffsbestimmungen

Wenn bereits in der Einleitung der Begriff *Kindesmisshandlung* gefallen ist, stellt sich die Frage, was unter diesem Begriff zu verstehen ist. Im Folgenden wird zunächst der Begriff *Kindesmisshandlung* aus medizinischer und anschließend aus juristischer Sicht untersucht.

I. Der Begriff „Kindesmisshandlung" aus medizinischer Sicht

Die *Kindesmisshandlung* ist keine Erkrankung im engeren Sinn, aber durchaus eine medizinische Diagnose.[33] In der Medizin werden vier Misshandlungsformen unterschieden. Neben der körperlichen Misshandlung (mit Todesfolge) fallen unter dem medizinischen Begriff der Kindesmisshandlung auch der sexuelle Missbrauch, die Misshandlung durch Vernachlässigung sowie die psychische Misshandlung.[34] Diese Misshandlungsformen sind im sogenannten ICD-10-GM,[35] dem im Auftrag des Bundesministeriums für Gesundheit vom Deutschen Institut für Medizinische Dokumentation und Information (DIMDI) herausgegebenen systematischen Diagnoseverzeichnis, nach dessen Vorgaben Ärzte alle gestellten

32 S. 183 ff.

33 *Herrmann/Dettmeyer/Banaschak/Thyen,* Kindesmisshandlung, 1 f.

34 *Landgraf u.a.,* Monatsschrift Kinderheilkunde 2010, 149 (153 f.); *Pschyrembel,* Stichwort „Kindesmisshandlung"; *Pschyrembel,* Klinisches Wörterbuch, Stichwort: Kindesmisshandlung; *Trube-Becker,* Gewalt gegen das Kind, 20 ff., 30 ff., 80 ff., 104 ff.; http://www.riskid.de/kindesmisshandlung/aerztliche-diagnose.html (zuletzt abgerufen am 19.11.2013).

35 Die Internationale statistische Klassifikation der Krankheiten und verwandter Gesundheitsprobleme, 10. Revision, German Modification (ICD-10-GM) ist die amtliche Klassifikation zur Verschlüsselung von Diagnosen in der ambulanten und stationären Versorgung in Deutschland, vgl. http://www.dimdi.de/static/de/klassi/icd-10-gm/index.htm (zuletzt abgerufen am 19.11.2013). In Deutschland sind gemäß § 295 Abs. 1 S. 2 SGB V die an der vertragsärztlichen Versorgung teilnehmenden Ärzte und Einrichtungen verpflichtet, Diagnosen nach ICD-10-GM zu verschlüsseln.

Diagnosen codieren müssen, aufgelistet.[36] Der Diagnoseschlüssel lautet T74.0 bis T74.9. Alle Misshandlungsformen können neben den körperlichen, behandelbaren und grundsätzlich abheilenden Verletzungsfolgen und Folgen einer Mangelversorgung auch eine Vielzahl psychischer Störungen und Verhaltensauffälligkeiten zur Folge haben.[37]

1. Körperliche Misshandlung

Die häufigste Misshandlungsform ist die körperliche Misshandlung.[38] Häufig wird diese Misshandlungsform als *battered child syndrome* bezeichnet.[39] In der medizinischen Literatur wird dieser Begriff als irreführend angesehen, weswegen er zugunsten der Bezeichnung *nichtakzidentelle Verletzung*[40] oder *Misshandlungsverletzung*[41] ersetzt werden sollte. Die Bezeichnung *battered child syndrome* meine nämlich nur eine umschriebene Befundsituation, die dem weiten Spektrum misshandlungsbedingter Befunde nicht gerecht werde.[42]

Für den behandelnden Arzt ist von erheblicher Bedeutung, ob die festgestellten Verletzungen aus einer Misshandlung resultieren oder aber harmlose Ursachen hatten. Entscheidend ist in diesem Zusammenhang vor allem die Plausibilität des Verletzungsgeschehens.[43] Sofern die Verletzung eine harmlose Ursache hatte, existiert in der Regel eine nachvollziehbare Erklärung.[44] Im Falle von Kindesmisshandlungen fehlt allerdings häufig eine plausible Erklärung. Sofern Eltern unpassende, vage, unpräzise Angaben machen oder aber auch keine Erklärungen abgeben, kann

36 http://www.icd-code.de/icd/code/T74.-.html.

37 *Herrmann/Dettmeyer/Banaschak/Thyen,* Kindesmisshandlung, 1 f; *Landgraf u.a.,* Monatsschrift Kinderheilkunde 2010, 149; *Trube-Becker,* Gewalt gegen das Kind, 20 ff.

38 *Landgraf u.a.,* Monatsschrift Kinderheilkunde 2010, 149.

39 *Herrmann/Dettmeyer/Banaschak/Thyen,* Kindesmisshandlung, 19; *Kröner/Koletzko,* Pädiatrie, 418; *Parzeller/Dettmeyer, Bratzke, Flaig, Zedler,* Rechtsmedizin 2010, 147.

40 Häufig wird die englische Bezeichnung verwendet: *non accidental injury* (NAI), vgl. *Herrmann/Dettmeyer/Banaschak/Thyen,* Kindesmisshandlung, 19.

41 Im Englischen *abusive injury* oder *inflicted injury*, vgl. *Herrmann/Dettmeyer/Banaschak/Thyen,* Kindesmisshandlung, 19.

42 *Herrmann/Dettmeyer/Banaschak/Thyen,* Kindesmisshandlung, 19.

43 *Herrmann/Dettmeyer/Banaschak/Thyen,* Kindesmisshandlung, 20; *Kröner/Koletzko,* Pädiatrie, 418.

44 *Herrmann/Dettmeyer/Banaschak/Thyen,* Kindesmisshandlung, 20; *Kröner/Koletzko,* Pädiatrie, 418.

dies ein gewichtiges Indiz für eine Kindesmisshandlung sein.[45] Daneben existieren weitere Indizien, die zumindest den Verdacht einer körperlichen Misshandlung erhärten können. Das kann z. B. dann der Fall sein, wenn die Eltern den notwendigen Arztbesuch verzögern oder Verletzungen ungeklärter Herkunft der ärztlichen Nachfrage und Beobachtung durch häufige Arztwechsel entziehen.[46] Häufig werden Eltern auch behaupten, dass sich das Kind die Verletzungen selbst zugefügt hat oder diese von einem Geschwisterkind verursacht worden sind.[47] Darüber hinaus sind besondere körperliche Befunde für die ärztliche Diagnose „Kindesmisshandlung“ von erheblichem Belang. Stellt der Arzt multiple Hämatome an ungewöhnlichen Körperpartien fest, wie z. B. im Gesicht, auf der behaarten Kopfhaut, im oberen Rückenbereich, am Gesäß oder Einblutungen in die Konjunktiven, wird ein Kindesmisshandlungsfall nicht fernliegend sein.[48] Das Gleiche gilt für Hautveränderungen, wie z. B. Narben, Striemen, Hämatome, Abdrücke von Gegenständen, Würgemale am Hals oder Bissverletzungen.[49] Auch Brandverletzungen durch Zigaretten, am Gesäß durch das Setzen auf eine heiße Herdplatte oder aber durch zu heißes Badewasser, was durch strumpfförmige Verbrennungen an beiden Füßen erkennbar ist, können einen gewichtigen Hinweis auf eine Kindesmisshandlung darstellen.[50] Radiologisch nachgewiesene Frakturen unterschiedlichen Alters,[51] Unterernährung und Verletzungen im Genital- und Analbereich sind ebenfalls Anzeichen für eine Kindesmisshandlung.[52] Eine Sonderform der körperlichen Misshandlung stellt das sogenannte Schütteltrauma („Shaken-baby-syndrome“) dar.[53] Schütteltraumata führen häufig zu Verletzungen der Halswirbelsäule, Subduralblutungen durch Brückenvenenabrisse, multiple Schädelverletzungen sowie

---

45 *Herrmann/Dettmeyer/Banaschak/Thyen,* Kindesmisshandlung, 20; *Kröner/Koletzko,* Pädiatrie, 418; *Trube-Becker,* Gewalt gegen das Kind, 20.

46 *Herrmann/Dettmeyer/Banaschak/Thyen,* Kindesmisshandlung, 20; *Huster/Rux,* NWVBl. 2008, 455.

47 *Herrmann/Dettmeyer/Banaschak/Thyen,* Kindesmisshandlung, 20; *Trube-Becker,* Gewalt gegen das Kind, 20.

48 *Herrmann/Dettmeyer/Banaschak/Thyen,* Kindesmisshandlung, 23 ff., 52 ff.; *Kröner/Koletzko,* Pädiatrie, 418; *Schlack/Thyen/v. Kries,* Sozialpädiatrie, 317 f.

49 *Kröner/Koletzko,* Pädiatrie, 418; *Schlack/Thyen/v. Kries,* Sozialpädiatrie, 317 f.

50 *Herrmann/Dettmeyer/Banaschak/Thyen,* Kindesmisshandlung, 22; *Kröner/Koletzko,* Pädiatrie, 418.

51 *Bender,* MedR 2002, 626 (630); *Günter/Agris,* Der Arzt und sein Recht 1992, 4 (8); *Kröner/Koletzko,* Pädiatrie, 418.

52 *Kröner/Koletzko,* Pädiatrie, 418.

53 *Kröner/Koletzko,* Pädiatrie, 418; *Schlack/Thyen/v. Kries,* Sozialpädiatrie, 318 ff. Ausführlich *Herrmann/Dettmeyer/Banaschak/Thyen,* Kindesmisshandlung, 32 ff.

zu Bewusstseinsstörungen, Krampfanfällen und bleibenden Gehirnschäden.[54] Eine weitere Sonderform körperlicher Misshandlung stellt das Münchhausen-Stellvertreter-Syndrom (Münchhausen by proxy) dar.[55] Bei dieser vor allem bei Müttern vorkommenden psychischen Störung werden Erkrankungen des Kindes beispielsweise durch Verabreichung von Medikamenten, durch Vergiftungen oder durch rezidivierende Infektionen (Wundheilungsstörung) verursacht.[56] Nicht selten werden Erkrankungen des Kindes nur vorgetäuscht.[57] Häufig geben auch psychische Befunde, wie z. B. Autoaggression, Teilnahmslosigkeit, Ängstlichkeit oder fehlendes Schutzsuchen bei den Eltern, ein gewichtiges Indiz für eine Kindesmisshandlung.

2. Sexueller Missbrauch

Der sexueller Kindesmissbrauch wird in der medizinischen Literatur als die Einbeziehung und Nötigung von Kindern oder Jugendlichen zu sexuellen Aktivitäten definiert, die sie aufgrund entwicklungsbedingter Unreife nicht vollständig erfassen können, bei denen sie außerstande sind, bewusst einzuwilligen und bei dem soziale Tabus der Familie bzw. der Gesellschaft verletzt werden. Erwachsene nutzen den bestehenden Macht und Altersunterschied, um Kinder oder Jugendliche zur Kooperation zu überreden oder zu zwingen.[58] Anders als bei der körperlichen Misshandlung ist der sexuelle Missbrauch nur selten medizinisch diagnostizierbar, sofern keine anamnestischen Hinweise vorliegen.[59] Grund hierfür ist vor allem, dass der sexuelle Missbrauch von Kindern ohne gewaltsamen Kontakt stattfinden kann.[60] Der Verdacht des sexuellen Missbrauchs kann insbesondere bei Verletzungen in Genital- oder Analbereich, Genitalinfektion und sexuell übertragbare Krankheiten, wie Hepatitis B und HIV, vorliegen.[61]

---

54 *Herrmann/Dettmeyer/Banaschak/Thyen,* Kindesmisshandlung, 34; *Kröner/Koletzko,* Pädiatrie, 418; *Schlack/Thyen/v. Kries,* Sozialpädiatrie, 318 ff.

55 *Herrmann/Dettmeyer/Banaschak/Thyen,* Kindesmisshandlung, 97 ff.; *Kröner/Koletzko,* Pädiatrie, 418; *Mertens,* NJW 2009, 1712; *Schlack/Thyen/v. Kries,* Sozialpädiatrie, 321 f.

56 *Kröner/Koletzko,* Pädiatrie, 418.

57 *Herrmann/Dettmeyer/Banaschak/Thyen,* Kindesmisshandlung, 98.

58 *Herrmann/Dettmeyer/Banaschak/Thyen,* Kindesmisshandlung, 115; *Kröner/Koletzko,* Pädiatrie, 419; *Schlack/Thyen/v. Kries,* Sozialpädiatrie, 322.

59 *Schlack/Thyen/v. Kries,* Sozialpädiatrie, 322.

60 *Herrmann/Dettmeyer/Banaschak/Thyen,* Kindesmisshandlung, 116; *Trube-Becker,* Gewalt gegen das Kind, 104 f.

61 *Herrmann/Dettmeyer/Banaschak/Thyen,* Kindesmisshandlung, 122; *Kröner/Koletzko,* Pädiatrie, 419.

3. Vernachlässigung

Eine weitere Form der Kindesmisshandlung ist die Vernachlässigung des Kindes. Eine Definition des Begriffs *Vernachlässigung* bereitet Schwierigkeiten, weil die Beurteilung, welche Fürsorge für Kinder ausreichend ist und welche als Vernachlässigung zu werten ist, von gesellschaftlichen Normen abhängig ist, die einem ständigen Wandel unterliegen.[62] Vernachlässigung wird im medizinrechtlichen Schrifttum definiert als eine ausgeprägte, andauernde oder wiederholte Beeinträchtigung oder Schädigung der Entwicklung von Kindern durch die Personensorgeberechtigten aufgrund unzureichender Pflege und Kleidung, mangelnder Ernährung und gesundheitlicher Fürsorge, zu geringer Beaufsichtigung und Zuwendung, nachlässigem Schutz vor Gefahren sowie nicht hinreichender Anregung und Förderung motorischer, geistiger, emotionaler und sozialer Fähigkeiten.[63] Es lassen sich zwei Formen der Vernachlässigung unterscheiden; zum einen die körperliche Vernachlässigung und zum anderen die emotionale Vernachlässigung.[64]

a) Körperliche Vernachlässigung

Zur körperlichen Vernachlässigung zählt insbesondere die unzureichende qualitative und/oder quantitative Ernährung, die zu Dystrophie, nichtorganischer Gedeihstörung, psychosozialem Minderwuchs oder im Extremfall zum Verhungern des Kindes führt.[65] Daneben ist auch die unzureichende medizinische Versorgung, wozu das Nichtwahrnehmen der Früherkennungsuntersuchungen, keine oder unzureichende Impfungen, kein Aufsuchen medizinischer, zahnmedizinischer oder psychiatrischer Behandlung bei Bedarf oder fehlende Pflege bei Krankheit zählen, eine Form der körperlichen Vernachlässigung.[66] Ferner ist die prä- und perinatale Vernachlässigung der körperlichen Vernachlässigung zuzuordnen. Unter prä- und perinatale Vernachlässigung ist die Verdrängung oder Verleugnung der Schwangerschaft, der Drogen-, Alkohol- oder Nikotinabusus in der Schwangerschaft und

---

62 *Herrmann/Dettmeyer/Banaschak/Thyen,* Kindesmisshandlung, 179; *Schlack/Thyen/v. Kries,* Sozialpädiatrie, 323.

63 *Herrmann/Dettmeyer/Banaschak/Thyen,* Kindesmisshandlung, 180; *Schlack/Thyen/v. Kries,* Sozialpädiatrie, 322.

64 *Herrmann/Dettmeyer/Banaschak/Thyen,* Kindesmisshandlung, 179; *Schlack/Thyen/v. Kries,* Sozialpädiatrie, 324.

65 *Herrmann/Dettmeyer/Banaschak/Thyen,* Kindesmisshandlung, 181 ff.; *Schlack/Thyen/v. Kries,* Sozialpädiatrie, 324.

66 *Herrmann/Dettmeyer/Banaschak/Thyen,* Kindesmisshandlung, 181 f.; *Schlack/Thyen/v. Kries,* Sozialpädiatrie, 324.

die fehlende medizinische Vorsorge bzw. Betreuung vor, während oder nach der Geburt, zu verstehen.[67] Schließlich bedeutet auch die Missachtung körperlicher Grundbedürfnisse, wie die inadäquate Unterkunft, das Frierenlassen, die unangemessene Bekleidung, Hygiene und Körper- und Zahnpflege sowie unzureichender Schlaf, eine körperliche Vernachlässigung.[68]

b) Emotionale (seelische) Vernachlässigung

Eltern können ihre Kinder auch emotional vernachlässigen, indem sie ihnen Zuwendung, Liebe, Respekt oder Geborgenheit verweigern.[69] Diese Form der Vernachlässigung zeigt sich klinisch seitens des Kindes in mangelnder Anteilnahme, mangelndem Interesse, zurückgezogenem oder distanzlosem Verhalten und in Entwicklungsrückständen, insbesondere in der sozial-emotionalen und sprachlichen Entwicklung.[70]

4. Psychische (seelische) Misshandlung

Eine für Ärzte ohne anamnestische Hinweise kaum nachweisbare Form der Kindesmisshandlung ist die sogenannte psychische Misshandlung. Hierzu kann z. B. das Einsperren des Kindes in einen dunklen Keller, das Töten eines geliebten Tieres, das Alleinlassen in der Wohnung, Beschimpfungen, Anbinden an ein Möbelstück, während das Kind allein in der Wohnung ist, das Miterleben elterlicher Auseinandersetzungen oder aber das Zurückgesetztwerden gegenüber Geschwistern zählen.[71]

II. Der Begriff „Kindesmisshandlung“ aus juristischer Sicht

Wenn es um die Frage geht, wann ein Arzt zum Schutz von Kindern seine ärztliche Schweigepflicht brechen darf, spricht ein Teil der Literatur von *Kindesmissbrauch*,[72] andere verwenden den Begriff *Kindesmisshandlung*[73] und andere wiederum

---

67 *Herrmann/Dettmeyer/Banaschak/Thyen,* Kindesmisshandlung, 181; *Schlack/Thyen/v. Kries,* Sozialpädiatrie, 324.

68 *Herrmann/Dettmeyer/Banaschak/Thyen,* Kindesmisshandlung, 181; *Schlack/Thyen/v. Kries,* Sozialpädiatrie, 324.

69 *Herrmann/Dettmeyer/Banaschak/Thyen,* Kindesmisshandlung, 180, 182; *Schlack/Thyen/v. Kries,* Sozialpädiatrie, 324.

70 *Herrmann/Dettmeyer/Banaschak/Thyen,* Kindesmisshandlung, 179 f.

71 *Trube-Becker,* Gewalt gegen das Kind, 21.

72 So z. B. *Lackner/Kühl,* StGB, § 203 Rn. 25; Sch/Sch/*Lenckner/Eisele,* § 203 Rn. 31a.

73 So z. B. *HK-AKM/Kiesecker,* 4740 Rn. 74; LK/*Schünemann,* § 203 Rn. 140; *Narr,* Ärztliches Berufsrecht, B 253.

differenzieren zwischen *körperlicher Misshandlung* und *sexuellem Missbrauch,*[74] Gewiss lässt sich diese Unterscheidung nicht in die Kategorie richtig oder falsch einordnen. Der Begriff *Kindesmisshandlung* soll hier jedoch als Oberbegriff für eine Vielzahl aktiver und passiver Schädigungen des Kindes oder des Jugendlichen durch die Personensorgeberechtigten[75] oder durch Dritte verstanden werden.[76] Der Begriff der *Kindesmisshandlung* ist als solcher gesetzlich nicht definiert. Die Bundesregierung hat 1986 auf die Große Anfrage der Abgeordneten Frau Wagner und der Fraktion Die Grünen den Begriff Kindesmisshandlung als „die nicht zufällige bewusste oder unbewusste gewaltsame körperliche und/oder seelische Schädigung, die in Familien oder Institutionen geschieht, also in einem Zusammenlebenssystem, und die zu Verletzungen und/oder Entwicklungshemmungen und sogar zum Tode führt und somit das Wohl und die Rechte eines Kindes beeinträchtigt oder bedroht“ definiert.[77]

III. Der Begriff „Kind“

Der Begriff des *Kindes* wird im Gesetz nicht einheitlich definiert. Nach dem verfassungs- und zivilrechtlichen Begriff des *Kindes* beginnt dessen Status grundsätzlich mit der Vollendung der Geburt und endet mit Eintritt der Volljährigkeit oder mit dem vorherigen Tod. § 2 BGB regelt den Beginn der Volljährigkeit, welche mit Vollendung des 18. Lebensjahres eintritt.[78] Nach Art. 1 der UN-Kinderrechtskonvention ist ein Kind jeder Mensch, der das achtzehnte Lebensjahr noch nicht vollendet hat, soweit die Volljährigkeit nach dem auf das Kind anzuwendenden Recht nicht früher eintritt. Dies gilt jedoch nicht für den Begriff des *Kindes* im sozialrechtlichen Sinn. Gemäß § 7 Abs. 1 Nr. 1 SGB VIII ist Kind, wer noch nicht 14 Jahre alt ist, soweit nicht die Absätze 2 bis 4 etwas anderes bestimmen.[79] Gemäß § 7 Abs. 2 SGB VIII ist Kind im Sinne des § 1 Abs. 2, wer noch nicht 18 Jahre alt ist. Grundsätzlich ist die Bestimmung in § 7 Abs. 1 Nr. 1 SGB VIII maßgeblich.

---

74 So z. B. *Bender,* MedR 2002, 626; MK/*Cierniak/Pohlit,* StGB, § 203 Rn. 88.

75 In der Regel die Eltern. Siehe hierzu auch S. 60 ff. „Einwilligungs*un*fähigkeit“.

76 Staudinger/*Coester,* § 1666 Rn. 96.

77 *BT-Ds.* 10/5460, S. 3 f.

78 MK/*Olzen,* BGB, § 1666 Rn. 39; BeckOK/*Uhle,* GG, Art. 6 Rn. 51. Ob auch das ungeborene Kind als *Kind* einzuordnen ist, ist streitig. Vgl. hierzu MK/*Olzen,* BGB, § 1666 Rn. 40 f.; BeckOK/*Uhle,* GG, Art. 6 Rn. 51 jeweils m. w. N.

79 Nach der strafrechtlichen Legaldefinition des § 176 Abs. 1 StGB ist Kind eine Person unter vierzehn Jahren.

Mit der Bestimmung in § 7 Abs. 2 SGB VIII sollte eine Divergenz zu Art. 6 Abs. 2 GG vermieden werden, da § 1 Abs. 2 SGB VIII den gleichen Wortlaut wie Art. 6 Abs. 2 GG hat, dem der Begriff des Kindes im Sinne eines Minderjährigen zugrunde liegt.[80] Sofern im Folgenden der Begriff des *Kindes* verwendet wird, ist damit eine Person von ihrer Geburt bis zum Eintritt der Volljährigkeit gemeint.

D. Kinderschützende Normen und Institutionen

Im Bundesrecht finden sich im Zivil-, Sozial- und Strafrecht Vorschriften, die dem Kinderschutz dienen.[81] Auch das Landesrecht enthält kinderschützende Normen.

I. Zivilrecht

Im Zivilrecht stellt § 1666 BGB die zentrale Kinderschutznorm dar. § 1666 BGB bezweckt den Schutz des Kindes vor Eltern- oder Drittverhalten im Bereich der Personen- und der Vermögenssorge, das sein Wohl gefährdet.[82] Das Zivilrecht knüpft dabei an den Begriff *Kindeswohlgefährdung*[83] an. Ob eine Kindeswohlgefährdung besteht, hat der Familienrichter in einem umfassenden Abwägungsprozess festzustellen.[84] Diese Feststellung wird nicht durch eine gesetzliche Definition erleichtert oder vorstrukturiert, was mit der Ausgestaltung dieser Norm als Generalklausel auch nicht zu vereinbaren wäre.[85] Sofern das Familiengericht eine

---

80 Vgl. dazu MK/*Tillmanns,* BGB, § 7 SGB VIII Rn. 2.

81 Daneben existieren auch internationale Kinderschutzbestimmungen. So z. B. die sogenannte Brüssel IIa-VO, die seit dem 1.3.2005 in Kraft ist, und das Haager Übereinkommen von 19.10.1996 über die Zuständigkeit, das anzuwendende Recht, die Anerkennung, Vollstreckung und Zusammenarbeit bezüglich der elterlichen Verantwortung und Maßnahmen zum Schutz von Kindern (KSÜ=Kinderschutzübereinkom men), welches seit dem 1.1.2011 in Kraft ist. Ferner ist noch die UN-Kinderrechtskonvention aus dem Jahre 1989 zu nennen, die in der BRD seit 1992 in Kraft ist. Insbesondere sind Art. 3 UN-KRK sowie Art. 8 EMRK zu nennen, welche Anhaltspunkte für die Existenz staatlicher Schutzpflichten bei Kindeswohlgefährdungen bieten, vgl. hierzu MK/*Olzen,* BGB, § 1666 Rn. 27 ff; *Parzeller/Dettmeyer, Bratzke, Flaig, Zedler,* Rechtsmedizin 2010, 147 (148).

82 MK/*Olzen,* BGB, § 1666 Rn. 2.

83 Siehe zum Begriff *Kindeswohlgefährdung* S. 80 ff.

84 Staudinger/*Coester,* § 1666 Rn. 81.

85 Staudinger/*Coester,* § 1666 Rn. 81; MK/*Olzen,* BGB, § 1666 Rn. 48; Wiesner/*Wiesner,* SGB VIII, § 8a Rn. 13b.

Kindeswohlgefährdung feststellt, hat es die erforderlichen Maßnahmen zu treffen. Zu diesen gehören insbesondere die in § 1666 Abs. 3 BGB genannten Maßnahmen, wie z. B. die Entziehung der elterlichen Sorge.

II. Sozialrecht

Sozialrechtlich erlangen im Rahmen des Kinderschutzes insbesondere die §§ 8a, 42 SGB VIII Bedeutung. Diese Normen stellen die Ermächtigungsgrundlage für die Jugendämter dar, um beispielsweise das Kind oder den Jugendlichen sofort, d. h. ohne familiengerichtliche Entscheidung, in Obhut zu nehmen.[86] Wie im Zivilrecht knüpft auch das Sozialrecht an den Begriff *Kindeswohlgefährdung* an. Dieser Begriff entspricht dem zivilrechtlichen Begriff der *Kindeswohlgefährdung*.[87]

III. Strafrecht

Strafrechtlich wird der Kinderschutz durch zahlreiche Normen im StGB ergänzt. Eine große tatbestandliche Ähnlichkeit zu § 1666 BGB weisen dabei § 170 StGB, Verletzung der Unterhaltspflicht, § 171 StGB, Verletzung der Fürsorge- und Erziehungspflicht und § 225 StGB, Misshandlung von Schutzbefohlenen, auf.[88] Sofern der Tatbestand einer dieser Normen verwirklicht worden ist, indiziert dies auch eine Kindeswohlgefährdung i. S. v. § 1666 BGB, § 8a SGB VIII.[89] Darüber hinaus dient vor allem die Bestrafung des Täters wegen einer Straftat gegen die sexuelle Selbstbestimmung, wie z. B. § 176 StGB, der sexuelle Missbrauch von Kindern, dem Kinderschutz. Schließlich sind die Körperverletzungsdelikte gemäß §§ 223 ff. StGB als diejenigen Tatbestände zu nennen, die bei „prügelnden Eltern“ in einer Vielzahl von Fällen verwirklicht sein werden. Zu denken ist aber auch an eine Strafbarkeit wegen Aussetzung gemäß § 221 StGB, wobei die Qualifikation des Abs. 2 verwirklicht sein wird, wenn die Tat von den Personensorgeberechtigten begangen worden ist. Kommt es zum Tod des Kindes, kann auch die Erfolgsqualifikation des § 221 Abs. 3 StGB verwirklicht sein. Führt das zu missbilligende Verhalten der Personensorgeberechtigten zum Tode des Kindes, so können auch die Tötungsdelikte gemäß §§ 211 ff. StGB einschlägig sein. Der Vollständigkeit

---

86 Vgl. § 8a Abs. 3 SGB VIII.
87 MK/*Tillmanns,* BGB, § 8a SGB VIII Rn. 3.
88 MK/*Olzen,* BGB, § 1666 Rn. 25.
89 MK/*Olzen,* BGB, § 1666 Rn. 25.

halber sollen auch noch die Tatbestände der Freiheitsberaubung gemäß § 239 StGB, der Nötigung gemäß § 240 StGB oder auch der Beleidigung gemäß § 185 StGB genannt sein, die erfüllt sein können, wenn Eltern ihre Kinder entwürdigend behandeln.

IV. Landesrecht

Auch auf Landesebene dienen Vorschriften dem Kinderschutz, so z. B. Art. 7 BayLStVG, welcher eine Ermächtigungsgrundlage zur Verhängung von Maßnahmen gegen Eltern darstellt, wenn deren Kinder aufgrund unzureichender Beaufsichtigung straffällig werden.[90] Hervorzuheben sind an dieser Stelle allerdings diejenigen landesrechtlichen Vorschriften, die dem Arzt die Möglichkeit eröffnen, seine Schweigepflicht im Falle von Kindesmisshandlungen zu durchbrechen, so z. B. Art. 14 Abs. 6 BayGDVG oder auch § 6 KiSchG LSA. Diese landesrechtlichen Vorschriften werden im Rahmen der Untersuchung der Befugnisnorm § 4 Abs. 3 S. 1 KKG näher untersucht.[91]

90 Staudinger/*Coester,* § 1666 Rn. 2; MK/*Olzen,* BGB, § 1666 Rn. 24.
91 Siehe auch S. 98 ff.

Zweites Kapitel: Die ärztliche Schweigepflicht im Normgefüge und ihre praktische Bedeutung

A. Historische Determinanten der ärztlichen Schweigepflicht

„Wenn immer ich etwas bei der Behandlung oder außerhalb der Behandlung im Leben der Menschen sehe und höre, so werde ich von dem, was niemals nach draußen ausgeplaudert werden soll, schweigen, indem ich alles Derartige als solches betrachte, das nicht ausgesprochen werden darf".[92] Bei diesem Satz handelt es sich um einen Teil des Eides des Hippokrates. Vielen Beteiligten im Gesundheitswesen ist dieser Satz bekannt und er gilt einhellig als historische Grundlage der ärztlichen Schweigepflicht.[93] Erste gesetzliche Grundlagen der ärztlichen Schweigepflicht bildeten sich jedoch erst ab dem 17. Jahrhundert heraus.[94] Die erste strafrechtliche Rechtsgrundlage fand sich im Preußischen ALR von 1794, wonach der Bruch der Verschwiegenheit durch Medizinalpersonen mit Strafe bedroht war (§ 505 Teil II Tit. 20).[95] Unmittelbare Vorlage für § 203 StGB war § 300 RStGB, welcher in dem 25. Abschnitt des RStGB „Strafbarer Eigennutz und Verletzung fremder Geheimnisse" eingebettet war und in dieser Form bis 1975 galt. Ab diesem Zeitpunkt wurde diese Vorschrift durch das EGStGB als neuer § 203 StGB in den 15. Abschnitt des Strafgesetzbuches über „Verletzungen des persönlichen Lebens- und Geheimnisbereiches" eingefügt. In prozessualer Hinsicht wird die ärztliche Schweigepflicht durch die Zeugnisverweigerungsrechte des Arztes und seiner Berufshelfer in den §§ 53, 53a StPO sowie § 383 Abs. 1 Nr. 6 ZPO flankiert und durch das Beschlagnahmeverbot in § 97 StPO sowie durch Beweiserhebungs- und Verwertungsverbote in §§ 100c Abs. 6, 160a Abs. 1 StPO ergänzt.

---

92 Eid des Hippokrates (ca. 460–375 v. Chr.), zitiert nach *Laufs/Kern,* Handbuch Arztrecht, § 65 Rn. 1; daneben existieren weitere antike Quellen, die aus unterschiedlichen Epochen und geografischen Regionen stammen. Die wohl erste Überlieferung stammt aus dem Ayur-Veda des Charaka, welches das älteste medizinische Sanskritwerk der Welt darstellt. Vgl. hierzu *Sauter,* Berufsgeheimnis, 1 f.; *Timm,* Grenzen der ärztlichen Schweigepflicht, 17.

93 *Laufs/Kern,* Handbuch Arztrecht, § 65 Rn. 1.

94 LK/*Schünemann,* § 203 – Entstehungsgeschichte.

95 LK/*Schünemann,* § 203 – Entstehungsgeschichte.

B. Die gesetzliche Normierung der ärztlichen Schweigepflicht

Neben den oben genannten straf- und prozessrechtlichen Normen ist die ärztliche Schweigepflicht auf verschiedene Rechtsgrundlagen gestützt. Zu nennen sind an dieser Stelle insbesondere das Verfassungsrecht, das ärztliche Berufsrecht sowie das Zivilrecht. Vor allem die verfassungsrechtliche Verankerung der ärztlichen Schweigepflicht ist für den weiteren Gang der Thematik von enormer Bedeutung, da sie bei der Anwendung der gesetzlichen Regelungen, beispielsweise bei der Auslegung des Geheimnisbegriffs oder bei der Prüfung der Rechtswidrigkeit, eine wichtige Rolle einnimmt.[96]

I. Ärztliche Schweigepflicht und Verfassungsrecht

1. Verfassungsrechtliche Verankerung der ärztlichen Schweigepflicht

Die ärztliche Schweigepflicht hat ihren verfassungsrechtlichen Grund im allgemeinen Persönlichkeitsrecht des Patienten, welches wiederum aus Art. 2 Abs. 1 i. V. m. Art. 1 Abs. 1 GG hergeleitet wird.[97] Nach Ansicht des Bundesverfassungsgerichts ist es Aufgabe des allgemeinen Persönlichkeitsrechtes, jedem einzelnen Bürger grundsätzlich einen unantastbaren Bereich privater Lebensgestaltung zu gewährleisten, der der Einwirkung der öffentlichen Gewalt entzogen ist.[98] Das bedeutet für den Einzelnen Schutz in doppelter Hinsicht, nämlich einerseits in Ruhe gelassen zu werden und andererseits selbst zu entscheiden, wie er sich in der Öffentlichkeit präsentiert.[99]

---

96 Siehe S. 29 ff.

97 *BVerfGE* 34, 269 (271 f.). In der zivilrechtlichen Rechtsprechung wird das allgemeine Persönlichkeitsrecht seit *BGHZ* 13, 334 ff. (sog. „Schacht-Entscheidung“) als sonstiges Recht i. S. v. § 823 Abs. 1 BGB anerkannt. Es wird ebenfalls aus den Art. 2 Abs. 1 GG i. V. m. Art. 1 Abs. 1 GG abgeleitet; es ist jedoch nicht mit dem verfassungsrechtlichen allgemeinen Persönlichkeitsrecht gleichzusetzen, vgl. *BVerfG* NJW 2001, 594 (595).

98 *BVerfGE* 32, 373 (379). Siehe auch § 1 Abs. 1 BDSG: Zweck dieses Gesetzes ist es, den Einzelnen davor zu schützen, dass er durch den Umgang mit seinen personenbezogenen Daten in seinem Persönlichkeitsrecht beeinträchtigt wird.

99 *BVerfGE* 54, 148 (153).

Seit dem vielzitierten „Volkszählungsurteil“[100] des Bundesverfassungsgerichts aus dem Jahre 1983 lässt sich die ärztliche Schweigepflicht speziell aus dem (Grund-)Recht auf informationelle Selbstbestimmung ableiten, welches eine besondere Ausprägung des allgemeinen Persönlichkeitsrechts darstellt. Das Recht auf informationelle Selbstbestimmung gewährleistet insoweit die Befugnis des Einzelnen, grundsätzlich selbst über die Preisgabe und Verwendung seiner persönlichen Daten zu bestimmen.[101]

2. Schutzbereich des allgemeinen Persönlichkeitsrechts

Für den Bereich der ärztlichen Schweigepflicht hat das Bundesverfassungsgericht in einem aus der jüngsten Vergangenheit stammenden Judikat[102] den Schutzbereich des allgemeinen Persönlichkeitsrechts dahin gehend konkretisiert, dass Angaben eines Arztes über Anamnese, Diagnose und therapeutische Maßnahmen zwar nicht die unantastbare Intimsphäre betreffen, wohl aber den privaten Bereich des Patienten. Damit nähmen sie teil an dem Schutz, den das Grundrecht aus Art. 2 Abs. 1 GG i. V. m. Art. 1 Abs. 1 GG dem Einzelnen vor dem Zugriff der öffentlichen Gewalt gewähre. Dabei kommt es nach Ansicht des Bundesverfassungsgerichts nicht darauf an, ob derartige Feststellungen Krankheiten, Leiden oder Beschwerden beinhalten, deren Offenbarung den Betroffenen mit dem Verdacht einer Straftat belastet, ihm in anderer Hinsicht peinlich oder seiner sozialen Geltung abträglich ist.[103] Vielmehr verdiene ganz allgemein der Wille des Einzelnen Achtung, so höchstpersönliche Dinge wie die Beurteilung seines Gesundheitszustandes durch einen Arzt vor fremdem Einblick zu bewahren. Wer sich in ärztliche Behandlung begebe, müsse und dürfe erwarten, dass alles, was der Arzt im Rahmen seiner Berufsausübung über seine gesundheitliche Verfassung erfahre, geheim bleibe und nicht zur Kenntnis Unberufener gelange. Nur so könne zwischen Patient und Arzt jenes Vertrauen entstehen, das zu den Grundvoraussetzungen ärztlichen Wirkens zähle. Das allgemeine Persönlichkeitsrecht schütze daher grundsätzlich vor der Erhebung und Weitergabe von Befunden über den Gesundheitszustand, die seelische Verfassung und den Charakter.[104]

---

100 *BVerfGE* 65, 1 ff.

101 *BVerfGE* 65, 1 (Leitsatz 1).

102 *BVerfG* MedR 2006, 586 ff.

103 *BVerfG* MedR 2006, 586 (587).

104 *BVerfG* MedR 2006, 586 (586 f.). Obwohl nach Art. 1 Abs. 3 GG grundsätzlich nur die öffentliche Gewalt an die Grundrechte gebunden ist, so bedeutet dies jedoch nicht zwangsläufig, dass private Adressaten, hier also der Arzt und sein Patient, von der

II. Die ärztliche Schweigepflicht als berufsrechtliche Pflicht

Neben der strafbewehrten Verschwiegenheitsverletzung in § 203 StGB und der verfassungsrechtlichen Verankerung der ärztlichen Schweigepflicht finden sich insbesondere im Berufsrecht der Ärzte Regelungen, die die ärztliche Schweigepflicht rechtlich manifestieren. In diesem Zusammenhang sind die Regelungen bezüglich der ärztlichen Schweigepflicht in den jeweiligen Landesberufsordnungen[105] zu nennen.[106] Im Berufsrecht der Ärzte stellt § 9 der jeweiligen Berufsordnung die zentrale Vorschrift dar, welche den Umfang und die Grenzen der ärztlichen Schweigepflicht konkretisiert.[107] § 9 Abs. 1 der jeweiligen Berufsordnung bestimmt, dass Ärztinnen und Ärzte über das, was ihnen in ihrer Eigenschaft als Ärztin oder Arzt anvertraut oder bekanntgeworden ist – auch über den Tod der

Grundrechtsbindung ausgeschlossen sind. Es besteht nämlich weitgehend Einigkeit darüber, dass die Grundrechte auch zwischen Privatrechtssubjekten mittelbar gelten, sogenannte mittelbare Drittwirkung von Grundrechten, vgl. hierzu *BVerfGE* 7, 198 (205); 73, 261 (269); *Pieroth/Schlink,* Grundrechte, § 5 Rn. 189 ff.

105 Vorlage für die jeweiligen Landesberufsordnungen ist die Musterberufsordnung für die deutschen Ärztinnen und Ärzte (MBOÄ). Dabei ist jedoch zu betonen, dass die MBOÄ selbst keinen Rechtsnormcharakter, sondern lediglich Empfehlungscharakter für die jeweiligen Landesärztekammern hat. Die MBOÄ wird von der Bundesärztekammer erstellt und soll zur Vereinheitlichung des ärztlichen Berufsrechts beitragen. Die von den Bundesländern erlassenen Kammergesetze ermächtigen die Landesärztekammern zum Erlass der jeweiligen Berufsordnungen. Alle Ärztekammern haben Berufsordnungen erlassen. Vgl. hierzu *Ratzel/Lippert,* MBOÄ, Einleitung vor §§ ff. MBOÄ, Rn. 6 f.; *Spickhoff,* Medizinrecht, MBO, Vorb. Rn. 1.

106 In NRW haben die Kammerversammlungen der Ärztekammern Nordrhein und Westfalen-Lippe jeweils Berufsordnungen auf Grundlage von § 31 HeilBerG NRW erlassen. Sie haben von der in § 32 Abs. 2 Nr. 1 HeilBerG NRW vorgesehenen Möglichkeit Gebrauch gemacht, Regelungen über die ärztliche Schweigepflicht aufzunehmen. Vgl. § 9 der BO für die nordrheinischen Ärztinnen und Ärzte und § 9 der BO der Ärztekammer Westfalen-Lippe.

107 *Quaas/Zuck,* Medizinrecht, § 12 Rn. 64; *Ratzel/Lippert,* MBOÄ, § 9 Rn. 3. Siehe hierzu auch im Gelöbnis der MBOÄ: „Ich werde alle mir anvertrauten Geheimnisse auch über den Tod der Patientin oder des Patienten hinaus wahren." Auch in weiteren ethischen Quellen finden sich ähnliche Formulierungen. So heißt es z. B. im Genfer Arztgelöbnis der World Medical Association von 1948: „ I will respect the secrets which are confided in me."; gesamter Text in *Reiser/Dyck/Curran,* Ethics in Medicine, S. 37 f.

Patientin oder des Patienten hinaus – zu schweigen haben.[108] Geheim zu halten sind auch schriftliche Mitteilungen der Patientin oder des Patienten, Aufzeichnungen über Patientinnen und Patienten, Röntgenaufnahmen und sonstige Untersuchungsbefunde.

Obgleich dem Wortlaut von § 9 der jeweiligen Berufsordnung nach *jede Information* des Patienten, die dem Arzt anvertraut worden ist, der Schweigepflicht unterliegt, begründet diese Norm keinen weiterreichenden Schutz des Patienten als § 203 StGB, welcher *Geheimnisse* des Patienten erfasst. § 9 der jeweiligen Berufsordnung muss dergestalt eingeschränkt werden, dass Informationen, die einem beliebigen Dritten bereits bekannt sind oder an deren Geheimhaltung offensichtlich kein Interesse des Patienten besteht, nicht mehr der ärztlichen Schweigepflicht unterliegen.[109] Insoweit können die zum strafrechtlichen Geheimnisbegriff in § 203 Abs. 1 StGB entwickelten Grundsätze auch in § 9 der jeweiligen Berufsordnung als „Leitlinie" herangezogen werden.[110] Anders als bei § 203 Abs. 1 StGB ist auch der fahrlässige Verstoß gegen die ärztliche Schweigepflicht von § 9 der jeweiligen Berufsordnung erfasst.[111] Dieser Unterschied kann vor allem im Rahmen berufsgerichtlicher Verfahren gegen den Arzt Bedeutung erlangen.[112]

III. Zivilrechtliche Grundlagen der ärztlichen Schweigepflicht

Obwohl die ärztliche Schweigepflicht keine ausdrückliche normative Konkretisierung im Zivilrecht erfahren hat, ist sie ebenfalls im Zivilrecht verankert. Sie ist nämlich Teil des Arztvertrages und wird als vertragliche Nebenpflicht desselben eingeordnet.[113] Die Besonderheit des Arztvertrages liegt darin, dass die Vertrauensgrundlage zwischen Arzt und Patient eine weitaus größere Rolle spielt als in

---

108 Die gleiche Formulierung findet sich auch beispielsweise § 9 Abs. 1 S. 1 der BO für die nordrheinischen Ärztinnen und Ärzte, § 9 Abs. 1 S. 1 der BO der Ärztekammer Westfalen-Lippe; § 9 Abs. 1 S. 1 der BO der Ärztekammer Schleswig-Holstein sowie § 9 Abs. 1 S. 1 BO Sachsen.

109 *Corinth,* Ärztliche Schweigepflicht und kollidierende Gesundheitsinteressen Dritter, 41; *Ratzel/Lippert,* MBOÄ, § 9 Rn. 3.

110 Siehe S. 31 ff.

111 *Spickhoff,* Medizinrecht, MBO, § 9 Rn. 2.

112 Siehe S. 177 ff.

113 *Deutsch/Spickhoff,* Medizinrecht, Rn. 634; *Laufs/Katzenmeier/Lipps,* Arztrecht, IX Rn. 6 ff.; *Quaas/Zuck,* Medizinrecht, § 2 Rn. 48.

anderen Berufen.[114] Die Vertrauensgrundlage im Arzt-Patienten-Verhältnis korrespondiert mit der ärztlichen Schweigepflicht.

Keine Änderung wird durch das Patientenrechtegesetz eintreten. Zwar fand sich in einem Antrag von 16 Abgeordneten des Bundestages und der Fraktion der SPD vom 03. März 2010[115] die Aufforderung an die Bundesregierung, die *Verschwiegenheitspflicht der Behandler und Behandlerinnen zur Verschwiegenheit über das, was ihnen im Rahmen des Behandlungsvertrages anvertraut wurde oder bekanntgeworden ist,* gesetzlich zu normieren.[116] Zudem sollte gesetzlich geregelt werden, unter *welchen Voraussetzungen die Behandler und Behandlerinnen nach dem Tod eines Patienten oder einer Patientin gegenüber deren Erben und/oder Angehörigen von der Schweigepflicht entbunden sind.*[117] Im Patienrechtegesetz ist die ärztliche Schweigepflicht allerdings nicht normiert worden.[118]

C. Praktische Bedeutung der strafbewehrten ärztlichen Schweigepflicht

Im Justizalltag kommt der Verletzung der ärztlichen Schweigepflicht eine nur untergeordnete Rolle zu.[119] Die Strafverfolgungsstatistik von 2010 weist lediglich 26

---

114 *Laufs/Kern,* Handbuch Arztrecht, § 38 Rn. 1. Das Bundesverfassungsgericht hat in einem Verfahren, in dem es um die Auswirkung der Grundrechte und der allgemeinen Verfassungsgrundsätze auf den Arzthaftungsprozess ging, die Vertrauensgrundlage zwischen Arzt und Patient besonders hervorgehoben. Die Standesethik steht nach Ansicht des Bundesverfassungsgerichts nicht isoliert neben dem Recht. Sie wirke allenthalben und ständig in die rechtlichen Beziehungen des Arztes zum Patienten hinein. Was die Standesethik vom Arzt fordere, übernehme das Recht weithin zugleich als rechtliche Pflicht. Weit mehr als sonst in sozialen Beziehungen des Menschen fließe im ärztlichen Berufsbereich das Ethische mit dem Rechtlichen zusammen, vgl. *BVerfGE 52,* 131 (170).

115 *BT-Ds.* 17/907.

116 *BT-Ds.* 17/907, S. 4.

117 *BT-Ds.* 17/907, S. 4. Zum Teil wird vorgeschlagen, dass in dem Patientenrechtegesetz auch die Einwilligung und die mutmaßliche Einwilligung gesetzlich geregelt werden sollte; siehe hierzu *Kubella,* Patientenrechtegesetz, 110, 177 ff.

118 Kritisch zur Nichtaufnahme der ärztlichen Schweigepflicht in das Patientenrechtegesetz *Olzen/Götz,* Gutachterliche Stellungnahme zum Referentenentwurf eines Patientenrechtegesetzes, S. 7.

119 *Ulsenheimer,* in: *Laufs/Kern,* Handbuch Arztrecht, § 145 Rn. 3 dort Fn. 1 gibt an, dass er in seiner über 30jährigen Berufserfahrung keine 10 Verfahren betreffend § 203 StGB erlebt habe.

Abgeurteilte und 10 Verurteilte nach § 203 StGB auf.[120] Ähnliche Werte ergeben sich aus der Strafverfolgungsstatistik von 2009 und 2008, wonach auf 22 Abgeurteilte 10 Verurteilte[121] bzw. auf 28 Abgeurteilte 13 Verurteilte[122] entfielen. Zum einen liegt dies daran, dass § 203 StGB ein absolutes Antragsdelikt ist, d. h. der Bruch der Verschwiegenheitsverpflichtung kann nur auf Antrag des Verletzten von den Strafverfolgungsbehörden verfolgt (vgl. § 205 Abs. 1 StGB) werden.[123] Dieser Antrag muss vom Verletzten innerhalb von drei Monaten ab Kenntnis von der Tat und der Person des Täters gestellt werden (vgl. §§ 77, 77b Abs. 1, 2 StGB).[124] Folglich wird vom Patienten oder sonstigen Geheimnisträger ein aktives Verhalten verlangt, was auch mit Mühe und Kosten verbunden sein kann.[125] Ein weiterer Grund für die geringe praktische Bedeutung ist zudem, dass § 203 StGB einen reinen Vorsatztatbestand darstellt, also Wissen und Wollen des Geheimnisbruchs verlangt, der in der Regel kaum nachweisbar ist.[126] Ferner wird die Ursache für die Zurückhaltung in dem Strafverfahren selbst gesehen. Die Tatsachen, die geheim gehalten werden sollten, werden in der öffentlichen Verhandlung einem weiteren Kreis von Personen bekannt, sodass durch das bloße Strafverfahren die angeklagte Indiskretion erneut in aller Munde steht.[127] Einschlägige Strafverfahren oder Urteile zu der Verschwiegenheitsverletzung des Arztes im Falle von Kindesmisshandlungen existieren soweit ersichtlich nicht.[128] Noch mehr als bei anderen Delikten gilt somit „wo kein Kläger, da kein Richter“. Daher wird die Wirkung der Strafnorm in ihrer Appell- und Warnfunktion gesehen und als Hinweis auf die essenzielle Bedeutung der ärztlichen Schweigepflicht verstanden.[129]

---

120 Statistisches Bundesamt – Rechtspflege – Strafverfolgung, Fachserie 10, Reihe 3, 2010, dort S. 32 f.

121 Statistisches Bundesamt – Rechtspflege – Strafverfolgung, Fachserie 10, Reihe 3, 2009, dort S. 32 f.

122 Statistisches Bundesamt – Rechtspflege – Strafverfolgung, Fachserie 10, Reihe 3, 2008, dort S. 32 f.

123 Vgl. zur Strafantragsberechtigung S. 70 ff.

124 Bei Geschäftsunfähigkeit oder beschränkter Geschäftsunfähigkeit des Verletzten können der gesetzliche Vertreter in den persönlichen Angelegenheiten und derjenige, dem die Sorge für die Person des Antragsberechtigten zusteht, den Antrag stellen, vgl. 77 Abs. 3 StGB.

125 *Laufs/Kern,* Handbuch Arztrecht, § 145 Rn. 3.

126 *Laufs/Kern,* Handbuch Arztrecht, § 145 Rn. 3.

127 *Roxin/Schroth,* Medizinstrafrecht, 226; *Schünemann,* ZStW 90 (1978), 11 (44 f.).

128 Siehe auch *Janda,* Medizinrecht, 387.

129 *Laufs/Kern,* Handbuch Arztrecht, § 145 Rn. 3.

Drittes Kapitel: Strafbewehrte Verschwiegenheitsverletzung

Die ausführlichste und deutlichste Regelung hat die ärztliche Schweigepflicht im StGB erfahren. Nach § 203 Abs. 1 StGB macht sich derjenige strafbar, der unbefugt ein fremdes Geheimnis, namentlich ein zum persönlichen Lebensbereich gehörendes Geheimnis oder ein Betriebs- oder Geschäftsgeheimnis, offenbart, das ihm als Arzt (...) anvertraut worden oder sonst bekanntgeworden ist.

A. Geschütztes Rechtsgut von § 203 Abs. 1 StGB

Schon bei der Frage nach dem Rechtsgut des § 203 Abs. 1 StGB herrscht ein erbitterter Streit.[130] Auf den ersten Blick ist der Zweck der Verschwiegenheitsverpflichtung offensichtlich. Dieser besteht in der Bewahrung persönlicher und intimer Geheimnisse, die der Arzt bei der Behandlung eines Patienten erfährt.[131] Dem Patienten wird umfangreiche Hilfe schließlich nur dann gewährt werden können, wenn er sich dem Arzt auch rückhaltlos offenbart. Dieser faktische Offenbarungszwang korreliert mit der Schweigepflicht der Ärzte. Der Arzt soll sanktioniert werden, wenn er Geheimnisse unbefugt ausplaudert, die er bei der Behandlung eines Patienten erfährt.

Auf eine Darstellung der Kontroverse zu dem von § 203 Abs. 1 StGB geschützten Rechtsgut könnte verzichtet werden, wenn sie sich weder auf die Auslegung und Anwendung der Norm noch auf die Rechtfertigungsmöglichkeiten auswirken

---

130 Eine strikte Trennung ist zwischen Rechtsgut, Rechtsgutsobjekt und Handlungs-/Angriffsobjekt vorzunehmen. Das Rechtsgutsobjekt stellt die Materialisierung des Rechtsguts in der Tatsachenwelt dar. Als Handlungs-/Angriffsobjekt wird hingegen das Objekt bezeichnet, an dem die strafbare Handlung vorgenommen wird, welches nicht zwingend mit dem Rechtsgutsobjekt übereinstimmen muss. Übertragen auf die Verletzung von Privatgeheimnissen bedeutet dies, dass Handlungs-/Angriffsobjekt der strafbewehrten Indiskretion somit das private Geheimnis ist. Dieses ist auch das Rechtsgutsobjekt i. S. d. obigen Dreiteilung. Vgl. auch *Rönnau,* Willensmängel bei der Einwilligung, 30; *Suhr,* JA 1990, 303 (308). *Rönnau* nennt mit § 306a StGB ein Beispiel, in welchem Rechtsgut, Rechtsgutsobjekt und Handlungs-/Angriffsobjekt jeweils verschieden sind.

131 LK/*Schünemann,* § 203 Rn. 3.

würde, mithin eine lediglich „quasi platonische Frage der bloßen Rubrizierung“[132] wäre. Für die hier zu behandelnde Thematik ist die Bestimmung des von § 203 Abs. 1 StGB geschützten Rechtsguts insbesondere für die rechtliche Würdigung von Drittgeheimnissen entscheidend.[133] Darüber hinaus wirkt sich die Frage nach dem von § 203 Abs. 1 StGB geschützten Rechtsgut auch auf die Disponibilität des Rechtsguts,[134] auf die Einwilligungsberechtigung[135] sowie die Strafantragsberechtigung[136] aus. Ferner kann die Diskussion um das Rechtsgut auch auf der Rechtfertigungsebene Bedeutung erlangen.[137]

Die Ansichten zu dem geschützten Rechtsgut des § 203 Abs. 1 StGB nehmen in der Rechtsprechung und im Schrifttum einen breiten Raum ein und lassen sich im Wesentlichen in drei Gruppen aufteilen, die „Gemeinschaftsschutzlehre“, die „Individualschutzlehre“ sowie die „modifizierte Individualschutzlehre“.

I. Gemeinschaftsschutzlehre

Die Vertreter der Gemeinschaftsschutzlehre[138] sehen in § 203 StGB einen Tatbestand, der ausschließlich soziale Belange schützt. Die Rechtsgemeinschaft als Ganzes müsse Wert darauf legen, dass die Geheimsphäre des Einzelnen durch den Geheimnisträger respektiert werde, sodass über einem zu schützenden Individualinteresse letztlich ein überindividuelles Interesse stehe, das den Wert des

132 *Schünemann,* ZStW 90 (1978), 11 (52).

133 Vgl. S. 39 ff. Im Übrigen wirkt sich die Rechtsgutsdiskussion insbesondere auf die Auslegung des Tatbestandsmerkmals *Geheimnis* aus. Zum einen ist die Bestimmung des Rechtsgutes maßgeblich für die Frage, ob ein zwei- oder dreigliedriger Geheimnisbegriff vertreten werden kann. Zum anderen bestimmt die Rechtsgutsdiskussion die Frage, welche Tatsachen als Geheimnis eingeordnet werden können, vgl. hierzu S. 29 ff.

134 Siehe S. 64 f.

135 Siehe S. 66 ff.

136 Siehe S. 70 ff.

137 Z. B. bei der Frage, ob Kollektivinteressen und etwaige Fernwirkungen der Offenbarung von Geheimnissen im Rahmen der Interessenabwägung des § 34 StGB berücksichtigt werden können.

138 *OLG Köln* NStZ 1983, 412 (413); *OLG Schleswig* NJW 1981 (294); *Henssler,* NJW 1994, 1817 (1819 f.); *A. Kaufmann,* NJW 1958, 272; *Lenckner,* NJW 1964, 1186 (1187); *ders.,* NJW 1965, 321 (322); *ders.,* Arzt und Recht 1966, 159 (161); *Marx,* GA 1983, 161 (168); *Renelt,* ZFSH/SGB 2002, 579 (584); *Schlund,* JR 1977, 265 (269); *Eb. Schmidt,* Brennende Fragen, 17 f.; *ders.,* NJW 1965, 1745 (1747 f.).

Berufsgeheimnisses[139] ausmache.[140] Ein bestehendes Individualinteresse sei – wenn überhaupt – lediglich als Rechtsreflex des ärztlichen Berufsgeheimnisses einzuordnen.[141] Das überindividuelle Interesse werde primär konkretisiert als Stärkung des Vertrauens der Allgemeinheit in die Verschwiegenheit des Arztes, da dieses nämlich Voraussetzung dafür sei, dass Ärzte ihre im öffentlichen Interesse liegenden Aufgaben überhaupt wahrnehmen können.[142] Das Vertrauensverhältnis zwischen Arzt und Patient dürfe nicht dadurch beeinträchtigt werden, dass Kranke aus Zweifel an der Verschwiegenheit des Arztes sich davon abhalten lassen, ärztliche Hilfe in Anspruch zu nehmen.[143] Wenn nämlich das Vertrauen des Patienten enttäuscht werde, so würde zugleich die Bereitschaft des Patienten, an seiner Gesundung mitzuwirken, schwinden.[144] Dies hätte nach dieser Ansicht auch gravierende Schäden für die Allgemeinheit zur Folge und würde auch die Funktionsfähigkeit des Gesundheitswesens erschüttern. Es sei nämlich zu bedenken, dass in einem Gemeinwesen, welches ein stark ausgebautes Sozialrecht mit weitgehender Anspruchsberechtigung aufweise, jedes Verschleppen einer Krankheit zu einer Erwerbs- oder Berufsunfähigkeit führen könne.[145] Dies würde wiederum zulasten der Versicherungsgemeinschaft gehen.[146] Die Verschwiegenheitspflicht des Arztes sei ein Gut „höchst bedeutsamer Sozialwertigkeit“, welche erst eine effektive Gesundheitspflege garantiere.[147] Es bleibt somit festzuhalten, dass die Vertreter der Gemeinschaftsschutzlehre insbesondere die Volksgesundheit und das Interesse der Allgemeinheit an der Funktionsfähigkeit des Gesundheitswesens von § 203 Abs. 1 StGB als geschützte Interessen anerkennen.[148]

---

139 Bis 1974 hat man von Berufsgeheimnis gesprochen, welches seine Verankerung in § 300 a.F. StGB fand. Das Gesetz spricht nunmehr von Privatgeheimnissen, zu denen auch die Betriebs- und Geschäftsgeheimnisse zählen.

140 *Haffke,* GA 1973, 65 (67); *Henssler,* NJW 1994, 1817 (1820).

141 *A. Kaufmann,* NJW 1958, 272.

142 *OLG Köln* NStZ 1983, 412 (413); *A. Kaufmann,* NJW 1958, 272; *Lenckner,* NJW 1965, 321 (322); *ders.,* Ärztliches Berufsgeheimnis, in: *Göppinger,* Arzt und Recht, 159 (161); *Eb. Schmidt,* Brennende Fragen, 17 f.

143 *OLG Köln* NStZ 1983, 412 (413); *Eb. Schmidt,* Brennende Fragen, 17 f.

144 *Goll,* Offenbarungsbefugnisse, 37.

145 *Grömig,* NJW 1970, 1209 (1210).

146 *Grömig,* NJW 1970, 1209 (1210).

147 *Eb. Schmidt,* NJW 1962, 1745 (1748); *Haffke,* GA 1973, 65.

148 *Eb. Schmidt,* Brennende Fragen, 17 f.; *Stucke,* Berufliche Schweigepflicht, 64.

II. Individualschutzlehre

Dieser Ansicht steht diametral die Individualschutzlehre[149] gegenüber. Ihr zufolge ist das von § 203 Abs. 1 StGB geschützte Rechtsgut ausschließlich das Individualinteresse des Patienten. Für eine solche Betrachtungsweise wird als Argument vor allem die systematische Stellung des § 203 Abs. 1 StGB im 15. Abschnitt, „Verletzung des persönlichen Lebens- und Geheimbereichs" herangezogen, in welchem die Indiskretionsdelikte vom Gesetzgeber zusammengefasst wurden, um die überragende Bedeutung einer ungestörten Privat- und Geheimsphäre eines Menschen zu unterstreichen.[150] Die Verortung in diesem Abschnitt lege es nahe, dass § 203 Abs. 1 StGB Individualrechtsgüter schütze, wie dies in den §§ 201 und 202a StGB unstreitig der Fall sei.[151] Auch der Absatz 2 des § 203 StGB müsste als Amtsdelikt konsequenterweise in den 30. Gesetzesabschnitt eingebettet werden, wenn man das Rechtsgut nicht als Schutz des Individualinteresses qualifizieren würde. Das führe allerdings dazu, dass er mit § 353b StGB kollidieren würde und damit überflüssig wäre.[152] Ferner spreche gegen die Einordnung als Kollektivrechtsgut, dass der Gesetzgeber in §§ 353d Nr. 2, 355 StGB Geheimnisschutzvorschriften, die sowohl öffentlichen als auch privaten Interessen dienen, in den Abschnitt über Amtsdelikte aufgenommen habe. Es sei dementsprechend nicht einzusehen, wieso der Gesetzgeber diese systematischen Aspekte bei § 203 Abs. 1 StGB vernachlässigt haben soll.[153] Darüber hinaus würde die Anerkennung eines Kollektivrechtsguts schwerlich mit dem Strafantragserfordernis in § 205 StGB

149 *Eser,* ZStW 97 (1985), 1 (40 ff.); *Giesen,* NStZ 2012, 122 (123); SK-StGB/*Hoyer,* § 203 Rn. 1 ff.; NK-StGB-*Kargl,* § 203 Rn. 3 f.; *Meurer,* Schweigepflicht, in: *Szwarc,* Aids und Strafrecht, 133 (137); *Ostendorf,* JR 1981, 444 (446 ff.); *Rogall,* NStZ 1983, 1 (3 ff.); *Schmitz,* JA 1996, 772; *Schünemann,* ZStW 90 (1978), 11 (14, 51 ff.); LK/*Schünemann,* § 203 Rn. 16 f. Innerhalb der Individualschutzlehre divergieren wiederum die Ansichten, wie dieses Individualinteresse konkretisiert werden könne. Hauptsächlich wird dieses Individualinteresse als allgemeines Persönlichkeitsrecht bzw. die Privat- oder Geheimsphäre, der Wille zur Geheimhaltung, das Interesse an der Geheimnisbewahrung oder auch die Wahrung des zwischen Arzt und Patient bestehenden Vertrauensverhältnisses qualifiziert, vgl. zum Ganzen *Stucke,* Berufliche Schweigepflicht, 71 ff.

150 SK-StGB/*Hoyer,* § 203 Rn. 3; NK-StGB-*Kargl,* § 203 Rn. 3; *Schmitz,* JA 1996, 772; LK/*Schünemann,* § 203 Rn. 16.

151 SK-StGB/*Hoyer,* § 203 Rn. 3.

152 SK-StGB/*Hoyer,* § 203 Rn. 3; LK/*Schünemann,* § 203 Rn. 15.

153 LK/*Schünemann,* § 203 Rn. 15.

in Einklang zu bringen sein, da dieses nur dem individuell Verletzten zustehe.[154] *Schünemann* will den Individualrechtsgüterschutz insbesondere durch die Viktimo-Dogmatik bestimmen, die im Kern besagt, dass die Verhängung von Strafe als Ultima Ratio nicht in Betracht kommt, wenn das Opfer keinen Schutz verdiene.[155] Daraus ergebe sich die Auslegungsmaxime, dass all diejenigen Verhaltensweisen im Rahmen methodologisch zulässiger Tatbestandsauslegung aus dem Strafbarkeitsbereich zu eliminieren seien, gegenüber denen sich das Opfer in zumutbarer Weise selbst schützen könne.[156] Bei allen in § 203 Abs. 1 StGB genannten Berufen bestehe allerdings ein faktischer Zwang, private Geheimnisse zu offenbaren.[157] Der Patient könne sich folglich nicht selbst schützen, weil er zur Öffnung seiner Geheimsphäre gezwungen sei, um beispielsweise seine Gesundung nicht zu gefährden.[158] Diese Schutzbedürftigkeit des Offenbarenden könne demzufolge nur dann gewahrt werden, wenn das von § 203 Abs. 1 StGB geschützte Rechtsgut nicht als Kollektivrechtsgut verstanden werde.[159]

III. Modifizierte Individualschutzlehre

Zwischen diesen beiden Lehren steht vermittelnd die modifizierte Individualschutzlehre, die auch als herrschend bezeichnet werden kann.[160] Diese Lehre sieht

---

154 SK-StGB/*Hoyer,* § 203 Rn. 3.

155 LK/*Schünemann,* § 203 Rn. 16 f.; *Schünemann,* ZStW 90 (1978), 11 (53 ff.). Vgl. zur Viktimo-Dogmatik ausführlich *Schünemann,* Die Zukunft der Viktimo-Dogmatik, in: *Zeidler u.a.,* FS-Faller, 357 (357 ff.); *ders.,* Methodologische Prolegomena zur Rechtsfindung im Besonderen Teil des Strafrechts, in: *Arthur Kaufmann u.a.,* FS-Bockelmann, 117 ff.; *ders.,* NStZ 1986, 439 (439 ff.). Ablehnend zu diesem Prinzip vor allem *Hillenkamp,* Vorsatztat und Opferverhalten, passim. Die Viktimo-Dogmatik hat insbesondere bei der Frage, ob das zweifelnde Opfer im Rahmen von § 263 StGB strafrechtlichen Schutz verdient, Bedeutung erfahren, vgl. hierzu insbesondere *Amelung,* GA 1977, 1 ff.; *R. Hassemer,* Schutzbedürftigkeit des Opfers und Strafrechtsdogmatik, passim.

156 LK/*Schünemann,* § 203 Rn. 16.

157 LK/*Schünemann,* § 203 Rn. 16.

158 LK/*Schünemann,* § 203 Rn. 16.

159 LK/*Schünemann,* § 203 Rn. 16; NK-StGB-*Kargl,* § 203 Rn. 3.

160 *BGH* NJW 1968, 2288 (2290); *BGHZ* 115, 123 (125); 122, 115 (117); *BayObLG* NJW 1986, 1492 (1493); *OLG Karlsruhe* NJW 1984, 676; *Arloth,* MedR 1986, 295 (296); *Bockelmann,* Strafrecht des Arztes, 34; *ders.,* Das Strafrecht des Arztes, in: *Ponsold,* Lehrbuch der gerichtlichen Medizin, 1 (9 f.); MK/*Cierniak/Pohlit,* StGB, § 203

neben einem Allgemeininteresse auch das Individualinteresse als geschütztes Rechtsgut an.[161] Dafür spreche, dass aus Art. 2 Abs. 1 GG i. V. m. Art. 1 Abs. 1 GG ein verfassungsrechtlich gesichertes Recht folge, selbst zu entscheiden, wann ein persönliches Geheimnis offenbart werden solle.[162] Aus diesem Grunde und auch aus der stetig wachsenden Bedeutung des Rechts auf informationelle Selbstbestimmung könne § 203 Abs. 1 StGB nur in der Weise verstanden werden, dass er auch Individualinteressen schütze.[163] Auch die modifizierte Individualschutzlehre beansprucht das Antragserfordernis in § 205 StGB als Indiz für die These, dass auch Individualinteressen geschützt seien, da andernfalls § 203 Abs. 1 StGB als Offizialdelikt hätte ausgestaltet werden müssen.[164] Ferner wird ausgeführt, dass der Geheimnisträger über das Geheimnis disponieren, mithin in die Verletzung von Privatgeheimnissen einwilligen könne.[165] Dies unterstreiche die individualrechtliche Komponente des Rechtsguts, weil die Einwilligung unstreitig die Dispositionsbefugnis über ein eigenes Rechtsgut voraussetze.[166] Infolgedessen sei zudem gemäß § 53 Abs. 2 S. 1 StPO die Möglichkeit zur Entbindung von der Schweigepflicht normiert.[167] Dass darüber hinaus auch das Allgemeininteresse geschützt werde, folge daraus, dass eine funktionsfähige ärztliche Gesundheitspflege nur dann bestehen könne, wenn der Patient sicher sein könne, dass die Konsultation des Arztes oder der Behandlung keine persönlichen Nachteile, Schwierigkeiten oder Peinlichkeiten nach sich ziehe, da die Gesundheit aller von der Gesundheit des Einzelnen abhänge.[168] Eine solche doppelfunktionelle Einordnung finde sich

---

Rn. 2 ff.; *Cramer,* Verwertbarkeit ärztlicher Gutachten, 43 ff.; *Fischer,* § 203 Rn. 2; *Geppert,* Strafvollzug, 12; *Lackner/Kühl,* StGB, § 203 Rn. 1; *Laufs/Kern,* Handbuch Arztrecht, § 65 Rn. 15 ff.; Sch/Sch/*Lenckner/Eisele,* § 203 Rn. 3; *Michalowski,* ZStW 109 (1997), 519 (519 ff.); *Ulsenheimer,* Arztstrafrecht, Rn. 361; *Woesner,* NJW 1957, 692.

161 Innerhalb dieser Ansicht ist wiederum umstritten, ob der Individualschutzgedanke in den Vordergrund zu stellen ist, das Allgemeininteresse primär geschützt sein soll oder, ob beide gleichrangig nebeneinander stehen, vgl. zum Ganzen *Stucke,* Berufliche Schweigepflicht, 71 ff.

162 *Lackner/Kühl,* StGB, § 203 Rn. 1; Sch/Sch/*Lenckner/Eisele,* § 203 Rn. 3.

163 Sch/Sch/*Lenckner/Eisele,* § 203 Rn. 3.

164 *BGHZ* 115, 123 (125); Sch/Sch/*Lenckner/Eisele,* § 203 Rn. 3.

165 *Bohnert,* NStZ 2004, 301 (305); *Jescheck/Weigend,* AT, 380; Sch/Sch/*Lenckner/Eisele,* § 203 Rn. 3.

166 *Bohnert,* NStZ 2004, 301 (305); *Jescheck/Weigend,* AT, 380; Sch/Sch/*Lenckner/Eisele,* § 203 Rn. 3.

167 Sch/Sch/*Lenckner/Eisele,* § 203 Rn. 3.

168 *BGH* NJW 1968, 2288 (2290); *BGHZ* 115, 123 (125); *Ulsenheimer,* Arztstrafrecht, Rn. 361.

zudem in ähnlichen Tatbeständen, wie z. B. §§ 17 ff. UWG, welche das Geschäfts- und Betriebsgeheimnis gegen Verrat nicht nur im Individualinteresse des betroffenen Unternehmens, sondern auch im Interesse der Allgemeinheit an der Erhaltung eines freien und lauteren Wettbewerbs schützen, wieder.[169]

IV. Stellungnahme

Sowohl die Individualschutzlehre als auch die Gemeinschaftsschutzlehre stellen jeweils auf gewichtige Einzelkomponenten ab, die für die Rechtsgutsbestimmung von enormer Bedeutung sind. Primär ist jedoch darauf abzustellen, ob das von § 203 Abs. 1 StGB geschützte Rechtsgut als allgemeines Persönlichkeitsrecht qualifiziert wird oder aber der Schutz des Vertrauensverhältnisses zum Arzt in den Vordergrund gestellt werden soll. Will man das allgemeine Persönlichkeitsrecht als geschütztes Rechtsgut anerkennen, wird man dies nur durch die Zugrundelegung einer individualrechtlichen Orientierung des in § 203 Abs. 1 StGB geschützten Rechtsguts erreichen können, da das allgemeine Persönlichkeitsrecht primär jeden Einzelnen schützt. Ein solches Ergebnis kann mit einer institutionenbezogenen Bestimmung im Sinne der Gemeinschaftsschutzlehre nicht erzielt werden. Anders verhält es sich jedoch, wenn man das geschützte Rechtsgut als den Schutz des Vertrauensverhältnisses zwischen Arzt und Patient konkretisiert. Dieses kann sowohl im Interesse des Einzelnen als auch im Interesse der Allgemeinheit geschützt sein.

Dem Patienten wird umfassender Schutz allerdings nur dann gewährt werden können, wenn man das Vertrauensverhältnis in den Vordergrund stellt, da das allgemeine Persönlichkeitsrecht den Schutz aller Informationen nur nach Maßgabe des *Verhältnismäßigkeitsprinzips* und des Ausgleichs zwischen Individual- und Allgemeininteressen gewährleistet. Daher bezweckt § 203 Abs. 1 StGB in erster Linie den Schutz des Vertrauensverhältnisses zwischen der Vertrauensperson und demjenigen, der vertrauensvoll ihre Hilfe in Anspruch nimmt, welches im Interesse des Einzelnen, aber auch im Interesse der Allgemeinheit bestehen kann.

Nach der traditionellen Unterteilung der vertretenen Lehren zu der Rechtsgutsdiskussion ist im Ergebnis daher der modifizierten Individualschutzlehre zu folgen, welche die oben genannten Elemente der Rechtsgutsbestimmung miteinander vereint. Mit der „Fusion“[170] von Elementen des Individualschutzes und des Gemeinschaftsschutzes kann somit zum einen das Verfassungsverständnis und

169 MK/*Cierniak/Pohlit,* StGB, § 203 Rn. 5.
170 Begriff nach MK/*Cierniak/Pohlit,* StGB, § 203 Rn. 5.

insbesondere die enorme Bedeutung des Rechts auf informationelle Selbstbestimmung bei der Auslegung berücksichtigt werden, was die reine Gemeinschaftsschutzlehre außer Acht lässt. Auch aus dem gern gewählten Argument der Individualschutzlehre, dass der Geheimnisträger über das Geheimnis disponieren dürfe, folgt nicht zugleich die Einordnung des Rechtsgutes als Individualrechtsgut. Denn auch bei Tatbeständen, die sowohl Individualinteressen als auch Allgemeininteressen schützen, ist eine Rechtfertigungsmöglichkeit durch Einwilligung nicht per se ausgeschlossen. Die Anerkennung einer Rechtfertigungsmöglichkeit wird bei diesen Tatbeständen nach der h. M. danach bestimmt, ob der Straftatbestand disponible Individualinteressen und Allgemeininteressen alternativ oder kumulativ schützt.[171] Im ersten Fall kann der Einzelne nicht über das Rechtsgut disponieren, während bei einem bestehenden Kumulationsverhältnis der Rechtsgüter die Besonderheiten des jeweiligen Tatbestandes beachten werden müssen. In diesem Fall ist zu klären, ob die Einwilligung bezüglich des Individualguts zum Wegfall des Gesamtunrechts und damit zur Nichtanwendbarkeit der betreffenden Vorschrift führt.[172] § 203 Abs. 1 StGB schützt diese Interessen kumulativ, wobei die Disposition über das Rechtsgut des § 203 Abs. 1 StGB – wie noch zu zeigen wird – das Gesamtunrecht beseitigt.[173]

Zum anderen sind auch Allgemeininteressen geschützt, da nur in dieser Weise das Vertrauen der Bevölkerung in die Verschwiegenheit des Arztes auch zur Aufrechterhaltung einer leistungsfähigen Gesundheitsfürsorge beitragen kann.[174] Dieses Ergebnis kann mit einem systematischen Argument aus § 139 Abs. 3 StGB unterstrichen werden. Diese Regelung befreit den Arzt (und die anderen in dieser Vorschrift genannten Berufsgruppen) auch bei bevorstehenden schwerwiegenden Straftaten weitgehend von der Anzeigepflicht. Dieser Ausnahmetatbestand besteht im Interesse der Allgemeinheit, dass jedermann sich ohne Furcht einem Arzt anvertrauen kann. Sie kann nicht als Rücksichtnahme auf die Interessen des jeweiligen

---

171 LK/*Rönnau,* Vor § 32 Rn. 176; *Roxin,* AT I, § 13 Rn. 34 f.; MK/*Schlehofer,* StGB, Vor § 32 Rn. 135. Ein Straftatbestand, der alternativ (Alternativitätstheorie) Individualinteressen und auch Allgemeininteressen schützt, ist nach der h. M. der Straftatbestand der falschen Verdächtigung gemäß § 164 StGB, vgl. hierzu Sch/Sch/*Lenckner/Bosch,* § 164 Rn. 1a f. m. w. N. Ein weiteres Delikt, welches Rechtsgüter alternativ schützt, ist § 343 StGB, vgl. hierzu Sch/Sch/*Cramer/Sternberg-Lieben/Hecker,* § 343 Rn. 1.

172 Sch/Sch/*Lenckner/Sternberg-Lieben,* Vor §§ 32 Rn. 36; LK/*Rönnau,* Vor § 32 Rn. 176.

173 S. 64 f.

174 *BVerfGE* 32, 373 (389); *BVerfG* MedR 2006, 586 (587).

Patienten verstanden werden.[175] Ferner kann auch die Schutzrichtung des § 53 StPO ergänzend als Argument herangezogen werden, weil das Zeugnisverweigerungsrecht aus beruflichen Gründen ebenfalls im Interesse desjenigen steht, der vertrauensvoll (ärztliche) Hilfe in Anspruch nimmt, als es auch im öffentlichen Interesse ist, dass der Rat- und Hilfesuchende sich an rückhaltloser Offenbarung nicht durch die Besorgnis behindert fühlt, die Vertrauensperson könnte das ihr Anvertraute als Zeuge einmal preisgeben müssen.[176] Es bleibt somit festzuhalten, dass das von § 203 Abs. 1 StGB geschützte Rechtsgut in dem Schutz des Vertrauensverhältnisses zwischen der Vertrauensperson und demjenigen, der vertrauensvoll ihre Hilfe in Anspruch nimmt, zu erblicken ist. Dieses kann sowohl im Individualinteresse als auch im Interesse der Allgemeinheit sein.

B. Der Begriff des Geheimnisses

Was der Arzt ohne Vorliegen eines Rechtfertigungsgrundes offenbaren darf, hängt davon ab, was vom Begriff des *Geheimnisses* erfasst ist. Denn all diejenigen Patienteninformationen und Informationen Dritter, denen die Geheimniseigenschaft fehlt, darf der Arzt straflos offenbaren. Zum Teil wird davon gesprochen, dass der Begriff des Geheimnisses selbst ein Geheimnis sei.[177] Während die Berufsordnungen dem Wortlaut nach jede Patienteninformation schützen,[178] ist von § 203 StGB die *unbefugte Offenbarung eines fremden Geheimnisses* unter Strafe gestellt.

Nach der ganz überwiegenden Auffassung in der Rechtsprechung und der Literatur wird das Geheimnis als eine Tatsache definiert, die nur einem Einzelnen oder einem beschränkten Kreis von Personen bekannt oder zugänglich ist, deren Kenntnis nach dem Willen des Betroffenen (sog. Geheimnisträger) hierauf beschränkt ist und an deren Geheimhaltung der Betroffene ein – von seinem Standpunkt aus – schutzwürdiges Interesse hat.[179] Die überwiegende Ansicht folgt somit einem

---

175 *Grünwald* bei *Berz,* ZStW 90 (1978), 210 (214).

176 *Pfeiffer,* StPO, § 53 Rn. 1.

177 *von Liszt,* Der Begriff des militärischen Geheimnisses, in: FS-Brunner, 207; *Rogall,* NStZ 1983, 1.

178 Siehe S. 18 f.

179 *BGHZ* 40, 288 (292); *BGHSt* 41, 140 (142); *OLG Köln* NJW 2000, 3656; *OLG Hamm* NJW 2001, 1957 (1958); *Lackner/Kühl,* StGB, § 203 Rn. 14; MK/*Cierniak/Pohlit,* StGB, § 203 Rn. 11; *Eb. Schmidt,* Der Arzt im Strafrecht, 24, 31; LK/*Schünemann,* § 203 Rn. 19. Zum Teil werden auch Ansichten zum Geheimnisbegriff vertreten, die ausschließlich das Geheimhaltungsinteresse – so Sch/Sch/*Lenckner/Eisele,* § 203

dreigliedrigen Geheimnisbegriff, welcher neben einem faktischen Element ein voluntatives Element sowie ein normatives Element enthält.[180]

I. Faktisches Element

Der dreigliedrige Geheimnisbegriff setzt zunächst ein faktisches Element voraus. Dieses Element wird als erfüllt angesehen, wenn die Tatsachen nur einem bestimmten Kreis von Personen bekannt oder zugänglich sind.[181]

1. Wahrheit der Tatsache

Zum Teil wird gefordert, dass die Information überdies wahr sein muss.[182] Dieser Ansicht ist allerdings nicht zu folgen, weil sie den Geheimnisbegriff zu sehr begrenzt und zu sinnwidrigen Ergebnissen gelangt. Wenn nämlich nur wahre Tatsachen unter den Begriff des Geheimnisses subsumiert werden könnten, dürfte der Arzt, ohne strafrechtliche Konsequenzen befürchten zu müssen, falsche Diagnosen verbreiten. Sucht der Patient beispielsweise seinen Arzt wegen einer Routineuntersuchung auf und erzählt der Arzt Dritten der Wahrheit zuwider, dass der Patient unheilbar an Krebs erkrankt sei, so würde kein vom Tatbestand des § 203 StGB erfasstes *Geheimnis* bestehen. Dass der Arzt in dieser Konstellation straflos sein soll, leuchtet nicht ein. Auf den Falltypus der Kindesmisshandlung lässt sich das obige Beispiel übertragen. Sucht beispielsweise ein Kind (mit seinen Eltern) einen Arzt auf, um seine aus einem Sturz vom Treppengeländer resultierenden Schürfwunden behandeln zu lassen und verbreitet der Arzt wahrheitswidrig, dass das Kind misshandelt worden sei, so ist nur schwerlich einzusehen, weshalb zumindest keine tatbestandsmäßige Schweigepflichtverletzung verwirklicht sein soll.[183] Konsequenz einer solchen Bestimmung des Geheimnisbegriffes würde sein, dass der Arzt, der unbefugt eine falsche Diagnose weitergibt, sich in einem gegen ihn

---

Rn. 5 – oder aber den Geheimhaltungswillen – so NK-StGB-*Kargl,* § 203 Rn. 6 – in den Vordergrund stellen.

180 SK-StGB/*Hoyer,* § 203 Rn. 5.

181 Statt vieler LK/*Schünemann,* § 203 Rn. 22.

182 SK-StGB/*Hoyer,* § 203 Rn. 12; *Rogall,* NStZ 1983, 1 (4); *Eb. Schmidt,* Der Arzt im Strafrecht, 27 f.; LK/*Schünemann,* § 203 Rn. 22.

183 Der Irrtum des Arztes, dass das Kind misshandelt worden ist, wirkt sich nicht auf der Tatbestandsebene, sondern auf der Rechtfertigungsebene aus. Vgl. zur Irrtumsproblematik S. 128 ff.

gerichteten Strafverfahren auf die Unwahrheit der Tatsache berufen könnte.[184] Die Gegenansicht verweist in dieser Konstellation auf eine mögliche Strafbarkeit des Arztes wegen der Verwirklichung der §§ 185 ff. StGB.[185] Dieser Verweis ist allerdings schon deshalb verfehlt, weil nicht jede unwahre Tatsache zugleich ehrenrührig im Sinne der §§ 185 ff. StGB sein muss.[186] Folglich ist für den Geheimnisbegriff nicht Voraussetzung, dass die Tatsache auch wahr sein muss.

2. Das Problem der „Offenkundigkeit"

Die Tatsachen sind nur dann einem beschränkten Personenkreis bekannt, wenn bestimmte Umstände eine Kontrolle darüber ermöglichen, welche weiteren Personen von der Tatsache erfahren, sodass alle diejenigen Tatsachen vom Geheimnisbegriff nicht mehr erfasst werden, die jedermann ohne größere Schwierigkeiten erfahren kann.[187] Nicht ausschlaggebend ist, wie viele Personen davon tatsächlich Kenntnis nehmen.[188] *Offenkundige* Tatsachen und Daten, also solche, die jedem Verständigen bekannt oder leicht feststellbar sind, fallen nach allgemeiner Ansicht nicht in den Schutzbereich des § 203 Abs. 1 StGB.[189]

Ausgehend von der Definition dieses faktischen Elements wird in der Literatur[190] der Versuch unternommen, eine Einschränkung des tatbestandlichen Schweigegebots dergestalt vorzunehmen, dass all diejenigen Schädigungen des Kindes von der Verschwiegenheitspflicht als nicht erfasst angesehen werden, die für jedermann erkennbar sind. Als Argument wird angeführt, dass diese Schädigungen offenkundig sind und somit nicht mehr als *geheim* qualifiziert werden können. Zu diesen offenkundigen, nicht vom Geheimnisbegriff erfassten Schädigungen soll beispielsweise eine Brandverletzung im Gesicht oder auf dem Handrücken des Kindes, die die Vermutung auf das Ausdrücken einer Zigarette zulässt, zählen.[191] Der Arzt könnte

---

184 *G. Schmidt,* ZStW 79 (1967), 741 (804).

185 *Rogall,* NStZ 1983, 1 (6). Ob der Arzt durch die Falschanzeige ein Beleidigungsdelikt gemäß §§ 185 ff. StGB verwirklicht haben könnte, wird auf S. 169 ff. näher untersucht.

186 *G. Schmidt,* ZStW 79 (1967), 741 (804); *Schreiner,* Drittgeheimnisse, 36.

187 *BGHZ* 40, 288 (292); *Fischer,* § 203 Rn. 5, 10a; Sch/Sch/*Lenckner/Eisele,* § 203 Rn. 6; LK/*Schünemann,* § 203 Rn. 22.

188 Sch/Sch/*Lenckner/Eisele,* § 203 Rn. 6.

189 NK-StGB-*Kargl,* § 203 Rn. 6; Sch/Sch/*Lenckner/Eisele,* § 203 Rn. 6.

190 *Dickmeis,* ZfJ 1995, 474 (477).

191 *Dickmeis,* ZfJ 1995, 474 (477). Hiervon abzugrenzen sind nach Ansicht von *Dickmeis* die vorwiegend im Bereich der frauenärztlichen Befunderhebung vorfindbaren

dieser Ansicht zufolge diese offenkundigen Verletzungen straflos offenbaren, weil sie kein tatbestandliches Geheimnis darstellen würden. So könnte der Arzt z. B. auch die Windpockenerkrankung des Kindes straflos offenbaren, weil diese dem Grunde nach für jedermann erkennbar ist. Dieser Ansicht ist allerdings entgegenzuhalten, dass sie das Teildefiniens *Offenkundigkeit* zu weit auslegt. Das Merkmal *Offenkundigkeit* kann nur in der Weise verstanden werden, dass diejenigen Tatsachen vom Geheimnisbegriff ausgegliedert werden sollen, die durch jedermann ohne große Mühen erfahren werden können. Gemeint sind beispielsweise Daten, die etwa aus Telefon- und Adressbüchern, Bibliotheken und allgemein zugänglichen Internetseiten erhältlich sind.[192] Dies trifft für die oben genannten Verletzungen allerdings nicht zu. Diese Verletzungen sind vielmehr nur für solche Personen offensichtlich, die den Patienten etwa zufällig auf der Straße erblicken und dessen Leiden erkennen. Schließlich spricht gegen diese Sichtweise auch der Wille des Gesetzgebers. Bei den insoweit kontrovers geführten Beratungen des Entwurfs der Strafprozessordnung machten die Befürworter des mit § 203 StGB korrespondierenden ärztlichen Zeugnisverweigerungsrechts wiederholt geltend, dass der bei Begehung einer Straftat Verwundete einen Arzt aufsuchen können müsse, ohne zu befürchten, dass er damit einen Belastungszeugen schaffe,[193] was selbstverständlich auch dann gelten muss, wenn die Verletzung sichtbar ist.

Daher scheiden offen*sichtliche* Tatsachen, die jemand erfährt, weil er die Erkrankung des Patienten zufällig erkennen kann, nicht aus dem Begriff des Geheimnisses heraus.

II. Voluntatives Element

Eine weitere Komponente des Geheimnisbegriffs stellt der Geheimhaltungswille des Betroffenen dar. Der Betroffene muss den Willen zur Geheimhaltung haben, weil die Rechtsordnung keinem seine Geheimnisse aufnötigen kann.[194] Sofern der Betroffene das Geheimnis nicht kennt, obwohl es ihn betrifft, ist der mutmaßliche

---

Verletzungen, insbesondere im kindlichen Genitalbereich. Diese Misshandlungen seien ein tatbestandliches Geheimnis, welches nur bei Eingreifen von Rechtfertigungsgründen offenbart werden dürfe.

192 NK-StGB-*Kargl,* § 203 Rn. 6a.

193 *Stegemann,* Die gesamten Materialien zur StPO, 1756.

194 *BGHZ* 64, 325 (329); *Fischer,* § 203 Rn. 6; SK-StGB/*Hoyer,* § 203 Rn. 11; LK/*Schünemann,* § 203 Rn. 19.

Wille maßgeblich.[195] Da der Geheimhaltungswille nicht ausdrücklich oder konkludent erklärt werden muss, stellt sich die Frage nach der Feststellbarkeit dieses Willens. Das Vorhandensein des Geheimhaltungswillens folgt in der Regel aus der Natur der Sache, sodass beispielsweise belastende Umstände aus dem Vorleben, geschäftliche Misserfolge oder Erkrankungen von diesem Willen erfasst sind.[196] Für den Geheimhaltungswillen ist keine zivilrechtliche Geschäftsfähigkeit notwendig, sondern ein natürlicher Wille, sodass auch Minderjährige einen Geheimhaltungswillen haben können.[197] Sofern jedoch der gesetzliche Vertreter über das Geheimnis verfügen darf, ist dessen Wille vorrangig.[198] Daher wird insbesondere bei Neugeborenen, Säuglingen und Kleinkindern der Wille der gesetzlichen Vertreter maßgeblich sein.

III. Normatives Element

Von besonderer Bedeutung ist die dritte Komponente des Geheimnisbegriffs, nämlich das *Geheimhaltungsinteresse.* Nicht an allen Tatsachen, die der Geheimnisträger geschützt wissen will, kann auch ein strafrechtlicher Schutz bestehen, da dies zu einer uferlosen Ausweitung des § 203 StGB führen würde.[199] Ein anderes Ergebnis würde sich zudem in Widerspruch zum Ultima-Ratio-Prinzip des Strafrechts setzen, wenn allein das individuelle Geheimhaltungsinteresse zur Bestimmung des Umfanges des Geheimnisbegriffs maßgeblich wäre.[200]

Die Rechtsprechung und die herrschende Literatur sehen in diesem Merkmal deshalb ein Korrektiv zur Begrenzung des Geheimhaltungswillens.[201] Dies erfolgt mit unterschiedlichen Umschreibungen, die jedoch zu ähnlichen Ergebnissen führen. Zum Teil wird davon gesprochen, dass ein „berechtigtes und schutzwürdiges

---

195 *BGHZ* 40, 288 (292); MK/*Cierniak/Pohlit,* StGB, § 203 Rn. 17; SK-StGB/*Hoyer,* § 203 Rn. 11; Sch/Sch/*Lenckner/Eisele,* § 203 Rn. 7; LK/*Schünemann,* § 203 Rn. 19.

196 MK/*Cierniak/Pohlit,* StGB, § 203 Rn. 17; LK/*Schünemann,* § 203 Rn. 24.

197 MK/*Cierniak/Pohlit,* StGB, § 203 Rn. 19; *Woesner,* NJW 1957, 692.

198 LK/*Schünemann,* § 203 Rn. 26.

199 MK/*Cierniak/Pohlit,* StGB, § 203 Rn. 20; LK/*Schünemann,* § 203 Rn. 27.

200 MK/*Cierniak/Pohlit,* StGB, § 203 Rn. 20.

201 *BGHZ* 24, 72 (81); 40, 288 (292); *BGHSt* 41, 140 (142); *OLG Schleswig* NJW 1985, 1090 (1091); MK/*Cierniak/Pohlit,* StGB, § 203 Rn. 20 ff.; *Gössel/Dölling,* BT 1, § 37 Rn. 136; NK-StGB-*Kargl,* § 203 Rn. 6b; Sch/Sch/*Lenckner/Eisele,* § 203 Rn. 7; LK/*Schünemann,* § 203 Rn. 27.

Interesse“ bestehen müsse,[202] andererseits ist von einem „berechtigten, sachlich-vernünftigen Geheimhaltungsinteresse“[203] die Rede, andere verlangen wiederum ein „verständliches Interesse“.[204] Diese Vernünftigkeitskontrolle führt dazu, dass kein Schutz von Nichtigkeiten bzw. Bagatellgeheimnissen[205] besteht, um damit auch die Strafverfolgungsbehörden nicht über Gebühr zu belasten. Maßgeblich ist aber stets die Sichtweise des Geheimnisträgers.[206] Der Schutzzweck des § 203 StGB gebietet nämlich auch den Schutz von Geheimnissen, die von anderen Personen nicht als schutzwürdig eingestuft werden. In diese Prüfung fällt somit nicht die Frage, ob das Geheimnis rechtlich missbilligenswert, moralisch verwerflich oder etwa sittlich hochstehend ist.[207] Daher sind auch illegale Geheimnisse – z. B. eine Straftat des Patienten – grundsätzlich vom Tatbestand des § 203 Abs. 1 StGB erfasst.[208] Als Beispiel sei an dieser Stelle der Fall genannt, dass ein Patient seinem Arzt berichtet, dass er sein Kind misshandelt.[209] Da hier der Arzt diese Geheimnisse in seiner Eigenschaft als Arzt erfahren hat, ist dieser Informationsfluss zwischen ihm und seinem Patienten zumindest tatbestandlich geschützt. Oftmals besteht nämlich ein faktischer Zwang für den Patienten zur Offenbarung eines (illegalen) Geheimnisses, um eine optimale ärztliche Heilbehandlung zu erfahren.

---

202 MK/*Cierniak/Pohlit,* StGB, § 203 Rn. 21. Siehe hierzu auch *BT-Ds.* 7/550, S. 23[illegible].

203 NK-StGB-*Kargl,* § 203 Rn. 6b.

204 LK/*Schünemann,* § 203 Rn. 27.

205 Z. B. Urlaubspläne oder das Lieblingsgericht. Diese sind dem Bereich der gesellschaftlichen Diskretion zuzuordnen.

206 Es scheint jedoch widersprüchlich zu sein, einerseits den Standpunkt des Geheimnisträgers als maßgebend anzuerkennen, anderseits jedoch Bagatellinformationen bereits tatbestandlich ausscheiden zu lassen. Konsequenterweise müsste der Geheimnisträger über Wichtigkeit oder Unwichtigkeit einer Information bestimmen müssen. So auch NK-StGB-*Kargl,* § 203 Rn. 8.

207 *Bockelmann,* Das Strafrecht des Arztes, in: *Ponsold,* Lehrbuch der gerichtlichen Medizin, 1 (12); MK/*Cierniak/Pohlit,* StGB, § 203 Rn. 22; *Lenckner,* Ärztliches Berufsgeheimnis, in: *Göppinger,* Arzt und Recht, 159 (172); Sch/Sch/*Lenckner/Eisele,* § 203 Rn. 7; LK/*Schünemann,* § 203 Rn. 27. Teilweise wird vertreten, dass die Einschränkung nicht auf Tatbestandsebene zu erfolgen habe, sondern auf der Rechtfertigungsebene im Rahmen der Prüfung der tatsächlichen oder mutmaßlichen Einwilligung. So NK-StGB-*Kargl,* § 203 Rn. 7.

208 *Bockelmann,* Das Strafrecht des Arztes, in: *Ponsold,* Lehrbuch der gerichtlichen Medizin, 1 (12); MK/*Cierniak/Pohlit,* StGB, § 203 Rn. 22; LK/*Schünemann,* § 203 Rn. 27; *Eb. Schmidt,* Der Arzt im Strafrecht, 29.

209 Handelt es sich bei dieser Straftat um ein schweres Verbrechen, so ist auch § 138 StGB zu beachten. Vgl. hierzu S. 160 f.

Der Patient muss auf die umfassende Diskretion seines Arztes vertrauen dürfen. Davon ging bereits der Gesetzgeber aus, als er das ärztliche Zeugnisverweigerungsrecht schuf, welches sich zwar nicht in Gänze mit § 203 StGB deckt, aber mit ihm korrespondiert.[210]

IV. Ergebnis zum Geheimnisbegriff

Da die Schweigepflicht das Kernstück der Berufsethik darstellt und zudem verfassungsrechtlich manifestiert ist,[211] ist der Geheimnisbegriff extensiv auszulegen. Er umfasst folglich nicht nur die Art der Krankheit und ihren Verlauf, Anamnese, Diagnose, Therapiemaßnahmen, Prognose, psychische Auffälligkeiten, körperliche und geistige Mängel bzw. Besonderheiten, Patientenakten, Röntgenaufnahmen, Untersuchungsmaterial und Untersuchungsergebnisse, sondern auch sämtliche Angaben über persönliche, familiäre, berufliche, wirtschaftliche und finanzielle Gegebenheiten.[212] Geschützt sind ferner die Identität des Patienten sowie die Tatsache, dass dieser Patient sich in eine Behandlung begeben hat.[213]

C. Erlangung in beruflicher Eigenschaft

Neben diesen Komponenten des Geheimnisbegriffs verlangt § 203 Abs. 1 StGB, dass dem Schweigepflichtigen das Geheimnis in seiner beruflichen Eigenschaft *anvertraut* oder *sonst bekanntgeworden* ist. Die Konkretisierung der beiden Varianten der Kenntniserlangung ist für den weiteren Verlauf der Arbeit notwendig, da auch an anderer Stelle auf diese Begriffe zurückgegriffen wird.[214] Überdies ist die Bestimmung der Varianten der Kenntniserlangung für den Schutz sogenannter Drittgeheimnisse von Belang.[215]

Die erste Variante ist erfüllt, wenn das Geheimnis ihm *als* Arzt, also in einem innerem Zusammenhang mit der Ausübung seines Berufs, mündlich, schriftlich

210 *Pfeiffer,* StPO, § 53 Rn. 2.

211 Siehe S. 16 f.

212 *Bockelmann,* Das Strafrecht des Arztes, in: *Ponsold,* Lehrbuch der gerichtlichen Medizin, 1 (10); *Laufs/Kern,* Handbuch Arztrecht, § 66 Rn. 1; *Roxin/Schroth,* Medizinstrafrecht, 231.

213 *BGHSt* 45, 363 (366); *OLG Bremen* MedR 1984, 112; *Schlund,* JR 1977, 265 (266).

214 Siehe S. 85 f.

215 Siehe S. 39 ff.

oder auf sonstige Weise (z. B. Vorzeigen eines Gegenstands, einer Verletzung usw.) mitgeteilt worden ist, aus der sich die Anforderung des Geheimhaltens ergibt.[216] Es muss folglich ein Vertrauensakt vorliegen.[217]

Sonst bekanntgeworden ist das Geheimnis, wenn der Schweigepflichtige dieses nicht durch Mitteilung erfahren hat, sondern insbesondere durch eigene Sachverhaltsaufklärung, jedenfalls nicht durch einen Kommunikationsakt.[218] Auch für diese Variante der Kenntniserlangung ist notwendig, dass ein innerer Zusammenhang zum Aufgabenbereich des Berufsträgers besteht.[219]

Ob darüber hinaus – wie beim Merkmal des *Anvertrauens* – einschränkend hinzukommen muss, dass die Kenntniserlangung im Rahmen einer Vertrauensbeziehung oder einer typischerweise auf Vertrauen angelegten Sonderbeziehung zu dem Betroffenen (Geheimnisträger) oder Informanten erfolgt sein muss, ist umstritten.[220] Teilweise wird eine solche Restriktion befürwortet, um die Reichweite des Geheimnisschutzes nicht ausufern zu lassen.[221] Dieser Ansicht lässt sich jedoch entgegenhalten, dass sie den Auffangcharakter der Variante der Kenntniserlangung verkennt.[222] Zudem lässt sich dem Wortlaut des § 203 Abs. 1 StGB

---

216 *RGSt* 13, 60 (62); 66, 273 (274); *OLG Köln* NStZ 1983, 412; *Fischer,* § 203 Rn. 7 f.; Sch/Sch/*Lenckner/Eisele,* § 203 Rn. 13; LK/*Schünemann,* § 203 Rn. 34. Ein unmittelbarer Zusammenhang der gegebenen Information mit dem Zweck der ärztlichen Untersuchung und Behandlung ist hingegen nicht zwingend erforderlich. Ein *Anvertrauen* liegt insofern auch vor, wenn der Patient über sonstige Sorgen und Nöte spricht; wobei solche Gespräche erst das notwendige Vertrauensverhältnis zu seinem Arzt schaffen, vgl. hierzu *Lenckner,* Ärztliches Berufsgeheimnis, in: *Göppinger,* Arzt und Recht, 159 (174). Darüber hinaus ist auch nicht notwendig, dass die Mitteilung innerhalb der Sprechstunde erfolgt ist. Es reicht aus, dass der Arzt beispielsweise auf der Straße – sei es auch gegen dessen Willen – in Anspruch genommen wird und somit die Mitteilung in seiner beruflichen Eigenschaft anvertraut worden ist, vgl. Sch/Sch/*Lenckner/Eisele,* § 203 Rn. 14.

217 MK/*Cierniak/Pohlit,* StGB, § 203 Rn. 45.

218 *OLG Köln* NJW 2000, 3656 (3657); SK-StGB/*Hoyer,* § 203 Rn. 25; Sch/Sch/*Lenckner/Eisele,* § 203 Rn. 13; LK/*Schünemann,* § 203 Rn. 34.

219 *BGHSt* 22, 157 (163); SK-StGB/*Hoyer,* § 203 Rn. 25; Sch/Sch/*Lenckner/Eisele,* § 203 Rn. 15; *Schmitz,* JA 1996, 772 (776); *Schreiner,* Drittgeheimnisse, 47 ff., 59, 145; LK/*Schünemann,* § 203 Rn. 34, 38; *Stucke,* Berufliche Schweigepflicht, 33 ff., 47 ff., 53 f., 118; in diese Richtung auch *OLG Köln* NStZ 1983, 412 (412 f.).

220 MK/*Cierniak/Pohlit,* StGB, § 203 Rn. 46; NK-StGB-*Kargl,* § 203 Rn. 16. Offengelassen von *BGHSt* 33, 148 (150 f.)

221 SK-StGB/*Hoyer,* § 203 Rn. 25; Sch/Sch/*Lenckner/Eisele,* § 203 Rn. 15; LK/*Schünemann,* § 203 Rn. 39.

222 MK/*Cierniak/Pohlit,* StGB, § 203 Rn. 46; NK-StGB-*Kargl,* § 203 Rn. 16.

keine Einschränkung entnehmen.[223] Überdies verkennt diese Ansicht, dass es in einer Vielzahl von Fällen typischerweise gerade an Vertrauen gerade fehlt, wie z. B. im Rahmen des Notarzt/Amtsarzt-Patienten-Verhältnisses.[224] Auch die bei der Anbahnung eines beruflichen Kontakts bekanntgewordenen Umstände wird der Schweigepflichtige regelmäßig nicht im Rahmen einer bereits bestehenden Sonderbeziehung erfahren.[225] Daher ist festzuhalten, dass es für das sonst bekanntgewordene Geheimnis nicht erforderlich ist, dass der Arzt in einer Vertrauensbeziehung oder einer typischerweise auf Vertrauen angelegten Sonderbeziehung zu dem Betroffenen (Geheimnisträger) oder Informanten stehen muss.

D. Drittgeheimnisse und die Geheimhaltung Straftaten Dritter

I. Allgemeines zur Drittgeheimnisproblematik

Eine besonders umstrittene Rolle für die Anwendung des § 203 StGB spielen die sogenannten Drittgeheimnisse. Der Streit um ihre rechtliche Würdigung entspringt aus der Rechtsgutsdiskussion und ist vom Bestreben bestimmt, den strafrechtlichen Schutz von Geheimnissen nicht ausufern zu lassen. Drittgeheimnisse betreffen nicht ausschließlich den Patienten selbst, sondern (auch) einen Dritten und können als *isolierte Drittgeheimnisse* auftreten, wenn das Geheimnis ausschließlich einen Dritten betrifft oder aber, wenn das Geheimnis einen inneren Zusammenhang zwischen Patienten und Dritten aufweist, als sogenanntes *verknüpftes Drittgeheimnis*.[226] Die Problematik liegt darin begründet, dass der Arzt Kenntnis von Tatsachen erlangt, die nicht oder nicht ausschließlich seinen Patienten betreffen, sondern aus einer fremden Sphäre stammen, in welcher der behandelnde Arzt nicht zwingend in seiner Eigenschaft als Berufsgeheimnisträger aufgesucht worden ist. Dabei kann das Drittgeheimnis bewusst durch den Patienten oder einen Dritten mitgeteilt werden. Darüber hinaus ist es keine Seltenheit, dass der Arzt durch eigene Wahrnehmung von Tatsachen Kenntnis erlangt, die der Betroffene – z. B. der Dritte – ohne Zwang nicht offenbaren würde. Als Beispiel seien hier exemplarisch

223 NK-StGB-*Kargl,* § 203 Rn. 16.
224 MK/*Cierniak/Pohlit,* StGB, § 203 Rn. 46; NK-StGB-*Kargl,* § 203 Rn. 16.
225 MK/*Cierniak/Pohlit,* StGB, § 203 Rn. 46.
226 LK/*Schünemann,* § 203 Rn. 39.

die sogenannten Hausbesuchsfälle[227] genannt. Der Arzt wird bei einem Hausbesuch nicht nur die Möglichkeit haben, den Patienten zu untersuchen, sondern wird auch einen Einblick in das soziale Umfeld des Patienten gewinnen können und damit auch in Tatsachen der Hausgenossen bzw. Dritten.

Im Rahmen der Drittgeheimnisproblematik stellen sich insbesondere die Fragen, ob Drittgeheimnisse uneingeschränkt von § 203 Abs. 1 StGB geschützt werden, wem die Dispositionsbefugnis[228] über sie zusteht und wer strafantragsberechtigt i. S. v. § 205 StGB ist.[229]

II. Konkrete Anwendung auf die Thematik

Sofern der Arzt bei der Behandlung seines Patienten feststellt, dass dieser von seinen Eltern oder einem seiner Elternteile misshandelt worden ist, stellt sich die Frage, ob der Arzt nur gegenüber seinem Patienten schweigepflichtig ist oder aber auch gegenüber dem misshandelnden Elternteil. Im ersten Fall könnte der Arzt die Misshandlung – sofern eine wirksame Einwilligung des Patienten vorliegt – dem Jugendamt melden, ohne (straf-)rechtliche Konsequenzen befürchten zu müssen. Anders könnte jedoch die rechtliche Würdigung ausfallen, wenn der Arzt auch gegenüber den Eltern schweigepflichtig wäre. Dies könnte zur Konsequenz haben, dass die Eltern ebenfalls einwilligen müssten; was allerdings mehr als unwahrscheinlich ist, sofern sie das Kind misshandelt haben.

Im Rahmen der Behandlung wird der Arzt die aus der Misshandlung resultierenden Verletzungen, wie z. B. Hämatome oder Brandverletzungen, durch seine Fachkunde erkennen. Sofern man diese Verletzungen isoliert betrachtet, stellen sie ein Eigengeheimnis des minderjährigen Patienten dar. Allerdings wird der Arzt in Vielzahl von Fällen zumindest vermuten können, dass Verursacher dieser Verletzungen die Eltern sind. Diese Erkenntnis bzw. Vermutung wiederum stellt kein Eigengeheimnis des minderjährigen Patienten dar, sondern ein Drittgeheimnis, weil der Arzt personenbezogene Informationen erfährt, die sich nicht auf den Patienten beziehen.[230] Des Weiteren ist denkbar, dass ein minderjähriger Patient seinem Arzt berichtet, dass er von seinen Eltern misshandelt wird. Der Arzt erfährt durch diese Aussage des Patienten ebenfalls die Identität seiner Peiniger. In

227 Ausführlich zu den Haubesuchsfällen *Schreiner*, Drittgeheimnisse, 48 ff.

228 Siehe hierzu S. 64 ff.

229 Siehe hierzu S. 70 ff.

230 NK-StGB-*Kargl*, § 203 Rn. 12.

diesen Konstellationen liegen jeweils nach den oben dargestellten Grundsätzen *verknüpfte Drittgeheimnisse* vor.[231] Im ersten Fall ist die Tatbestandsvariante *sonst bekanntgeworden* erfüllt, in der zweiten Situation ist dem Arzt das Drittgeheimnis *anvertraut* worden. Ob dieses Drittgeheimnis tatbestandlich geschützt ist, wird unterschiedlich beurteilt.

1. Umfassender Schutz von Drittgeheimnissen

Zum Teil wird vertreten, dass § 203 Abs. 1 StGB keine Einschränkung erfahre, sofern die Reichweite von Drittgeheimnissen in Rede stehe.[232] Bei Tatsachen, die einen Dritten betreffen und die der Arzt anlässlich seiner beruflichen Tätigkeit erfahre, handele es sich begrifflich ebenfalls um fremde Geheimnisse i. S. v. § 203 Abs. 1 StGB, sodass der Dritte Träger des geschützten Rechtsgutes sei.[233] Insbesondere wird der Wortlaut des § 203 Abs. 1 StGB als Argument für diese Sichtweise herangezogen. Es sei dem Wortlaut des § 203 Abs. 1 StGB nicht zu entnehmen, dass eine Einschränkung vom Gesetzgeber vorgesehen sei.[234] Eine Einschränkung würde überdies dem Normzweck des § 203 Abs. 1 StGB nicht gerecht, der in einer Kombination von Elementen des Individualschutzes und des Gemeinschaftsschutzes zu erblicken sei.[235]

2. Eingeschränkter Schutz von Drittgeheimnissen

Demgegenüber werden Ansichten vertreten, die das Drittgeheimnis nicht uneingeschränkt vom Tatbestand des § 203 Abs. 1 StGB erfasst sehen wollen. Allerdings differieren diese Ansichten wiederum bei der Frage, nach welchen Kriterien

---

231 *Bender,* MedR 2002, 626 (628); *Huster/Rux,* NWVBl. 2008, 455; NK-StGB-*Kargl,* § 203 Rn. 12, 17. Man könnte auch den theoretischen Fall bilden, dass eine Patientin ihrem behandelnden Arzt anvertraut, dass das Kind ihrer Nachbarn von diesen misshandelt wird. In dieser Konstellation würde ein isoliertes Drittgeheimnis bestehen, weil es in keinem inneren Zusammenhang zwischen der Patientin und den Dritten (Nachbarn und/oder Kind) steht.

232 *Bockelmann,* Das Strafrecht des Arztes, in: *Ponsold,* Lehrbuch der gerichtlichen Medizin, 1 (10); MK/*Cierniak/Pohlit,* StGB, § 203 Rn. 77 f.; *Göppinger,* NJW 1958, 241 (243); *Gössel/Dölling,* BT 1, § 37 Rn. 142; LK[10]/*Jähnke,* § 203 Rn. 36; *Rogall,* NStZ 1983, 413 (414); *Schlund,* JR 1977, 265 (266).

233 MK/*Cierniak/Pohlit,* StGB, § 203 Rn. 77.

234 MK/*Cierniak/Pohlit,* StGB, § 203 Rn. 78; *Rogall,* NStZ 1983, 413 (414).

235 MK/*Cierniak/Pohlit,* StGB, § 203 Rn. 78.

Drittgeheimnisse eingeschränkt werden können. Überdies wird zum Teil die Beschränkung von Drittgeheimnissen nur für das Arzt-Patienten-Verhältnis i. S. v. § 203 Abs. 1 Nr. 1 StGB diskutiert,[236] zum anderen wird eine einheitliche Beschränkung des Drittgeheimnisses für alle der in § 203 Abs. 1 StGB aufgeführten Berufsgruppen vorgenommen.[237]

Teilweise wird gefordert, dass Drittgeheimnisse nur dann von § 203 Abs. 1 StGB geschützt seien, wenn sie in einem „gewissen Rechtskreis" zum Patienten stünden und überdies „normalerweise im Rahmen eines guten Arzt-Patienten-Verhältnisses schützenswert" erscheinen.[238] Nach einer weiteren Ansicht sind Drittgeheimnisse nur dann als geheimhaltungspflichtige Tatsachen einzuordnen, wenn der Patient selbst ein Interesse an der Geheimhaltung des Drittgeheimnisses hat.[239] Andererseits wird der Schutz von Drittgeheimnissen nur dann anerkannt, wenn sie im Rahmen einer der in § 203 Abs. 1 StGB genannten Vertrauensbeziehungen entweder innerhalb eines ausdrücklich oder konkludent bestimmten Verschwiegenheitsrahmens vom Patienten selbst oder einem Anvertrauenden mitgeteilt oder in einem inneren Zusammenhang damit erfahren worden seien.[240] Demgegenüber meint *Ostendorf,* Drittgeheimnisse seien nur dann schützenswert, wenn die Mitteilung des Geheimnisses zur Behebung gesundheitlicher oder rechtlicher Not erforderlich sei oder doch für erforderlich gehalten werde.[241] Nach einer weiteren Ansicht ist die Problematik der Drittgeheimnisse mit Hilfe des Vertrauensgedankens zu lösen.[242] Danach werden Drittgeheimnisse nur dann geschützt, wenn auch zwischen dem Dritten und dem Patienten eine Vertrauensbeziehung bestehe.[243]

3. Resümee

Für die unter 1. dargestellte Ansicht spricht vor allem, dass der Wortlaut des § 203 Abs. 1 StGB nur von „fremden Geheimnissen" spricht und somit keinen Raum für eine Beschränkung des Drittgeheimnisses eröffnet. Der Wortlaut hebt allein auf

236 *Hackel,* NJW 1969, 2257 (2258); *Kierski,* Med. Sachverst. 1963, 205 (206).
237 SK-StGB/*Hoyer,* § 203 Rn. 23 ff.; NK-StGB-*Kargl,* § 203 Rn. 17 f.; *Ostendorf,* JR 1981, 444 (448); *Schreiner,* Drittgeheimnisse, 28, 99; LK/*Schünemann,* § 203 Rn. 39.
238 *Hackel,* NJW 1969, 2257 (2258).
239 *Kierski,* Med. Sachverst. 1963, 205 (206).
240 LK/*Schünemann,* § 203 Rn. 39. Ähnlich SK-StGB/*Hoyer,* § 203 Rn. 23 ff.
241 *Ostendorf,* JR 1981, 444 (448).
242 *Schreiner,* Drittgeheimnisse, 99.
243 *Schreiner,* Drittgeheimnisse, 28, 99.

den Zusammenhang der Kenntniserlangung mit der Berufstätigkeit ab.[244] Hiergegen ließe sich jedoch einwenden, dass eine solche Auslegung den funktionalen Zusammenhang zwischen der beruflichen Tätigkeit und der Kenntniserlangung über Gebühr strapazieren würde.[245] Ein unbeschränkter Drittgeheimnisschutz könnte eine uferlose Ausweitung des Tatbestandes des § 203 Abs. 1 StGB bedeuten, da der Arzt beispielsweise auch dann schweigen müsste, wenn Begleitpersonen der Patienten im Wartezimmer Klatschgeschichten erzählen würden.[246]

Die Richtigkeit der unter 1. dargestellten Ansicht kann jedoch mit der Bestimmung des von § 203 Abs. 1 StGB geschützten Rechtsguts gefestigt werden. § 203 Abs. 1 StGB schützt primär das Vertrauen des Einzelnen und auch der Allgemeinheit in die Verschwiegenheit der in dieser Norm genannten Berufsgruppen. Niemand darf sich aus Zweifel an der Verschwiegenheit des Arztes davon abhalten lassen, ärztliche Hilfe in Anspruch zu nehmen. Dies muss auch in Fällen gelten, in welchen der Patient aufgrund seines Alters keine autonome Entscheidung über den Arztbesuch treffen kann. Zu bedenken ist nämlich, dass eine weitergehende Beschränkung des Drittgeheimnisschutzes in letzter Konsequenz dem misshandelten Kind mehr schaden als nutzen könnte. Wenn nämlich die Eltern damit rechnen müssen, dass sie durch den Besuch des Arztes zu ihrer eigenen Strafverfolgung beitragen könnten, so würden sie möglicherweise ihr Kind in Zukunft nicht mehr zum Arzt bringen. Auch der Bundesgerichtshof hatte bezüglich des Zeugnisverweigerungsrechts gemäß § 53 Abs. 1 StPO festgestellt, dass dieses auch die Einzelheiten und näheren Begleitumstände ärztlicher Inanspruchnahme umfasst, wozu auch die Begleitpersonen des Patienten zählen.[247]

III. Sonderfall: misshandelte Geschwister

Eine an dieser Stelle zu diskutierende Fallkonstellation könnte den Arzt ebenfalls in einen Entscheidungskonflikt bringen: Denkbar wäre, dass der minderjährige Patient, der von seinen Eltern zur ärztlichen Behandlung in eine Praxis oder in ein Krankenhaus gebracht wird, in Begleitung seiner Geschwister erscheint. Erkennt nun der Arzt, dass die Geschwister – die selbst nicht ärztlich behandelt werden sollen – ebenfalls misshandelt worden sind, z. B. durch offensichtlich bestehende

---

244 LK[10]/*Jähnke,* § 203 Rn. 36.

245 *Dittrich,* Drittgeheimnisse, 64 f.; NK-StGB-*Kargl,* § 203 Rn. 18.

246 LK/*Schünemann,* § 203 Rn. 39.

247 *BGHSt* 33, 148 (151).

Hämatome im Gesicht oder Brandverletzungen auf dem Handrücken, so stellt sich die Frage, ob diese Verletzungen unter die ärztliche Schweigepflicht fallen oder nicht. Der Gesundheitszustand dieser Kinder stellt kein Eigengeheimnis des Patienten dar, sondern ein Drittgeheimnis. Wendet man die oben gefundene Lösung zur Bewältigung der Drittgeheimnisproblematik in dieser Konstellation an, so gelangt man konsequenterweise zu dem Ergebnis, dass der Arzt das gelüftete Geheimnis nicht unbefugt offenbaren darf. Der erforderliche *innere Zusammenhang* zwischen Kenntniserlangung und Berufsausübung ist in diesem Fall gegeben, sodass ein vom Tatbestand des § 203 Abs. 1 StGB geschütztes Drittgeheimnis vorliegt.

IV. Fazit

Resümierend ist festzuhalten, dass für den Schutz von Drittgeheimnissen somit dieselben Grundsätze heranzuziehen sind, die für das Eigengeheimnis gelten. Daher ist auch die Identität der (misshandelnden) Eltern ein vom Tatbestand des § 203 Abs. 1 StGB geschütztes Drittgeheimnis. Daher wird im weiteren Verlauf noch auf die umstrittenen Fragen einzugehen sein, wer in diesen Konstellationen verfügungsbefugt[248] und strafantragsberechtigt ist.[249]

---

248 Siehe S. 64 ff.

249 Siehe S. 70 ff.

Viertes Kapitel: Die Rechtfertigung der Durchbrechung der ärztlichen Schweigepflicht

Im folgenden Kapitel soll untersucht werden, welche rechtlichen Möglichkeiten dem behandelnden Arzt zur Offenbarung einer Kindesmisshandlung zustehen. Die Arbeit akzentuiert im Teil A vor allem die Mitteilungsmöglichkeiten des Arztes gegenüber dem Jugendamt. Zunächst werden die rechtfertigende Einwilligung sowie die mutmaßliche Einwilligung dargestellt. Ein Schwerpunkt liegt in der Prüfung der in § 4 Abs. 3 S. 1 KKG verankerten Befugnisnorm zur Informationsweitergabe für Berufsgeheimnisträger. Nach § 4 Abs. 3 S. 1 KKG soll nämlich das Jugendamt informiert werden, wenn dem Arzt gewichtige Anhaltspunkte für eine Kindeswohlgefährdung bekannt werden. Darüber hinaus wird untersucht, ob weitere Rechtfertigungsgründe, insbesondere der rechtfertigende Notstand als Rechtfertigungsgrund im Falle von Kindesmisshandlungen (noch) in Betracht kommt. Unter B. werden sodann die Mitteilungsmöglichkeiten des Arztes gegenüber anderen Stellen, z. B. dem Familiengericht, den Polizeibehörden, den Strafverfolgungsbehörden und den Krankenkassen untersucht. Nach der Darstellung der in Betracht kommenden Rechtfertigungsgründe schließt sich die Frage an, wie sich das KKG auf „RISKID" auswirkt.[250] „RISKID" ist ein dateibasiertes elektronisches Informationssystem für Ärzte und geht auf eine Initiative der Duisburger Kinderärzte und der Kriminalpolizei zurück, die beobachteten, dass sich die Eltern von Kindern mit Verletzungen ungeklärter Herkunft der ärztlichen Nachfrage und Beobachtung durch häufige Arztwechsel[251] entziehen.[252] „RISKID" stand zunächst für Risikoinformationssystem Duisburg. Seitdem sich 2008 weitere lokale „RISKID-Netze" außerhalb Duisburgs etablierten, stand die Abkürzung allgemein für Risikoinformationsdatei. Da seit Ende 2010 „RISKID" allen Ärzten bundesweit

---

250 S. 121 ff.

251 Auch „doctorhopping" genannt, vgl. www.riskid.de/faq.html (zuletzt abgerufen am 19.11.2013). Ferner gibt es den Begriff des „Jugendamts-Hoppings". Der Gesetzgeber sah im „Jugendamts-Hopping" eine besondere Gefahr für das Kindeswohl, weshalb durch das BKiSchG auch § 86c SGB VIII dergestalt geändert wurde, dass bei einem Zuständigkeitswechsel des Jugendamts das bisherige Jugendamt das nunmehr zuständige Jugendamt unverzüglich informieren muss, vgl. hierzu *BT-Ds.* 17/6256, S. 2, 12, 28 f.

252 www.riskid.de/das-projekt.html (zuletzt abgerufen am 19.11.2013); *Huster/Rux*, NVWBl. 2008, 455.

zur Verfügung steht, steht die Abkürzung für Risikoinformationssystem Deutschland.[253] Unter D. wird schließlich der Frage nachgegangen, wie sich ein Irrtum des Arztes rechtlich auswirkt.

A. Die einzelnen Mitteilungsmöglichkeiten des Arztes gegenüber dem Jugendamt

Neben den allgemeinen Rechtfertigungsgründen[254] der (mutmaßlichen) Einwilligung, des rechtfertigenden Notstandes und der Wahrung berechtigter Interessen kommen auch spezielle gesetzliche Offenbarungspflichten und Offenbarungsrechte in Betracht. Eine gesetzliche Offenbarungspflicht im Falle von Kindesmisshandlungen könnte sich für Ärzte z. B. aus §§ 138, 139 StGB ergeben. Dieser Straftatbestand wird allerdings in einem gesonderten Kapitel „Strafbarkeitsrisiken des Arztes bei Nichtanzeige der Kindesmisshandlung" behandelt.[255]

Ein Schwerpunkt wird allerdings auf die gesetzlichen Offenbarungsbefugnisse gelegt. Am 01.01.2012 ist das Gesetz zur Stärkung eines aktiven Schutzes von Kindern und Jugendlichen (Bundeskinderschutzgesetz – BKiSchG)[256] in Kraft getreten. Dieses Gesetz enthält insbesondere ein aus vier Paragrafen bestehendes Gesetz zur Kooperation und Information im Kinderschutz (Kinderschutz-Kooperationsgesetz, KKG). Hervorzuheben ist vor allem § 4 Abs. 3 S. 1 KKG, der die Voraussetzungen der Beratung und Übermittlung von Informationen durch Berufsgeheimnisträger bei einer Kindeswohlgefährdung regelt. Da § 4 Abs. 3 S. 1 KKG

---

253 Vgl. hierzu www.riskid.de/faq.html (zuletzt abgerufen am 19.11.2013). Um an „RISKID" als Arzt teilnehmen zu können, müssen Ärzte zuvor das Anmeldeverfahren bei „RISKID" durchlaufen haben und zugelassen werden, vgl. www.riskid.de/das-projekt.html (zuletzt abgerufen am 19.11.2013).

254 Nach der h. M. eröffnet das Merkmal unbefugt die Möglichkeit einer Rechtfertigung. So z. B. *Fischer,* § 203 Rn. 31; *Lackner/Kühl,* StGB, Vor § 201 Rn. 2; NK-StGB-*Kargl,* § 203 Rn. 50; *Rogall,* NStZ 1983, 1 (6); LK/*Schünemann,* § 203 Rn. 93. Dafür spreche insbesondere, dass die Offenbarung eines Geheimnisses für den Betroffenen einen erheblichen Interessenverlust bedeute und somit schon einen tatbestandlichen Unwert darstelle, der nur durch eine Rechtfertigung beseitigt werden könne. Nach einer anderen Ansicht liegt ein Tatbestandsmerkmal vor, welches vom Vorsatz des Schweigepflichtigen umfasst sein müsse; vgl. hierzu *OLG Köln* NJW 1962, 686 (687) mit zust. Anmerkung *Bindokat,* NJW 1962, 686. Eine differenzierte Lösung wird von Sch/Sch/*Eisele,* § 203 Rn. 21 f., 26 ff. vertreten.

255 Siehe S. 160 f.

256 BGBl. I S. 2975.

nur das Jugendamt als Adressat der Gefährdungsmitteilung nennt, wird die Frage zu untersuchen sein, ob daneben (subsidiär) auch das Familiengericht, die Polizeibehörden oder die Strafverfolgungsbehörden informiert werden dürfen. Sofern § 4 Abs. 3 S. 1 KKG eine abschließende Regelung bezüglich des Adressatenkreises beinhaltet, könnte eine Befugnis der Ärzte zur Offenbarung des Geheimnisses gegenüber dem Familiengericht, den Polizeibehörden oder den Strafverfolgungsbehörden auch aus allgemeinen Rechtfertigungsgründen folgen. Ferner ist zu klären, ob neben § 4 Abs. 3 S. 1 KKG – der den Berufsgeheimnisträgern eine Befugnis zur Durchbrechung der Schweigepflicht ausschließlich zugunsten des Kindeswohls einräumt – auch eine Befugnis aus anderen Rechtfertigungsgründen für Ärzte zur Informationsweitergabe zugunsten weiterer Rechtsgüter, wie z. B. des Strafverfolgungsinteresses, in Betracht kommen kann.[257]

I. Die rechtfertigende Einwilligung

Der Arzt ist stets gerechtfertigt, wenn der Patient seinen Arzt von seiner ärztlichen Schweigepflicht entbunden hat. Für den Falltypus der Kindesmisshandlung sind Konstellationen denkbar, in denen der Minderjährige den Arzt wegen einer Heilbehandlung aufsucht und dabei der Verdacht der Kindesmisshandlung entsteht oder die Misshandlung für den behandelnden Arzt sogar feststeht. Der minderjährige Patient könnte den behandelnden Arzt z. B. dann von seiner Schweigepflicht entbinden, wenn der Arzt den Patienten auf die mögliche Misshandlung anspricht und die Einschaltung des Jugendamtes für geboten hält. Berichtet beispielsweise eine 15-jährige Schülerin dem Frauenarzt von inzestuösen Handlungen des Stiefvaters, so könnte sie ebenfalls ihren Frauenarzt von der ärztlichen Schweigepflicht entbinden, damit dieser das Jugendamt informieren kann.[258]

Der Begriff „Schweigepflichtentbindung“ findet sich berufsrechtlich in § 9 Abs. 2 der jeweiligen Berufsordnungen der Ärztekammern[259] und prozessrechtlich in § 53 Abs. 2 S. 1 StPO, § 385 Abs. 2 ZPO wieder. Materiell-rechtlich ist dieser Begriff mit der Einwilligung gleichzusetzen. Die Einwilligung ist ein gesetzlich nicht geregelter Rechtfertigungsgrund[260] und bedeutet für den Einwilligenden den

---

257 Siehe S. 110 ff.

258 Beispiel nach *Dickmeis,* ZfJ 1995, 474 (477).

259 Vgl. hierzu die Übersicht bei *Ratzel/Lippert,* MBOÄ, § 9.

260 Die Einwilligung gilt nach der h. M. als Rechtfertigungsgrund, vgl. *BGHSt* 23, 1 (4); 49, 34 (40); 166 (169); LK/Rönnau, Vor § 32 Rn. 146; *Frister/Lindemann/Peters,* Arztstrafrecht, 1. Kap. Rn. 11; a. A. *Maurach/Schroeder/Maiwald,* BT 1, § 29

Verzicht auf Rechtschutz[261] und für den Eingreifenden die Erlaubnis, in strafrechtlich geschützte fremde Rechtsgüter einzugreifen. Die Einwilligung basiert somit auf dem Prinzip des mangelnden Interesses.[262] Das Gesetz enthält in den §§ 216, 228 StGB lediglich objektive Grenzen einer Einwilligung,[263] weshalb in langer Tradition von Literatur und Rechtsprechung folgende Voraussetzungen für diesen Rechtfertigungsgrund herausgearbeitet wurden:[264]

Zunächst muss der Patient Träger des geschützten Rechtsguts sein. Das geschützte Rechtsgut muss auch seiner Disposition unterliegen, was zu verneinen wäre, wenn es z. B. um das Rechtsgut Leben ginge. Ferner muss er einwilligungsfähig sein und seinen Willen ohne Drohung, Zwang oder Täuschung gebildet haben. Schließlich setzt auch die rechtfertigende Einwilligung ein subjektives Rechtfertigungselement voraus, nämlich dass der Arzt in Kenntnis der Einwilligung handelt. Im Folgenden sollen jedoch neben der Frage nach der Rechtsnatur der Einwilligung nur die für den Falltypus der Kindesmisshandlung problematischen Voraussetzungen, nämlich die Einwilligungsfähigkeit und die Verfügungsbefugnis, untersucht werden. Die Frage bezüglich der Rechtsnatur der Einwilligung ist deshalb von Bedeutung, weil sich hieraus die Anforderungen ergeben, die für die Bestimmung der Einwilligungsfähigkeit maßgeblich sind.

1. Rechtsnatur der Einwilligung

Die Frage, ob die Einwilligung eine tatsächliche Gestattung oder Ermächtigung zur Vornahme tatsächlicher Handlungen, die in den Rechtskreis des Gestattenden eingreifen, oder aber ein Rechtsgeschäft i. S. d. BGB darstellt, ist traditionell umstritten.

a) Die Einwilligung als tatsächliche Gestattung

Die Einwilligung stellt nach der Rechtsprechung des Bundesgerichtshofs und der ganz herrschenden Ansicht in der Literatur kein Rechtsgeschäft i. S. d. des BGB

Rn. 12 ff., 45; *Roxin,* AT I, § 13 Rn. 12 ff. Diese Ansicht vertritt die sogenannte Einheitslösung, wonach eine wirksame Einwilligung bereits die Tatbestandsverwirklichung verhindert.

261 *BGHSt* 4, 88 (90); 17, 359 (360); *Neyen,* Die Einwilligungsfähigkeit im Strafrecht, S. 3.

262 *Lenckner,* Ärztliches Berufsgeheimnis, in: *Göppinger,* Arzt und Recht, 159 (182).

263 LK/Rönnau, Vor § 32 Rn. 157.

264 Die Erheblichkeit der Einwilligung ist seit Jahrhunderten anerkannt. Es gilt der Grundsatz „Volenti non fit iniuria – Dem Einwilligenden geschieht kein Unrecht“, vgl. LK/Rönnau, Vor § 32 Rn. 146 mit Hinweis auf *Honig,* Die Einwilligung des Verletzten, S. 32 ff.

dar, sondern eine „Gestattung oder Ermächtigung zur Vornahme tatsächlicher Handlungen, die in den Rechtskreis des Gestattenden eingreifen".[265] Es komme nicht auf eine dem Täter eingeräumte Rechtsmacht an;[266] vielmehr müsse die Tathandlung – also der Eingriff in das geschützte Rechtsgut – dem Willen des Betroffenen entsprechen.[267]

b) Die Einwilligung als Rechtsgeschäft

Demgegenüber wird vertreten, dass die Einwilligungsfähigkeit an den Regeln der Geschäftsfähigkeit i. S. d. §§ 104 ff. BGB gemessen werden müsse, wobei diese Vorschriften entweder direkt oder analog angewendet werden sollen.[268] Speziell für die Einwilligung in die Verletzung von Privatgeheimnissen i. S. v. § 203 StGB wird sogar vertreten, dass bei Minderjährigen, auch wenn diese beschränkt geschäftsfähig sind, stets auch die Einwilligung der gesetzlichen Vertreter erforderlich sei.[269] Hervorgehoben wird vor allem die bestehende Rechtsunsicherheit, wenn der Arzt in jedem Einzelfall die Einwilligungsfähigkeit des minderjährigen Patienten zu prüfen habe und sich nicht an feste Altersgrenzen halten könne.[270]

c) Stellungnahme

Ausgangspunkt zur Beantwortung dieser Streitfrage ist die verfassungsrechtliche Grundlage der Einwilligung. Die Einwilligung eines Minderjährigen in die Verletzung von strafrechtlich geschützten Rechtsgütern stellt die Ausübung seines

---

265 *BGHZ* 29, 33 (36); 105, 45 (47 f.); *BGH* NJW 1972, 335 (337); *Frister,* AT, 15. Kap. Rn. 5; *Lackner/Kühl,* StGB, § 203 Rn. 18; *Nebendahl,* MedR 2009, 197 (199 f.); Staudinger/*Peschel-Gutzeit,* § 1629 Rn. 90; *Ratzel/Luxenburger,* Handbuch Medizinrecht, § 13 Rn. 378 ff.; LK/*Schünemann,* § 203 Rn. 94; *Wolfslast,* Schweigepflicht, in: *Gropp u.a.,* FS-Justus-Liebig-Universität Gießen, 361; *Wölk,* MedR 2001, 80 (82). Es ist jedoch auch zu erwähnen, dass die Rechtsprechung des Bundesgerichtshofs nicht gänzlich widerspruchsfrei ist. Der Bundesgerichtshof führt beispielsweise in *BGH* NJW 1980, 1903 (1904) aus, dass die Einwilligung mit der rechtsgeschäftlichen Willenserklärung verwandt sei.

266 *BGHSt* 4, 88 (90); 12, 379 (383); *Frister,* AT, 15. Kap. Rn. 5; Sch/Sch/*Lenckner/Sternberg-Lieben,* Vor §§ 32 ff. Rn. 43; LK/Rönnau, Vor § 32 Rn. 161.

267 LK/Rönnau, Vor § 32 Rn. 161; *Frister,* AT, 15. Kap. Rn. 5.

268 *RGSt* 25, 375 (381); *Zitelmann,* AcP 99 (1906), 1 (51 ff.); *Kohte,* AcP 185 (1985), 105 (120); *Mittenzwei,* MedR 1988, 43.

269 *Lücken,* RdJB 1969, 289 (292); *Müller,* Schweigepflicht und Schweigerecht, in: *Mergen,* Die juristische Problematik in der Medizin II, 63 (75).

270 *Mittenzwei,* MedR 1988, 43.

Selbstbestimmungsrechts dar.[271] Auch dem Minderjährigen kommt als Grundrechtsträger eigene Menschenwürde und ein eigenes Recht auf Entfaltung seiner Persönlichkeit i. S. v. Art. 2 Abs. 1 GG i. V. m. Art. 1 Abs. 1 GG zu.[272] Wenn die gesetzlichen Vertreter für den Minderjährigen sein Selbstbestimmungsrecht ausüben würden, entstünde ein fremdbestimmtes Selbstbestimmungsrecht, was jedoch aufgrund des höchstpersönlichen Charakters des Selbstbestimmungsrechts nicht von Dritten ausgeübt werden kann.[273] Wenn der Minderjährige fähig ist, sein Selbstbestimmungsrecht eigenverantwortlich auszuüben, ist eine Beschränkung seines allgemeinen Persönlichkeitsrechts und seiner Grundrechte aus Art. 1 Abs. 1 GG und Art. 2 Abs. 1 GG nicht anzuerkennen.[274] Dem Argument der Rechtsunsicherheit kann entgegengehalten werden, dass der minderjährige Patient im Rahmen der Behandlung von dem behandelnden Arzt aufzuklären ist. Aus dieser auf Kommunikation angelegten, engen und individuellen Arzt-Patienten-Beziehung kann sich der Arzt ein genaues Bild von seinem Patienten und dessen Einwilligungsfähigkeit machen.[275] Daher ist festzuhalten, dass die Einwilligung nicht an den Vorschriften des BGB zur Geschäftsfähigkeit zu messen, sondern als Gestattung oder Ermächtigung zur Vornahme tatsächlicher Handlungen, die in den Rechtskreis des Gestattenden eingreifen, einzuordnen ist.

2. Bestimmung der Einwilligungsfähigkeit

Die unbedachte und möglicherweise auch sinnlose Preisgabe von Rechtsgütern kann für den Einwilligenden erhebliche Nachteile zur Folge haben.[276] Aus dem Sozialstaatsprinzip ergibt sich daher, dass Personen, die aufgrund ihrer psychischen Verfassung keine bedachte und sinnvolle Verfügung über Rechtsgüter treffen können, geschützt werden müssen.[277] Dies wird über die Voraussetzung

---

271 *BVerfGE 52,* 131 (168); *Amelung/Eymann,* JuS 2001, 937 (939).

272 *BVerfGE* 24, 119 (144); 53, 185 (203); 72, 155 (172); 79, 51 (63).

273 *Ratzel/Luxenburger,* Handbuch Medizinrecht, § 13 Rn. 379 f.; *Rothärmel/Wolfslast/Fegert,* MedR 1999, 293 (296); *Wölk,* MedR 2001, 80 (82).

274 *Ratzel/Luxenburger,* Handbuch Medizinrecht, § 13 Rn. 381.

275 *Ratzel/Luxenburger,* Handbuch Medizinrecht, § 13 Rn. 381; *Wölk,* MedR 2001, 80 (82).

276 *Rönnau,* Jura 2002, 665 (669).

277 *Amelung/Eymann,* JuS 2001, 937 (941); *Rönnau,* Jura 2002, 665 (669). Darüber hinaus wird man mit *Amelung* den unterschiedlichen Normtypenkontext beachten müssen, in welchen Willenserklärungen und Einwilligungen stehen. Willenserklärungen schaffen im Zusammenhang mit „konstitutiven Normen" rechtliche Kunstgebilde, wie z. B. Verträge, an die sich rechtlich garantierte Erwartungen künftigen Verhaltens knüpfen.

Einwilligungsfähigkeit sichergestellt. Wer nicht einwilligungsfähig ist, der kann auch nicht wirksam den Eingriff in seine Rechtsgüter gestatten. In der Praxis ist besonders problematisch, wie der Arzt die Einwilligungsfähigkeit konkret feststellen kann.[278] Gesichert ist, dass die Einwilligungsfähigkeit bei Minderjährigen – im Gegensatz zu der Bestimmung der Einwilligungsfähigkeit bei Erwachsenen – positiv festgestellt werden muss.[279] Das bedeutet, dass der Arzt in jedem einzelnen Sachverhalt prüfen muss, ob der Minderjährige einwilligungsfähig ist oder nicht. Dazu muss er u.a. das Alter, die physische und psychische Konstitution, den Bildungsgrad, die Herkunft oder auch kulturelle Traditionen berücksichtigen.[280]

Fraglich ist jedoch, ab wann eine Person einwilligen kann, mithin einwilligungsfähig ist. Die Problematik der Einwilligungsfähigkeit ist insbesondere durch den Konflikt zwischen der wachsenden Selbstbestimmungsfähigkeit des Minderjährigen einerseits und der paternalistischen Behütung vor Entscheidungsfolgen, die der Betreffende nicht wirklich abschätzen kann, andererseits geprägt.[281]

a) Altersgrenzen im Gesetz

Das Gesetz enthält im Gegensatz zu der Schuldfähigkeit (§§ 19 StGB, 3 JGG), der Geschäftsfähigkeit (§§ 104 Nr. 1, 106 BGB) oder der Deliktsfähigkeit (§ 828

Die Einwilligung hingegen steht im Kontext „regulativer Normen", welche vorhandene Rechtsgüter, wie z. B. das Interesse des Einzelnen an Diskretion schützen. Diesem Schutz kann der Berechtigte durch mangelndes Interesse entsagen, sodass mit der Einwilligungsfähigkeit eine Aussage über die gegenwärtige Interessenlage des Berechtigten getroffen wird. Vgl. hierzu *Amelung,* ZStW 104 (1992), 525 (527); *Amelung/ Eymann,* JuS 2001, 937; Die Unterscheidung zwischen „konstitutiven" und „regulativen Normen" wurde insbesondere von *John R. Searle* herausgearbeitet. Vgl. *Searle,* Sprechakte, S. 55 ff. Siehe auch *Neyen,* Die Einwilligungsfähigkeit im Strafrecht, 1, 3.

278 Diese Problematik verkompliziert sich dadurch, dass neben einer allgemeinen Diskussion um die Einwilligungsfähigkeit auch eine „deliktsbezogene Auseinandersetzung" dieser Streitfrage erfolgt. So sollen bei einer Einwilligung in die Verletzung materieller Rechtsgüter, beispielsweise in eine Sachbeschädigung gemäß § 303 StGB oder in einen Diebstahl gemäß § 242 StGB die Regeln über die Geschäftsfähigkeit analog angewendet werden. So Staudinger/*Knothe,* Vor §§ 104–115, Rn. 56 ff.; MK/ *Schlehofer,* StGB, Vor §§ 32 Rn. 148.

279 *Frister,* AT, 15. Kap. Rn. 8; Sch/Sch/*Lenckner/Sternberg-Lieben,* Vor §§ 32 ff. Rn. 40; LK/Rönnau, Vor § 32 Rn. 195; Sch/Sch/*Lenckner/Sternberg-Lieben,* Vor §§ 32 ff. Rn. 40.

280 *Laufs/Kern,* Handbuch Arztrecht, § 139 Rn. 44.

281 NK-StGB-*Paeffgen,* § 228 Rn. 14.

BGB) keine festen Altersgrenzen bezüglich der Einwilligungsfähigkeit.[282] Es kann somit nicht allein anhand des Alters die Einwilligungsfähigkeit bestimmt werden. Auch der Schuld-, Geschäfts- oder Deliktsfähigkeit können keine Anhaltspunkte entnommen werden, ab wann die Einwilligungsfähigkeit anzunehmen ist.[283] Die Schuldfähigkeit umschreibt nämlich die Fähigkeit, Normen zu beachten, die strafrechtlich geschützte, fremde Rechtsgüter schützen.[284] Ähnlich wie bei der Schuldfähigkeit verlangt die Deliktsfähigkeit die Fähigkeit, die Verantwortung für herbeigeführte Schäden übernehmen zu können, mithin zu haften. Mit der Einwilligungsfähigkeit wird hingegen der Zeitpunkt gemeint, ab wann jemand den Wert seiner eigenen Rechtsgüter vernünftig abschätzen kann.[285]

b) Die Bestimmung der Einwilligungsfähigkeit nach der Rechtsprechung und der herrschenden Lehre

Nach der Rechtsprechung[286] und der h. L.[287] wird die Einwilligungsfähigkeit bejaht, wenn der Einwilligende die „ausreichende Urteilsfähigkeit über Wesen, Bedeutung und Tragweite der gegen ihn gerichteten Handlung“[288] besitzt. Zudem

---

282 Es existieren weitere gesetzliche Regelungen, die an das Alter anknüpfen, aber keine Aussage über die Einwilligungsfähigkeit treffen, vgl. § 36 Abs. 1 S. 1 SGB I (Handlungsfähigkeit), § 2 JArbSchG. Der Gesetzgeber geht nämlich davon aus, dass die Voraussetzungen der Einwilligungsfähigkeit nicht formulierbar seien, vgl. *BT-Ds.* 11/4528, S. 72 im Zusammenhang mit dem Betreuungsrecht.

283 *Amelung,* ZStW 104 (1992), 525; *Amelung/Eymann,* JuS 2001, 937 (941).

284 *Amelung/Eymann,* JuS 2001, 937 (941).

285 *Amelung/Eymann,* JuS 2001, 937 (941).

286 *RGSt* 41, 392 (394); *BGHSt* 4, 88 (90); 23, 1 (4); *BGHZ* 29, 33 (36). Kritisch zu dieser Definition *Amelung,* ZStW 104 (1992), 525 (537 ff.); *ders.,* Recht und Psychiatrie 1995, 20 (22).

287 *Fischer,* Vor § 32 Rn. 3c; *Haft,* AT, 79; *Jakobs,* AT, 7/114; *Jescheck/Weigend,* AT, 382; *Kühl,* Strafrecht AT, § 9 Rn. 33; Sch/Sch/*Lenckner/Sternberg-Lieben,* Vor §§ 32 ff. Rn. 39. Teilweise wird zudem die Steuerungsfähigkeit des Einwilligenden verlangt; so *Amelung,* ZStW 104 (1992), 525 (540 ff.). Für den Fall der Einwilligung in einen ärztlichen Heileingriff verlangt *Engisch,* dass der Patient über die „Reife und Fähigkeit verfügen muss, die Tragweite des ärztlichen Eingriffs für Körper, Beruf und Lebensglück zu ermessen“, vgl. *Engisch,* Die rechtliche Bedeutung der ärztlichen Operation, 14.

288 Diese Definition wurde in dieser oder in ähnlicher Form auch vom Gesetzgeber übernommen, vgl. § 18 Abs. 3 S. 2 PsychKG NRW, § 17 Abs. 2 S. 2 MRVG NRW, § 13 Abs. 1 SarlUBG, § 14 Abs. 3 S. 2 PsychKG SH.

müssen die an die Einwilligungsfähigkeit zu stellenden Anforderungen nicht zuletzt an der Bedeutung der auf dem Spiele stehenden Rechtsgüter bestimmt werden; bei folgenschweren Eingriffen seien strengere Maßstäbe anzulegen als bei Bagatelleingriffen.[289]

c) Die Bestimmung der Einwilligungsfähigkeit nach der Mindermeinung

Es finden sich jedoch auch Stimmen in der Literatur, die für die Bestimmung der Einwilligungsfähigkeit feste Altersgrenzen heranziehen wollen. Dabei wird oftmals die 14-Jahres-Grenze[290] oder aber auch die 16-Jahres-Grenze[291] als Zeitpunkt genannt, ab welchem der Minderjährige einwilligen könne.

Die Befürworter fester Altersgrenzen machen vor allem geltend, dass die Bestimmung der individuellen Einwilligungsfähigkeit zu einer Rechtsunsicherheit des behandelnden Arztes führe und dieser mit dem Risiko einer Fehleinschätzung belastet werde.[292] Zudem führen sie als Argument an, dass es dem Arzt unzumutbar sei, in jedem Einzelfall die Einwilligungsfähigkeit festzustellen, weil sie mit einem erheblichen Mehraufwand für diesen verbunden sei.[293]

---

289 *Geilen,* Strafrecht AT, 113 f.; *ders.,* Einwilligung und ärztliche Aufklärungspflicht, 87 f. So auch Sch/Sch/*Lenckner/Sternberg-Lieben,* Vor §§ 32 ff. Rn. 40; NK-StGB-*Paeffgen,* § 228 Rn. 14; *Ulsenheimer,* Therapieverweigerung bei Kindern, in: *Dierks u.a.,* Therapieverweigerung, 65 (76 f.).

290 *Deutsch/Spickhoff,* Medizinrecht, Rn. 256; *Laufs/Kern,* Handbuch Arztrecht, § 139 Rn. 45.

291 *Trockel,* NJW 1972, 1493 (1496). Vgl. auch *Ratzel/Luxenburger,* Handbuch Medizinrecht, § 13 Rn. 384 ff. m. w. N. Zum Teil wird die 14-Jahres-Grenze als absolute Altersuntergrenze angesehen. So *Odenwald,* Einwilligungsfähigkeit, 132 ff. In den von der Landesärztekammer Baden-Württemberg herausgegeben Merkblättern zur ärztlichen Schweigepflicht und zur ärztlichen Schweigepflicht im Falle von häuslicher Gewalt wird regelmäßig die 15-Jahres-Grenze als maßgeblich angesehen; vgl. *Landesärztekammer BW,* Schweigepflicht, 2 sowie Schweigepflicht in Fällen von häuslicher Gewalt, 2. Im letzteren Merkblatt unterscheidet die Landesärztekammer jedoch zwischen Mädchen und Jungen. Während Mädchen schon ab dem 15. Lebensjahr einwilligen können, können Jungen grundsätzlich erst ab dem 16. Lebensjahr einwilligen.

292 *Pawlowski,* MDR 1989, 775 (777); *Scherer,* FamRZ 1997, 589 (592); *Seizinger,* Konflikt, 90.

293 *Seizinger,* Konflikt, 90.

d) Stellungnahme

Gegen diese starren Altersgrenzen spricht jedoch, dass ihnen eine rechtliche Grundlage fehlt.[294] In diesem Zusammenhang ist der Vorbehalt des Gesetzes zu beachten, der für eine wesentliche Grundrechtsbeeinträchtigung als Mindestvoraussetzung ein formelles Gesetz verlangt.[295] Ein solches Gesetz würde dem einwilligungsfähigen Minderjährigen, der die bestimmte Altersgrenze nicht erreicht hat, die Ausübung seiner Grundrechte verwehren und somit eine Freiheitsbeschränkung bedeuten, da er gehindert wäre, nach seinen Maßstäben seine Rechtsgüter einzusetzen, mithin sein Selbstbestimmungsrecht auszuüben.[296] Daneben sind auch entwicklungspsychologische Argumente zu nennen, die gegen die generalisierende Bestimmung der Einwilligungsfähigkeit anhand des Alters sprechen. So ist anerkannt, dass die Entwicklung bei Mädchen und Jungen sehr unterschiedlich ist und Mädchen in der Regel die Pubertät zwei bis drei Jahre früher abschließen als Jungen.[297] Schließlich bedeutet die individuelle Bestimmung der Einwilligungsfähigkeit auch Einzelfallgerechtigkeit.[298] Denn in Fällen, in denen man einem beispielsweise 14-jährigen Patienten die Einwilligungsfähigkeit abspricht, könnte bei einem anderen, sogar noch jüngeren Patienten die Einwilligungsfähigkeit wiederum bejaht werden. Selbstverständlich ist das Bedürfnis nach Rechtssicherheit nicht gänzlich von der Hand zu weisen, weshalb die oben genannten Altersgrenzen im Sinne eines Kompromisses als Orientierungshilfe herangezogen werden können. Die Einwilligungsfähigkeit ist folglich umso eher anzunehmen, je näher der Einwilligende an die Volljährigkeitsgrenze gelangt. Je weiter der Minderjährige von dieser Grenze entfernt ist, desto eher wird der Arzt die konsentierende Entscheidung des Minderjährigen hinterfragen müssen.

294 *Knauf,* Mutmaßliche Einwilligung, 40; *Schröder,* Auskunftsanspruch, 116. *Schröder* geht dabei auch ausführlich der Frage nach, ob gesetzliche Regelungen, wie z. B. §§ 19–21 StGB, § 3 JGG, § 36 Abs. 1 S. 1 SGB I als Anknüpfungspunkt zur Bestimmung der Einwilligungsfähigkeit herangezogen werde können. Sie kommt zu dem Ergebnis, dass die Einwilligungsfähigkeit des Minderjährigen nicht durch eine Anknüpfung an gesetzliche Normen geklärt werden könne, 110.

295 *Knauf,* Mutmaßliche Einwilligung, 40.

296 *Amelung,* ZStW 104 (1992), 821 (825).

297 *Belling/Eberl/Michlik,* Selbstbestimmungsrecht, 128; LK/Rönnau, Vor § 32 Rn. 195; *Taupitz,* Gutachten 63. DJT, A 60.

298 *Knauf,* Mutmaßliche Einwilligung, 39; *Schröder,* Auskunftsanspruch, 116.

Allerdings wird man die in der Literatur[299] oft zu lesende Faustformel, dass Minderjährige unter 14 Jahren nicht als einwilligungsfähig anzusehen sind, in dieser Undifferenziertheit nicht anerkennen können. Es ist nämlich nicht per se ausgeschlossen, ein etwa 10- oder 12-jähriges Kind als einwilligungsfähig ansehen zu können.[300] Der Arzt muss in diesen Fällen jedoch auf bestehende Besonderheiten achten, aus denen sich Indizien für eine bestehende Einwilligungsfähigkeit ergeben könnten, wie z. B. einer überdurchschnittlichen Entwicklung der Persönlichkeit.[301] Überdies kann der Befürchtung der Ärzte, sich durch eine falsche Entscheidung strafbar zu machen, dadurch entgegnet werden, dass man ihnen in der Bestimmung der Einwilligungsfähigkeit eine Einschätzungsprärogative zugesteht.[302] Überdies hängt die Strafbarkeit des Arztes stets auch von subjektiven Voraussetzungen ab.

e) Zwischenergebnis

Nach dem bisher Gesagten bleibt festzuhalten, dass die Einwilligungsfähigkeit nicht anhand bestimmter Altersgrenzen bestimmt werden kann. Es ist Sache des Arztes, in jedem Einzelfall zu überprüfen, ob sein Patient einwilligungsfähig ist, damit ein Eingriff in das jeweilige Rechtsgut gerechtfertigt sein kann. Die Bestimmung der Einwilligungsfähigkeit ist zwar mit einem erheblichen Mehraufwand verbunden und erschwert die eindeutige Feststellbarkeit derselben. Hervorzuheben ist jedoch, dass die flexible Bestimmung der Einwilligungsfähigkeit auch der Einzelfallgerechtigkeit dient. Zudem würde ein anderes Ergebnis eine nicht akzeptable Beschränkung von Grundrechten darstellen, wenn dem einwilligungsfähigen Minderjährigen die Ausübung seines Selbstbestimmungsrechts verwehrt wird, obwohl er die nötige natürliche Einsichts- und Urteilsfähigkeit besitzt und lediglich eine bestimmte Altersstufe nicht erreicht hat.

---

299 *Deutsch/Spickhoff,* Medizinrecht, Rn. 256; *Laufs/Kern,* Handbuch Arztrecht, § 139 Rn. 45; *Odenwald,* Einwilligungsfähigkeit, 132 ff.; *Ulsenheimer,* Therapieverweigerung bei Kindern, in: *Dierks u.a.,* Therapieverweigerung, 65 (76).

300 *Frister,* AT, 15. Kap. Rn. 9. *Diepold,* Einsicht und Urteilsfähigkeit von Kindern, in: *Dierks u.a.,* Therapieverweigerung, 43 ff. berichtet von einem krebskranken neunjährigen Kind mit einem Hirntumor, dessen Entscheidung gegen eine wenig aussichtsreiche weitere Strahlentherapie und Operation aufgrund seiner ernsthaften Auseinandersetzung mit der Krankheit und dem bevorstehenden Tod akzeptiert wurde.

301 *Knauf,* Mutmaßliche Einwilligung, 41.

302 *Belling/Eberl/Michlik,* Selbstbestimmungsrecht, 130.

3. Übertragbarkeit des Maßstabes in abstrakter Hinsicht

Da starre Altersgrenzen nicht zur Bestimmung der Einwilligungsfähigkeit herangezogen werden können, müssen Kriterien gebildet werden, anhand derer die Einwilligungsfähigkeit bestimmt werden kann.

Die Rechtsprechung hatte nur selten Gelegenheit, die Voraussetzungen der Einwilligung in die Verletzung von Privatgeheimnissen durch einen Minderjährigen zu prüfen. Deshalb stellt sich die Frage, ob die von der Rechtsprechung und der Literatur entwickelte (allgemeine) Definition zur Einwilligungsfähigkeit uneingeschränkt auch auf die Entbindung von der Schweigepflicht durch einen Minderjährigen übertragen werden kann. Expressis verbis bejaht dies das BayObLG in einer Entscheidung aus dem Jahre 1985,[303] in der es um die Entbindung von der Schweigepflicht durch ein Mündel in einer Erbstreitigkeit ging. Die gleichen Grundsätze, die für die Einwilligung in eine Heilbehandlung gelten, müssten nach Ansicht des BayObLG auch für die Entbindung von der Schweigepflicht gelten.[304] Dafür sei wiederum die natürliche Urteils- und Einsichtsfähigkeit des Betroffenen maßgeblich.[305] Auch *Bender*[306] ist der Ansicht, dass die von der Rechtsprechung entwickelten Grundsätze zur Einwilligungsfähigkeit im Rahmen ärztlicher Heileingriffe grundsätzlich auch auf Fälle von der Entbindung von der Schweigepflicht angewendet werden müssen. Die Einwilligung in den ärztlichen Heileingriff sowie die Schweigepflichtentbindung seien nämlich „baugleich". Der unberechtigte Heileingriff sowie die unberechtigte Weitergabe von Patientengeheimnissen stellen jeweils einen Eingriff in das allgemeine Persönlichkeitsrecht dar.

Es ist richtig, die gleichen Grundsätze, die für die Einwilligung in den ärztlichen Heileingriff gelten, auch auf den Fall der Schweigepflichtentbindung anzuwenden. Dabei ist allerdings keine „schematische Gleichbehandlung"[307] in dem Sinne gemeint, dass die Bejahung einer wirksamen Einwilligung in die Entbindung der ärztlichen Schweigepflicht zugleich auch die Wirksamkeit einer Einwilligung in einen Heileingriff bedeutet. Die Einwilligung in den ärztlichen Heileingriff betrifft die körperliche Integrität des Minderjährigen und ist möglicherweise mit weit reichenden Konsequenzen verbunden, sodass auch unterschiedliche Anforderungen an die Einwilligungsfähigkeit gestellt werden könnten.[308] Es ist folglich

303 *BayObLGZ* 1985, 53 ff.
304 *BayObLGZ* 1985, 53 (56).
305 *BayObLGZ* 1985, 53 (56).
306 *Bender*, MedR 1997, 7 (13).
307 *Bender*, MedR 1997, 7 (13).
308 *Bender*, MedR 1997, 7 (13).

auch bei der Verletzung von Privatgeheimnissen entscheidend, ob der minderjährige Patient die Fähigkeit besitzt, Bedeutung und Reichweite seines Verzichts auf Rechtsschutz vernünftig abzuschätzen.

4. Feststellung im Einzelfall

Fraglich ist, welche Fähigkeiten der minderjährige Patient im Einzelfall besitzen muss, um die Bedeutung und Reichweite der Preisgabe persönlicher Informationen zu überblicken. In der Literatur hat sich *Amelung* mit beachtlichen Ausführungen um die Bestimmung der Einwilligungsfähigkeit verdient gemacht.[309] Seiner Ansicht nach muss der Betroffene die Fähigkeit zur Erkenntnis von Tatsachen und Kausalverläufen,[310] die Fähigkeit zur vernünftigen Wertung,[311] sowie die Fähigkeit zur einsichtsgemäßen Selbstbestimmung[312] besitzen. Diese „3-Stufen-Prüfung" ergebe sich daraus, dass die Bestimmung der Einwilligungsfähigkeit weniger vom „normativen Denken der Strafrechtslehre als von den Nutzenkalkülen einer ökonomischen Betrachtungsweise" abhängig sei.[313]

a) Die Fähigkeit zur Erkenntnis von Tatsachen und Kausalverläufen

Zunächst sei erforderlich, dass der Minderjährige Tatsachen und Kausalverläufe beurteilen können muss, die für eine vernünftige Entscheidung maßgeblich seien.[314] Er müsse also den Wert der aufzuopfernden Rechtsgüter erkennen und auch eine Prognose über die Folgen der Vornahme des Eingriffs treffen können.[315] Der Minderjährige benötige hierfür „intellektuelle Kapazitäten",[316] er müsse also wissen, was er tut.

Dem Minderjährigen muss also bewusst sein, dass die Entbindung des Arztes von dessen Schweigepflicht den „Kreis der Mitwissenden" erweitert. Er müsste auch erkennen, dass sozialrechtliche und/oder familiengerichtliche Maßnahmen

309 *Amelung,* ZStW 104 (1992), 525 (544 ff.).
310 *Amelung,* ZStW 104 (1992), 525 (553 ff.).
311 *Amelung,* ZStW 104 (1992), 525 (551 ff.).
312 *Amelung,* ZStW 104 (1992), 525 (555 f.)
313 *Amelung,* ZStW 104 (1992), 525 (545).
314 *Amelung,* ZStW 104 (1992), 525 (553); *Belling/Eberl/Michlik,* Selbstbestimmungsrecht, 131.
315 *Amelung,* ZStW 104 (1992), 525 (553); *Belling/Eberl/Michlik,* Selbstbestimmungsrecht, 131.
316 *Amelung,* ZStW 104 (1992), 525 (553); *Belling/Eberl/Michlik,* Selbstbestimmungsrecht, 131; *Reipschläger,* Einwilligung, 51.

angeordnet werden könnten, wie z. B. in sozialrechtlicher Hinsicht nach §§ 8a Abs. 3, 42 SGB VIII die Inobhutnahme des Minderjährigen oder in familiengerichtlicher Hinsicht der Entzug des Sorgerechts gemäß § 1666 Abs. 3 Nr. 6 BGB. Er müsste auch wissen, dass möglicherweise ein Ermittlungsverfahren gegen den Täter eingeleitet werden könnte. Diese Aufzählung zeigt deutlich auf, dass vom Minderjährigen erhebliche intellektuelle Kapazitäten gefordert werden, um die unmittelbaren und mittelbaren Folgen prognostizieren zu können. Hieran knüpft sich jedoch die Frage an, ob auch diese mittelbaren Folgen für den Minderjährigen prognostizierbar sein müssen,[317] mithin wann die Grenze der Prognostizierbarkeit erreicht ist. Man wird Einigkeit darüber erzielen können, dass vom Minderjährigen nicht in Gänze erwartet werden kann, dass er eine absolut richtige Prognose stellen kann.[318] Dazu ist er schon aufgrund unvermeidbarer Unsicherheiten zukünftigen Geschehens nicht in der Lage.[319] Darüber hinaus kann auch nicht erwartet werden, dass er die Tatsachen juristisch richtig prognostizieren kann. Dafür fehlt ihm das notwendige Wissen. Vielmehr wird man von einem minderjährigen Patienten lediglich erwarten können, dass er die Tatsachen im „Großen und Ganzen" erkennen muss, um seine Entscheidung danach ausrichten zu können.[320] Von einem minderjährigen Patienten wird man verlangen können, dass er erkennt, dass Dritte, wie beispielsweise Mitarbeiter des Jugendamtes von einer etwaigen Misshandlung Kenntnis erlangen und rechtliche Schritte gegen den Täter eingeleitet werden könnten. Welche dies konkret sind, wird der minderjährige Patient nach dem oben Gesagten nicht vorhersehen müssen.

b) Die Fähigkeit zur vernünftigen Wertung

Darüber hinaus muss nach *Amelung* der Einwilligende die Fähigkeit besitzen, *vernünftig* zu werten.[321] Dabei sei die Vernunft nicht nach einem objektiven, sondern einem subjektiven Wertesystem zu bestimmen, da andernfalls die grundrechtlich

---

317 So *Amelung,* ZStW 104 (1992), 525 (548).

318 *Amelung,* ZStW 104 (1992), 525 (554).

319 *Amelung,* ZStW 104 (1992), 525 (554).

320 So auch MK/*Cierniak/Pohlit,* StGB, § 203 Rn. 59, der für ein wirksames Einverständnis verlangt, dass der Zustimmende eine im Wesentlichen zutreffende Vorstellung davon hat, worin er einwilligt, und dass er Bedeutung und Tragweite seiner Entscheidung zu überblicken vermag. Der Zustimmende müsse deshalb wissen, aus welchem Anlass und mit welcher Zielsetzung er welche Person von ihrer Schweigepflicht entbindet.

321 *Amelung,* ZStW 104 (1992), 525 (551 ff.).

geschützte Selbstbestimmung des Einwilligenden nicht hinreichend berücksichtigt werde.[322] Vernünftig sei die Einwilligung, wenn sie dem Erwerb eines Vorteils oder der Vermeidung eines Nachteils diene.[323] Der minderjährige Patient muss also abschätzen können, welche Vorteile die Erweiterung des „Kreises der Wissenden" nach sich zieht. Der wohl bedeutsamste Vorteil der Einwilligung wird darin zu sehen sein, dass durch die Information des Arztes an die entsprechenden Stellen Kinder schützende Maßnahmen getroffen werden können, damit der Minderjährige keine weiteren Misshandlungen durch die Täter über sich ergehen lassen muss.

c) Die Fähigkeit zur einsichtsgemäßen Selbstbestimmung

Auf der letzten „Stufe" zur Bestimmung der Einwilligungsfähigkeit verlangt *Amelung* die Fähigkeit zur einsichtsgemäßen Selbstbestimmung.[324] Das bedeutet, dass der minderjährige Patient, nachdem er die Tatsachen erkannt hat und eine vernünftige Wertung getroffen hat, auch in der Lage sein muss, sich danach zu verhalten.[325] Es mag verwundern, dass *Amelung* noch diese dritte Voraussetzung zur Bestimmung der Einwilligungsfähigkeit verlangt. Denn wenn eine Person die Tatsachen erkannt hat, die mit der Entbindung von der Schweigepflicht verbunden sind und zudem auch eine vernünftige Wertung getroffen hat, so darf sicherlich erwarten werden, dass sich der Betroffene seiner Wertung entsprechend verhält. Dies ist allerdings nicht in allen Fallkonstellationen zu erwarten. Es sind nämlich Fälle gemeint, in denen der Betroffene aufgrund eines „Defektes"[326] nicht in der Lage ist, sich seiner Wertung gemäß zu verhalten. *Amelung* nennt die Beispiele einer Drogensüchtigen, die zwar erklärt, dass sie ein drogenfreies Leben schätzt, im Anschluss aber weiter Drogen nimmt oder einen minderjährigen Patienten, der sich nicht entschließen kann, seinen kranken Zahn aufzuopfern.[327] Auch für den Falltypus der Kindesmisshandlung könnte dieser Defekt relevant sein. Dem minderjährigen misshandelten Patienten wird es oft große Überwindung kosten,

---

322 *Amelung,* ZStW 104 (1992), 525 (551); *ders.,* Recht und Psychiatrie 1995, 20 (23 f.); *ders.,* JR 1999, 45 (46); *Amelung/Eymann,* JuS 2001, 937 (942); *Sternberg-Lieben,* § 228: eine nicht nur überflüssige Regelung, in: *Tübinger Juristenfakultät,* GS Keller, 289 (293).

323 *Amelung,* ZStW 104 (1992), 525 (545 f.); *Reipschläger,* Einwilligung, 51; LK/ Rönnau, Vor § 32 Rn. 192; *Schröder,* Auskunftsanspruch, 118.

324 *Amelung,* ZStW 104 (1992), 525 (555 f.); *ders.,* Recht und Psychiatrie 1995, 20 (25 f.).

325 *Amelung,* Recht und Psychiatrie 1995, 20 (25).

326 *Amelung,* ZStW 104 (1992), 525 (555 f.).

327 *Amelung,* ZStW 104 (1992), 525 (555 f.).

seine misshandelnden Eltern als „Täter“ zu benennen, da das misshandelte Kind in einem Abhängigkeitsverhältnis zu diesen steht, welches die Auflehnung gegen den Täter und nicht selten die Erstattung einer Anzeige verhindert.[328]

d) Zwischenergebnis

Resümierend ist festzuhalten, dass die Einwilligungsfähigkeit voraussetzt, dass der Betroffene die Fähigkeit zur Erkenntnis von Tatsachen und Kausalverläufen, die Fähigkeit zur vernünftigen Wertung sowie die Fähigkeit zur einsichtsgemäßen Selbstbestimmung haben muss. Der minderjährige Patient muss also zum einen den Wert der aufzuopfernden Rechtsgüter erkennen und auch eine Prognose über die Folgen der Vornahme des Eingriffs im „Großen und Ganzen“ treffen können. Zum anderen muss er die Vorteile, die mit der Einwilligung verbunden sind erkennen. Schließlich muss der Minderjährige sich entsprechend seinen Wertungen verhalten können.

5. Einwilligungsunfähigkeit

Wenn der Träger des Rechtsguts einwilligungs*un*fähig ist, muss grundsätzlich der gesetzliche Vertreter die Einwilligung erteilen. Sofern es sich um ein einwilligungs*un*fähiges minderjähriges Kind handelt, richtet sich die gesetzliche Vertretung nach den §§ 1626 ff. BGB. Die §§ 1626 ff. BGB regeln die elterliche Sorge für das minderjährige Kind, welche die Personen- und die Vermögenssorge umfasst (vgl. § 1626 Abs. 1 S. 2 BGB). Zu der Personensorge gehört auch die gesetzliche Vertretung des minderjährigen Kindes, die grundsätzlich von den Eltern gemeinschaftlich ausgeübt wird (§§ 1627, 1629 Abs. 1 S. 1, 2).[329] Die Erteilung der Einwilligung stellt die Ausübung der elterlichen Personensorge dar.[330] Diese familienrechtliche Stellvertretung ist nicht nur in den Fällen möglich, in denen es

---

328 *Trube-Becker,* Gewalt gegen das Kind, 17.

329 Sofern das Kind unter Vormundschaft steht, so hat gemäß § 1793 Abs. 1 S. 1 BGB der Vormund das Recht und Pflicht für die Person und das Vermögen des Mündels zu sorgen, insbesondere den Mündel zu vertreten. Vgl. zum Alleinvertretungsrecht bei Gefahr im Verzug § 1629 Abs. 1 S. 4 BGB, zur elterlichen Sorge nicht miteinander verheirateter Eltern § 1626a BGB, zur Übertragung des Entscheidungsrechts auf einen Elternteil bei fehlender Einigung § 1628 BGB, zu Einschränkungen der elterlichen Sorge bei Pflegerbestellung § 1630 BGB, zur elterlichen Sorge bei Getrenntleben §§ 1671, 1672, 1687 BGB. Siehe zum Vertretungsrecht von Pflegepersonen § 1688 BGB.

330 *BGHZ* 105, 45 (47 f.); *Knauf,* Mutmaßliche Einwilligung, 108.

um Eingriffe in Vermögensrechte geht, sondern auch bei Eingriffen in höchstpersönliche Rechtsgüter.[331]

a) Die Ersetzung der Entbindungserklärung durch das Familiengericht

Die gesetzlichen Vertreter werden in der Regel ihre Einwilligung zur Entbindung von der ärztlichen Schweigepflicht erteilen, sofern die Misshandlungen an dem Kind von Dritten verursacht worden sind.[332] Der Falltypus der Kindesmisshandlung ist jedoch oftmals dadurch geprägt, dass die Misshandlungen von den Eltern selbst begangen werden. Daher werden die Täter die Einwilligung nicht erteilen. In dieser Konstellation finden familienrechtliche Bestimmungen ihren Niederschlag, insbesondere die §§ 1666 BGB. Nach § 1666 Abs. 1 BGB hat das Familiengericht die erforderlichen Maßnahmen zu treffen, die zur Abwendung der Gefahr erforderlich sind, wenn das körperliche, geistige oder seelische Wohl des Kindes [...] gefährdet wird. Wenn die Personensorgeberechtigten eine Willenserklärung oder eine sonstige Erklärung nicht abgeben, die zur Abwehr einer Kindeswohlgefährdung nötig erscheint, so hat das Familiengericht gemäß § 1666 Abs. 3 Nr. 5 die Möglichkeit, diese zu ersetzen.[333] Übertragen auf die Problematik der verweigerten Zustimmung zur Entbindung von der ärztlichen Schweigepflicht wird man ohne ernsthaften Zweifel annehmen können, dass die Nichterteilung der Zustimmung diesen Voraussetzungen entspricht und somit vom Familiengericht regelmäßig gemäß § 1666 Abs. 3 Nr. 5 BGB ersetzt werden kann.

b) Alleinvertretungsrecht des nicht gewalttätigen Elternteils?

Eine weitere problematische Fallkonstellation liegt vor, wenn die Misshandlungen von einem personensorgeberechtigten Elternteil ausgehen, die elterliche Sorge den Eltern jedoch gemeinschaftlich zusteht. Grundsätzlich reicht allein die Einwilligung des nicht gewalttätigen Elternteil zur Schweigepflichtentbindung nicht aus (vgl. § 1629 Abs. 1 S. 2 Hs. 1 BGB). In dieser Situation muss ebenfalls das Familiengericht die erforderliche Erklärung des gewalttätigen Elternteils gemäß § 1666 Abs. 3 Nr. 5 BGB ersetzen, ohne dass es der Bestellung eines Ergänzungspflegers gemäß § 1909 Abs. 1 BGB bedarf.[334]

---

331 LK/*Schünemann,* § 203 Rn. 130.

332 *Ulsenheimer,* Arztstrafrecht, Rn. 423 spricht von einem „außerfamiliären Täter".

333 Vgl. *OLG München* FamRZ 2009, 2101 (2102); *AG Bremen,* ZKJ 2008, 338; LK/*Rönnau,* Vor § 32 Rn. 185; BeckOK/*Veit,* BGB, § 1666 Rn. 41, zur Entbindung eines Lehrers oder Arztes von der Schweigepflicht.

334 Staudinger/*Coester,* § 1666 Rn. 224; MK/*Olzen,* BGB, § 1666 Rn. 191.

Denkbar wäre auch ein sogenanntes Notvertretungsrecht des nicht gewalttätigen Elternteils nach § 1629 Abs. 1 S. 4 Hs.1 BGB. Danach ist bei Gefahr im Verzug jeder Elternteil dazu berechtigt, alle Rechtshandlungen vorzunehmen, die zum Wohl des Kindes notwendig sind. Im familienrechtlichen Schrifttum wird die Voraussetzung „Gefahr im Verzug“ dann als erfüllt angesehen, wenn dem Kind erhebliche gesundheitliche oder wirtschaftliche Nachteile drohen, deren Abwendung ein sofortiges Eingreifen erforderlich macht. Ferner müsste die vorherige Einholung der Zustimmung des anderen Ehegatten den Zweck der Maßnahme gefährden.[335] Im Ergebnis wird man dieses Notvertretungsrecht für die Fallkonstellation der Kindesmisshandlung ablehnen müssen, da mit der Befugnis aus § 1629 Abs. 1 S. 4 Hs. 1 BGB plötzlich und unerwartet eintretende Notlagen, wie beispielsweise ein Unfall oder eine plötzliche Erkrankung des Kindes gelöst werden sollten, bei welchen aus zeitlicher Not die Zustimmung des anderen Elternteils nicht rechtzeitig eingeholt werden kann.[336] Die Kindesmisshandlung wird man daher nicht in diese Kategorie einordnen können, da die Zustimmung des anderen Elternteils dem Grunde nach eingeholt werden könnte.

c) Zwischenergebnis

Es ist somit an dieser Stelle festzuhalten, dass im Falle der Einwilligungs*un*fähigkeit des minderjährigen Patienten die Erklärungen der gesetzlichen Vertreter durch das Familiengericht ersetzt werden können. Es ist allerdings zu bedenken, dass in einer Vielzahl von Fällen ein schnelles Einschreiten zum Schutz des Kindes notwendig ist,[337] sodass die gerichtlich vorgesehenen Verfahren nicht stets Erfolg versprechend sind.[338] In diesen Fällen steht außer Frage, dass der Arzt an eine

---

335 MK/*Huber,* BGB, § 1629 Rn. 27; Johannsen/Henrich/*Jaeger,* Familienrecht, § 1629 Rn. 4; Staudinger/*Peschel-Gutzeit,* § 1629 Rn. 53.

336 Staudinger/*Peschel-Gutzeit,* § 1629 Rn. 53.

337 *Schnoor* weist drauf hin, dass ein misshandeltes Kind bei ca. sieben Stellen vorgestellt und weitergereicht wird. Da das Kind stets erneut untersucht wird, tritt ein großer Zeitverlust ein, der zulasten des Kinderschutzes geht. *Schnoor,* Schweigepflicht, in: *Fegert u.a.,* Handbuch Jugendhilfe- Jugendpsychologie, 375.

338 So auch *AG Nordenham,* MedR 2008, 225. Zu denken ist auch an die Konstellation, dass der Familienrichter nicht erreichbar ist, weil z. B. die Telefonleitung blockiert ist oder die Zuständigkeitsregelung des Familiengerichts sich als derart kompliziert erweist, dass der Familienrichter nicht umgehend bestimmt werden kann. Vgl. hierzu *Deutsch/Spickhoff,* Medizinrecht, Rn. 797.

missbräuchliche Ausübung der elterlichen Sorge nicht gebunden sein kann.[339] Daher muss die Befugnis des Arztes zur Informationsweitergabe aus anderen Rechtfertigungsgründen abgeleitet werden, die im Folgenden noch untersucht werden. Es ist allerdings nicht einzig diese zeitliche Komponente, die den Anwendungsbereich der Einwilligung erheblich beschränkt. Zu beachten ist vor allem auch die Reichweite der ärztlichen Schweigepflicht, die grundsätzlich auch gegenüber dem Familiengericht besteht.[340] Durch die Informationsweitergabe an das Familiengericht werden die Tatsachen, die geheim gehalten werden sollten, einem weiteren Kreis von Personen bekannt. Daher müsste dem Arzt auch gegenüber dem Familiengericht eine Befugnis zustehen, seine Schweigepflicht zu brechen. Es könnte diskutiert werden, ob in diesem Fall auf § 4 Abs. 3 S. 1 KKG analog, §§ 24, 151 FamFG,[341] den rechtfertigenden Notstand gemäß § 34 StGB oder auf die mutmaßliche Einwilligung zurückgegriffen werden kann. Unabhängig von der Beantwortung dieser Frage ist allerdings die Konsequenz der Ersetzung der Erklärung durch das Familiengericht zu bedenken. Wenn nämlich das Familiengericht die Erklärung der Eltern in die Entbindung von der Schweigepflicht ersetzt, so dürfte der Arzt nunmehr die Misshandlung dem Jugendamt offenbaren. Es erscheint im Falle der Einwilligungs*un*fähigkeit des Patienten nicht sinnvoll, den rechtlichen „Umweg“ über familienrechtliche Vorschriften zu wählen, sondern den Weg über § 4 Abs. 3 S. 1 KKG,[342] zumal sich dieser Befugnisnorm die gesetzgeberische Wertung entnehmen lässt, dass das Jugendamt zunächst mit Fällen von Kindesmisshandlungen konfrontiert werden sollte.[343] Unberührt von diesen Ausführungen bleibt allerdings die Frage, ob auch das Familiengericht primärer Adressat der Gefährdungsmitteilung sein kann, wenn beispielsweise das Jugendamt nicht

---

339 Nach *Deutsch/Spickhoff,* Medizinrecht, Rn. 797 ergibt sich die Unbeachtlichkeit der missbräuchlichen Rechtsausübung aus § 242 BGB. Eine ähnliche rechtliche Würdigung ergibt sich in Fällen, in denen sich die Personensorgeberechtigten weigern, bei ihrem erkrankten Kind ein Heilmittel anwenden zu lassen, dessen Anwendung geboten ist. Auch hier liegt eine missbräuchliche Ausübung des Sorgerechts vor, welches den behandelnden Arzt nach Ansicht der Rechtsprechung berechtigt und sogar verpflichtet, einem solchen Missbrauch entgegenzutreten, in Fällen dringender Gefahr namentlich auch dadurch, dass er das Heilmittel bei dem Kind auch gegen den erklärten Willen des Sorgeberechtigten anwendet, wenn das möglich ist. Vgl. hierzu *RGSt* 74, 350 (353 f.); *Laufs/Kern,* Handbuch Arztrecht, § 139 Rn. 49.

340 *Quaas/Zuck,* Medizinrecht, § 12 Rn. 64.

341 *Kunkel,* LPK-SGB VIII, § 61 Rn. 194.

342 Siehe zu § 4 Abs. 3 S. 1 KKG als Befugnisnorm S. 74 ff.

343 *BT-Ds.* 17/6256 S. 15 f.

erreichbar sein sollte. Dies wird unter dem Kapitel „Die Mitteilungsmöglichkeiten des Arztes gegenüber anderen Stellen“ erörtert.[344]

6. Verfügungsbefugnis

Für eine wirksame Einwilligung ist ferner Voraussetzung, dass der Einwilligende auch über das verletzte Rechtsgut disponieren darf.

a) Disponibilität des Rechtsguts

Das setzt wiederum voraus, dass das von § 203 Abs. 1 StGB geschützte Rechtsgut disponibel ist. In diesem Zusammenhang ist allerdings zu bedenken, dass eine Einwilligung in der Regel nur bei Tatbeständen rechtfertigende Wirkung entfaltet, die Individualrechtsgüter schützen.[345] Bei Universalrechtsgütern, also bei Rechtsgütern, die ausschließlich Allgemeininteressen schützen, kann nicht mit rechtfertigender Wirkung eingewilligt werden.[346] Probleme werfen jedoch die Tatbestände auf, die sowohl Individualinteressen als auch Allgemeininteressen schützen. Die Anerkennung einer Rechtfertigungsmöglichkeit durch Einwilligung wird bei diesen Tatbeständen nach der h. M. danach bestimmt, ob der Straftatbestand disponible Individualinteressen und Allgemeininteressen alternativ oder kumulativ schützt.[347] Im Falle eines Alternativverhältnisses der geschützten Rechtsgüter soll eine Einwilligung nicht möglich sein, während man bei einem bestehenden Kumulationsverhältnis der Rechtsgüter die Besonderheiten des jeweiligen Tatbestands beachten muss, um zu entscheiden, ob die Einwilligung bezüglich des

---

344 S. 106 ff.

345 *Frister,* AT, 15. Kap. Rn. 25; LK/*Rönnau,* Vor § 32 Rn. 176.

346 *BGHSt* 6, 232 (234); 23, 261 (264); *Frister,* AT, 15. Kap. 25; LK/*Rönnau,* Vor § 32 Rn. 176. So z. B. die Delikte §§ 154, 267, 304 StGB. Allerdings ist zu betonen, dass auch diejenigen Autoren, die das geschützte Rechtsgut als Kollektivrechtsgut qualifizieren, ebenfalls von der Möglichkeit zur Einwilligung ausgehen, vgl. *Lenckner,* Arzt und Recht 1966, 159 (161, 177 ff.).

347 LK/*Rönnau,* Vor § 32 Rn. 176; *Roxin,* AT I, § 13 Rn. 34 f.; MK/*Schlehofer,* StGB, Vor § 32 Rn. 135. Ein Straftatbestand, der alternativ (Alternativitätstheorie) Individualinteressen und auch Allgemeininteressen schützt, ist nach der h. M. der Straftatbestand der falschen Verdächtigung gemäß § 164 StGB. Vgl. hierzu Sch/Sch/*Lenckner/Bosch,* § 164 Rn. 1a f. m. w. N. Ein weiteres Delikt, welches Rechtsgüter alternativ schützt, ist § 343 StGB. Vgl. hierzu Sch/Sch/*Cramer/Sternberg-Lieben/Hecker,* § 343 Rn. 1.

Individualrechtsguts zum Wegfall des Gesamtunrechts und damit zur Nichtanwendbarkeit der betreffenden Vorschrift führt.[348]

Wie bereits auf den S. 22 ff. herausgearbeitet, schützt § 203 Abs. 1 StGB jedoch nicht nur Individualinteressen, sondern auch Allgemeininteressen. Diese Interessen stehen freilich nicht in einem Alternativverhältnis dergestalt, dass das Gesamtunrecht des § 203 Abs. 1 StGB bereits dann verwirklicht ist, wenn das Allgemeininteresse verletzt wäre, also die Schwächung des Vertrauens der Allgemeinheit in die Verschwiegenheit des Ärztestandes. Vielmehr muss kumulativ auch der Geheimnisträger selbst in seinen Interessen verletzt sein. Über das Rechtsgut des Allgemeininteresses kann der Patient mangels Disponibilität keine Entscheidung treffen. Ihm steht es allerdings frei, über den Gegenstand zu bestimmen, auf den sich die Verschwiegenheitspflicht des Arztes bezieht.[349] Dieses Geheimnis steht dem Patienten zu und er kann damit verfahren, wie es ihm beliebt, sodass er den Umfang der ärztlichen Schweigepflicht durch seine Einwilligung modifizieren kann.[350] Daraus folgt aber auch, dass das Allgemeininteresse nicht berührt ist, da dieses lediglich verlangt, dass der Arzt die ihm anvertrauten Geheimnisse nicht gegen oder ohne den Willen des Betroffenen offenbart.[351] Das Individualinteresse und das Allgemeininteresse sind im Rahmen von § 203 StGB so eng miteinander verflochten, dass der Verzicht des Patienten auf Diskretion zugleich das Gesamtunrecht der Norm beseitigt. Dieses Ergebnis lässt sich zudem mit den prozessualen Gegenstücken der ärztlichen Schweigepflicht in den §§ 53, 53a StPO, §§ 383 Abs. 1 Nr. 6, 385 Abs. 2 ZPO bestätigen, wonach die prozessuale Entbindung von der Schweigepflicht das Zeugnisverweigerungsrecht aufhebt und zu einer Zeugnispflicht wird. Da die Rechtsordnung dem Schweigepflichtigen keine widersprechenden Rechtspflichten auferlegen kann, folgt aus der prozessualen Zeugnispflicht auch die Befreiung von der Pflicht zu schweigen.[352]

---

348 Sch/Sch/*Lenckner/Sternberg-Lieben,* Vor §§ 32 Rn. 36; LK/*Rönnau,* Vor § 32 Rn. 176.

349 *Bockelmann,* Das Strafrecht des Arztes, in: *Ponsold,* Lehrbuch der gerichtlichen Medizin, 1 (15); *Lenckner,* Ärztliches Berufsgeheimnis, in: *Göppinger,* Arzt und Recht, 159 (177). So auch MK/*Cierniak/Pohlit,* StGB, § 203 Rn. 54 f., der allerdings das Merkmal *unbefugt* als Tatbestandsmerkmal einordnet und somit Zustimmung des Patienten nicht als Einwilligung qualifiziert, sondern als tatbestandsausschließendes Einverständnis.

350 *Bockelmann,* Das Strafrecht des Arztes, in: *Ponsold,* Lehrbuch der gerichtlichen Medizin, 1 (15).

351 *Lenckner,* Ärztliches Berufsgeheimnis, in: *Göppinger,* Arzt und Recht, 159 (177 f.).

352 *Bockelmann,* Das Strafrecht des Arztes, in: *Ponsold,* Lehrbuch der gerichtlichen Medizin, 1 (16).

b) Erklärungsberechtigter

Wer die Einwilligung erklären darf, ist für eine Vielzahl von Fallgestaltungen im Rahmen des § 203 Abs. 1 StGB umstritten. Diese Frage bereitet deshalb Schwierigkeiten, weil mehrere Rollen zu unterscheiden sind, die in einer Person zusammenfallen können, aber nicht zwingend müssen. Neben dem Geheimnisträger, in dessen Privatsphäre das Geheimnis fällt, sind der Anvertrauende sowie der Patient (Mandant usw.) zu unterscheiden.[353]

aa) Erklärungsberechtigter bei Eigengeheimnissen

Grundsätzlich gilt zunächst, dass im Falle eines Eigengeheimnisses die Einwilligung von demjenigen zu erteilen ist, auf den sich die betreffende Information bezieht und der in dem in § 203 Abs. 1 StGB normierten Sonderverhältnis steht.[354] In diesem Regelfall nimmt der Einzelne sein Recht wahr, selbst über die Preisgabe und Verwendung seiner persönlichen Daten zu bestimmen.[355] Dies muss auch dann gelten, wenn ein Dritter dieses Geheimnis dem Schweigepflichtigen anvertraut hat, sofern dies nur in innerem Zusammenhang mit der Inanspruchnahme ärztlicher Hilfe durch den Geheimnisträger geschah. So z. B., wenn ein Angehöriger des Patienten, der selbst in keiner Sonderbeziehung zum Schweigepflichtigen steht, ergänzende Informationen über den Geheimnisträger erteilt.[356] Dem anvertrauenden Dritten steht die Disposition über dieses anvertraute Geheimnis nicht zu. Die Schutzwürdigkeit des Geheimnisses ergibt sich aus der Überlegung, dass das vom Patienten selbst begründete Vertrauensverhältnis erheblich beeinträchtigt sein würde, wenn Geheimnisse, die ausschließlich ihn betreffen, gegen seinen Willen preisgegeben werden.

bb) Erklärungsberechtigter bei Drittgeheimnissen

Erschwert wird die Beantwortung der Frage nach der Verfügungsbefugnis allerdings in den Fällen, in denen das Geheimnis nicht nur den Patienten betrifft, sondern auch einen Dritten. Es ist also fraglich, wer seine Einwilligung in die Offenbarung eines Drittgeheimnisses erklären darf bzw. muss. Mögliche Einwilligungsberechtigte sind kumulativ oder alternativ zum einen derjenige, der in dem

353 LK/*Schünemann,* § 203 Rn. 96.

354 MK/*Cierniak/Pohlit,* StGB, § 203 Rn. 56; LK/*Schünemann,* § 203 Rn. 96.

355 *BVerfGE* 65, 1 (Leitsatz 1); MK/*Cierniak/Pohlit,* StGB, § 203 Rn. 56; NK-StGB-*Kargl,* § 203 Rn. 54.

356 MK/*Cierniak/Pohlit,* StGB, § 203 Rn. 56; Sch/Sch/*Lenckner/Eisele,* § 203 Rn. 23.

in § 203 Abs. 1 StGB normierten Sonderverhältnis steht, also der Patient, weil die Verschwiegenheitspflicht erst durch die eingegangene Sonderbeziehung begründet wurde. Zum anderen könnte der betroffene Dritte als Einwilligungsberechtigter in Betracht kommen, weil das Geheimnis inhaltlich auch ihn betrifft. Dispositionsbefugt könnte schließlich auch ein etwaiger Anvertrauender sein, der das Geheimnis mangels eigener Schweigepflicht selbst beliebig weiterverbreiten darf, sodass er zu diesem Weiterverbreiten doch wohl auch den Schweigepflichtigen wirksam ermächtigen kann.[357] Diese Frage ist äußerst umstritten[358] und wurzelt u. a. in der Frage nach dem von § 203 Abs. 1 StGB geschützten Rechtsgut.[359]

Bevor der „richtige" Erklärungsberechtigte im Falltypus der Kindesmisshandlung bestimmt werden kann, müssen zunächst die in Betracht kommenden Konstellationen dargestellt werden. Zum einen ist denkbar, dass der minderjährige Patient den Arzt ohne Begleitung seiner Eltern aufsucht, um sich medizinisch behandeln zu lassen. Erklärt dieser dem Arzt, dass er von seinen Eltern misshandelt worden ist, so hat er ihm ein Geheimnis „anvertraut". Sofern ein solcher Anvertrauensakt nicht besteht und der Patient ausschließlich seine aus der Misshandlung resultierenden Verletzungen behandelt wissen möchte, kann der Arzt durch Selbstwahrnehmung zwingende Schlüsse auf den möglichen Täter ziehen, wodurch ihm ein Drittgeheimnis sonst bekanntgeworden ist. Im Normalfall wird der minderjährige Patient jedoch von seinen Eltern zum Arzt gebracht, die in der Regel die begangenen Misshandlungen nicht zugeben werden. Darüber hinaus ist der theoretische Fall denkbar, dass eine Patientin ihrem behandelnden Arzt anvertraut, dass das Nachbarskind von dessen Eltern misshandelt wird.[360]

Überdies ist genauestens zu prüfen, welche Tatsachenelemente dem Geheimnis zugerechnet werden sollen. Zum einen kann nämlich die geheim zu haltende Tatsache darauf beschränkt werden, dass der minderjährige Patient ein bestimmtes

357 Jedoch kann schon allein die Tatsache, dass der Informant dem Schweigepflichtigen ein Geheimnis des Patienten offenbart hat, ihrerseits ein Geheimnis des Informanten sein, über dessen Preisgabe – auch gegenüber dem Geheimnisträger – nur er entscheiden kann. Vgl. Sch/Sch/*Lenckner/Eisele,* § 203 Rn. 23.

358 Vgl. *OLG Hamburg* NJW 1962, 689 (691); *OLG Köln* NStZ 1983, 412 (412 f.); *Fischer,* § 203 Rn. 34; *Lackner/Kühl,* StGB, § 203 Rn. 18; NK-StGB-*Kargl,* § 203 Rn. 55; *Schmitz,* JA 1996, 949 (952); *Schünemann,* ZStW 90 (1978), 11 (58); LK/*Schünemann,* § 203 Rn. 99; *Sternberg-Lieben,* Die objektiven Schranken der Einwilligung, 89 ff. Ausführlich hierzu *Schreiner,* Drittgeheimnisse, 78 ff., 98 ff.

359 Siehe S. 23 ff.

360 Was der Patient seinem Arzt über andere Personen berichtet, ist ein Drittgeheimnis i. S. v. § 203 Abs. 1 StGB. Vgl. hierzu S. 39 ff.

Krankheitsbild aufweist (z. B. Hämatome im Gesicht). Hier liegt ein Eigengeheimnis des minderjährigen Patienten vor, was auch zur Folge hat, dass der minderjährige Patient die Einwilligung erklären muss, sofern er einwilligungsfähig ist. Dieser Grundsatz wird auch nicht dadurch verändert, dass ein Dritter ein Interesse an der Geheimhaltung einer Tatsache hat.[361] Daher ist unbeachtlich, dass die Eltern, sofern die Verletzungen durch ihr Verhalten verursacht worden sind, ein Interesse an der Geheimhaltung derselben haben. Will man das Geheimnis jedoch in der Weise verstehen, dass zu dem festgestellten Krankheitsbild des Patienten auch der zwingende Schluss auf die Identität der misshandelnden Eltern gezogen werden muss, so ist der minderjährige Patient nicht alleiniger Geheimnisträger, sondern auch seine misshandelnden Eltern.

Für die oben dargestellten Fallgruppen muss die Frage nach der Einwilligungsberechtigung differenziert beantwortet werden, je nachdem, ob der Patient selbst seinen Arzt aufsucht oder in Begleitung seiner Eltern. Für die erste Fallkonstellation liegt das Ergebnis auf der Hand. Der minderjährige Patient ist zum einen Anvertrauender und zum anderen Patient sowie auch Geheimnisbetroffener. Es wäre sinnwidrig, ihm die selbstständige Einwilligungsmöglichkeit zu versagen, obwohl alle „drei Rollen“ in seiner Person zusammenfallen. Dies gilt auch für den Fall, dass der Arzt das Drittgeheimnis durch Selbstwahrnehmung lüftet. Hier besteht die Vertrauensbeziehung allein zum minderjährigen Patienten, der zugleich Geheimnisbetroffener ist, dem das Recht zusteht, den Arzt von der Schweigepflicht zu entbinden.[362] Es besteht daher kein Anlass, dritten Personen, die den schweigepflichtigen Personen selbst nichts anvertraut haben und auch nicht Patienten, Verfahrensbeteiligte usw. sind, ein Recht auf Geheimhaltung zuzugestehen.[363] Auch der Schutzzweck des § 203 Abs. 1 StGB spricht für dieses Ergebnis, da das Vertrauen des Einzelnen und der Allgemeinheit in die Verschwiegenheit der in § 203 Abs. 1 StGB aufgeführten Personengruppen nicht beeinträchtigt wird, wenn der Arzt mit der Zustimmung des Patienten Geheimnisse offenbart, die den Patienten selbst betreffen. Ob der Arzt sich durch die Preisgabe des Geheimnisses eventuell nach §§ 185 ff. StGB gegenüber den Eltern strafbar gemacht haben könnte, bleibt hiervon unberührt.[364]

---

361 Deshalb steht beispielsweise dem Abkömmling, der die erbliche Belastung seiner Eltern geklärt sehen möchte, keine Verfügungsbefugnis über dieses Geheimnis zu, vgl. NK-StGB-*Kargl,* § 203 Rn. 54; LK/*Schünemann,* § 203 Rn. 97.

362 LK/*Schünemann,* § 203 Rn. 99.

363 *OLG Köln* NStZ 1983, 412 (413).

364 *OLG Köln* NStZ 1983, 412 (413). Siehe zur Strafbarkeit des Arztes wegen der Verwirklichung von Beleidigungstatbeständen gemäß §§ 185 ff. StGB S. 169 ff.

Anders fällt jedoch die rechtliche Würdigung der Einwilligungsproblematik aus, wenn die Eltern oder zumindest ein Elternteil das Kind zum Arzt bringen und diesem die Misshandlung des Kindes anvertrauen oder der Arzt durch Selbstwahrnehmung die Misshandlungen erkennt. Für diese Fallkonstellation ist der Streit um die Einwilligungsberechtigung bei Drittgeheimnissen allerdings nicht von allzu großer Bedeutung, weil die Vertragspartner und die Geheimnisträger identisch sind. In dieser Situation steht die Berechtigung zur Einwilligung dem Patienten und den Eltern gemeinsam zu, weil das Geheimnis nur durch das Verhalten der Eltern gelüftet worden konnte. Eine Aufspaltung der Einwilligungsberechtigung würde dem Normzweck des § 203 Abs. 1 StGB nicht gerecht, der verlangt, dass der Einzelne und die Allgemeinheit ein Recht auf selbstbestimmte Außendarstellung haben.[365]

Ein anderes Ergebnis ergibt sich für den oben dargestellten Fall, in welchem die Patientin ihrem Arzt erklärt, dass das Nachbarskind von seinen Eltern misshandelt worden ist. In dieser Fallkonstellation, in denen Geheimnisträger und Anvertrauender nicht identisch sind, wird zum Teil vertreten, dass allein die Einwilligung des Geheimnisträgers rechtfertigende Wirkung entfalten kann.[366] Zur Begründung wird angeführt, dass man einer Person nicht die Schutzwürdigkeit ihrer Geheimnisse zugestehen könne und wiederum anderen Personen über dieses Geheimnis verfügen lässt.[367] Zustimmung verdient allerdings die Ansicht, die bei isolierten Drittgeheimnissen die Dispositionsbefugnis einerseits der Patientin, aber auch den betroffenen Geheimnisträgern einräumt.[368] Dies ergibt sich aus der Überlegung, dass die Schutzwürdigkeit des Geheimnisses nicht nur auf dem Geheimhaltungsinteresse des Geheimnisträgers, sondern daneben auch auf dem Anvertrauensakt beruht.[369] Sofern nur die Geheimnisträger einwilligen, ist die übrig bleibende Verletzung des Arztvertrags als solche nicht strafbewehrt.[370] Die Patientin und die betroffenen Geheimnisträger können daher alternativ über das Geheimnis verfügen.

---

365 MK/*Cierniak/Pohlit,* StGB, § 203 Rn. 78. Vgl. zum von § 203 Abs. 1 StGB geschützten Rechtsgut S. 23 ff.

366 So *OLG Hamburg* NJW 1962, 689 (691); *Lackner/Kühl,* StGB, § 203 Rn. 18; *Sternberg-Lieben,* Die objektiven Schranken der Einwilligung, 89 ff.

367 LK[10]/*Jähnke,* § 203 Rn. 62.

368 *Fischer,* § 203 Rn. 34; SK-StGB/*Hoyer,* § 203 Rn. 70; Sch/Sch/*Lenckner/Eisele,* § 203 Rn. 23; *Schünemann,* ZStW 90 (1978), 11 (58); LK/*Schünemann,* § 203 Rn. 99.

369 SK-StGB/*Hoyer,* § 203 Rn. 70; Sch/Sch/*Lenckner/Eisele,* § 203 Rn. 23.

370 LK/*Schünemann,* § 203 Rn. 99.

cc) Ergebnis zur Erklärungsberechtigung

Es ist somit festzuhalten, dass bei Eigengeheimnissen die Einwilligung von demjenigen zu erteilen ist, auf den sich die betreffende Information bezieht und der in dem in § 203 Abs. 1 StGB normierten Sonderverhältnis steht. Bei verknüpften Drittgeheimnissen ist primär die Einwilligung des Patienten einzuholen, sofern er selbst den Arzt aufsucht. Wird der minderjährige Patient von seinen Eltern zum Arzt gebracht, so müssen sowohl der Patient als auch die Eltern einwilligen. Bei isolierten Drittgeheimnissen ist alternativ die Einwilligung des anvertrauenden Patienten oder der Geheimnisträger einzuholen.

7. Fazit zur Einwilligung

Die vorstehenden Angaben haben gezeigt, dass die rechtfertigende Einwilligung für den Falltypus der Kindesmisshandlung rechtlich nicht einfach zu handhaben ist. Es sind daher an dieser Stelle die Ergebnisse zu der rechtfertigenden Einwilligung kurz zusammenzufassen: Die rechtfertigende Einwilligung ist die Gestattung oder Ermächtigung zur Vornahme tatsächlicher Handlungen, die in den Rechtskreis des Gestattenden eingreift und damit kein Rechtsgeschäft. Die Einwilligungsfähigkeit des Patienten muss vom betroffenen Arzt in jedem Einzelfall individuell-konkret geprüft werden, wobei sie nicht anhand fester Altersgrenzen bestimmt werden kann. Sofern der minderjährige Patient einwilligungs*un*fähig ist, haben die gesetzlichen Vertreter die Einwilligung zu erteilen, die jedoch in der Regel nicht erteilt wird, sofern die Gewalt von diesen ausgeht. Die familiengerichtlichen Maßnahmen wie die Ersetzung der Zustimmung in die Entbindung von der ärztlichen Schweigepflicht haben nur einen beschränkten Anwendungsbereich, wenn der Arzt die Einwilligung zur Offenbarung der Misshandlung gegenüber dem Jugendamt einholen will. Die Frage nach der Dispositionsbefugnis ist differenziert zu beantworten und hängt von der jeweiligen Fallkonstellation ab.

8. Strafantragsberechtigung gemäß § 205 Abs. 1 StGB

Im Folgenden wird untersucht, wer bei einer Verletzung von Privatgeheimnissen strafantragsberechtigt ist. Vorauszuschicken ist, dass die Prüfung der Strafantragsberechtigung an sich nicht zur Darstellung der Einwilligung in die Verletzung von Privatgeheimnissen gehört. Aufgrund der Auswirkungen der Drittgeheimnisproblematik auf die Strafantragsberechtigung und der ähnlich gelagerten Problematik im Hinblick auf die Frage nach der Einwilligungsberechtigung erfolgt die Darstellung der Strafantragsberechtigung jedoch an dieser Stelle.

Der Straftatbestand der Verletzung von Privatgeheimnissen ist ein absolutes Antragsdelikt und wird daher gemäß § 205 Abs. 1 StGB nur auf Antrag verfolgt. Strafantragsberechtigt ist nur der Verletzte (§ 77 Abs. 1 StGB). Dies ist im Rahmen des § 203 Abs. 1 StGB jedenfalls der Geheimnisträger, soweit er mit dem Anvertrauenden identisch ist oder dessen Geheimnis dem Täter sonst bekanntgeworden ist.[371]

Problematisch wird es jedenfalls dann, soweit der Geheimnisbetroffene und der Anvertrauende nicht identisch sind. In diesen Konstellationen ist streitig, wer Verletzter i. S. v. § 77 Abs. 1 StGB und damit auch strafantragberechtigt ist. Zum einen kommt als Strafantragsberechtigter der betroffene Geheimnisträger,[372] zum anderen der Anvertrauende oder aber auch beide nebeneinander[373] in Betracht. Diese Frage wird man unter Berücksichtigung der Ratio des Strafantragserfordernisses dahin gehend beantworten müssen, dass dem jeweiligen Geheimnisträger sowie dem Anvertrauenden, der in einer in § 203 Abs. 1 StGB genannten Sonderbeziehung steht, die Strafantragsberechtigung zusteht.[374] Diesem Ergebnis könnte zwar entgegengehalten werden, dass hierdurch eine Divergenz zwischen dem Willen mehrerer Berechtigter, einen Strafantrag zu stellen, entstehen könnte. In diesem Divergenzfall wird man den Willen des Geheimnisträgers aufgrund des weiterreichenden Geheimnisschutzes zugunsten des betroffenen Dritten den Vorrang einräumen müssen.[375]

Für bestimmte Konstellationen mag dieses Ergebnis auf der Hand liegen. Handelt es sich ausschließlich um Geheimnisse des Patienten, so ist ein anvertrauender Dritter weder unter dem Gesichtspunkt des auf das Arzt-Patienten-Verhältnis beschränkten Vertrauensschutzes noch unter dem des Geheimnisschutzes der Verletzte und folglich auch nicht strafantragsberechtigt.[376] Das wäre z. B. dann der Fall, wenn ein Dritter, der selbst kein Patient ist, einem Arzt anvertraut, dass einer seiner Patienten von dessen Eltern misshandelt wird. Strafantragsberechtigt ist in dieser Konstellation derjenige, den das Geheimnis betrifft. Das Geheimnis betrifft nicht nur den minderjährigen Patienten, sondern darüber hinaus auch die Eltern, sodass ihnen auch das Strafantragrecht gemäß § 77 Abs. 1, Abs. 4 StGB jeweils selbstständig zusteht.[377] Gemäß § 77 Abs. 3 StGB nehmen die Eltern das Strafantragsrecht des Kindes wahr.

---

371 *Fischer,* § 205 Rn. 2; MK/*Graf,* StGB, § 205 Rn. 11; *Huster/Rux,* NWVBl. 2008, 455 (456); NK-StGB-*Kargl,* § 205 Rn. 7.

372 *Fischer,* § 205 Rn. 2; *Hackel,* NJW 1968, 2257 (2277); SK-StGB/*Hoyer,* § 205 Rn. 5; *Lackner/Kühl,* StGB, § 205 Rn. 2; LK/*Schünemann,* § 205 Rn. 7.

373 MK/*Graf,* StGB, § 205 Rn. 11.

374 MK/*Graf,* StGB, § 205 Rn. 11.

375 MK/*Graf,* StGB, § 205 Rn. 11.

376 Sch/Sch/*Lenckner/Eisele,* § 205 Rn. 5.

377 Siehe zu familienrechtlichen Sonderkonstellationen NK-StGB-*Kargl,* § 77 Rn. 42.

Schon problematischer ist der Fall, wenn der Anvertrauende selbst Patient des Arztes ist und dieser seinem Arzt ein Geheimnis über einen Dritten anvertraut. Wenn beispielsweise eine Patientin ihrem Arzt berichtet, dass das Nachbarskind von seinen Eltern misshandelt wird, so steht ihr im Falle einer Informationsweitergabe durch den Arzt nach einer in der Literatur vertretenen Ansicht kein Strafantragsrecht zu.[378] Durch das Strafantragsrecht solle dem Geheimnisträger die Möglichkeit eingeräumt werden, selbst über die Strafverfolgung zu entscheiden, da in einem durchgeführten Strafverfahren der Geheimnisbruch vielfach weitere Publizität erfahre.[379] Dem lässt sich allerdings entgegenhalten, dass ein Vertrauensbruch im Rahmen des Arzt-Patienten-Verhältnisses nicht zu leugnen ist. Unter Berücksichtigung des von § 203 Abs. 1 StGB geschützten Rechtsguts muss dem Anvertrauenden die Möglichkeit zustehen, eine Verletzung seines persönlichen Lebens- und Geheimbereichs strafrechtlich verfolgen zu lassen.

Es ist daher resümierend festzuhalten, dass die Strafantragsberechtigung nach § 205 Abs. 1 StGB dem Kind und den Eltern jeweils gemäß § 77 Abs. 1, 4 StGB selbstständig zusteht. Sofern ein Patient, der selbst nicht Geheimnisbetroffener ist, dem Arzt ein Geheimnis anvertraut hat, ist auch er strafantragsberechtigt.

II. Die mutmaßliche Einwilligung

Die mutmaßliche Einwilligung spielt im Rahmen von § 203 Abs. 1 StGB eine eher untergeordnete Rolle.[380] Die mutmaßliche Einwilligung ist nach der h. M. ein eigenständiger Rechtfertigungsgrund und kein Sonderfall des rechtfertigenden Notstands bzw. des Prinzips des überwiegenden Interesses.[381] Sie stellt ein Einwilligungssurrogat dar, woraus folgt, dass sie gegenüber der Einwilligung subsidiär ist und zum anderen alle Voraussetzungen der Einwilligung – mit Ausnahme der Einwilligungserklärung – vorliegen müssen.[382] Sofern der Betroffene einwilligungs*un*fähig ist, ist grundsätzlich auf den mutmaßlichen Willen des gesetzlichen

---

378 *Fischer,* § 205 Rn. 2; *Hackel,* NJW 1968, 2257 (2277); SK-StGB/*Hoyer,* § 205 Rn. 5; *Lackner/Kühl,* StGB, § 205 Rn. 2; Sch/Sch/*Lenckner/Eisele,* § 205 Rn. 5; LK/*Schünemann,* § 205 Rn. 7.

379 Sch/Sch/*Lenckner/Eisele,* § 205 Rn. 5.

380 Siehe ausführlich zur mutmaßlichen Einwilligung Sch/Sch/*Lenckner/Sternberg-Lieben,* Vor §§ 32 Rn. 54 ff.

381 *BVerfG* NJW 2002, 2164 (2165); *BGHSt* 35, 246 (249); 40, 257 (262 f.); 45, 219 (221); *Frister,* AT, Kap. 15 Rn. 31 ff.; *Lackner/Kühl,* StGB, Vor §§ 32 ff. Rn. 19; Sch/Sch/*Lenckner/Sternberg-Lieben,* Vor §§ 32 Rn. 54 ff.; LK/*Rönnau,* Vor § 32 Rn. 214 f.

382 Sch/Sch/*Lenckner/Sternberg-Lieben,* Vor §§ 32 Rn. 54; LK/*Rönnau,* Vor § 32 Rn. 220.

Vertreters abzustellen.[383] Die mutmaßliche Einwilligung kommt in Betracht, wenn der Betroffene keine wirksame Entscheidung über den Eingriff in sein Rechtsgut getroffen hat und wenn das Interesse an der Offenbarung offensichtlich ist.[384] Im Rahmen der mutmaßlichen Einwilligung ist zudem allein der hypothetische Wille des Betroffenen und keine objektive Interessenabwägung maßgeblich.[385] Zur Bestimmung des hypothetischen Willens kommt insbesondere etwaigen früheren Willensbekundungen eine wichtige Indizfunktion zu.[386] Sofern sich keine individuellen Präferenzen des Betroffenen ermitteln lassen, ist grundsätzlich nach der objektiven Interessenlage zu entscheiden.[387]

Die untergeordnete Rolle der mutmaßlichen Einwilligung im Rahmen des § 203 Abs. 1 StGB ergibt sich aus der grundsätzlich bestehenden Möglichkeit einer Befragung des Betroffenen.[388] Denkbar wäre jedoch der Fall, dass das minderjährige Kind bewusstlos in eine Klinik gebracht wird, die gesetzlichen Vertreter nicht erreichbar sind und in diesem Zusammenhang der behandelnde Arzt eine Misshandlung vermutet oder sogar sicher feststellt. Der Arzt könnte dem Jugendamt die Kindesmisshandlung allerdings nur dann anzeigen, sofern das betroffene Kind zu einem früheren Zeitpunkt bereits geäußert hat, dass es mit einer Informationsweitegabe einverstanden wäre. Die Informationsweitergabe würde dem hypothetischen Willen entsprechen. Für diesen in der Praxis wohl kaum vorkommenden Fall hätte das zur Folge, dass die mutmaßliche Einwilligung der Offenbarungsbefugnis aus § 4 Abs. 3 S. 1 KKG, der eine objektive Interessenabwägung zugrunde liegt, vorgehen würde. Liegen hingegen keine Indizien für ein mutmaßliches Interesse vor, so ist eine objektive Interessenabwägung vorzunehmen. Der Gesetzgeber hat für den Falltypus der Kindesmisshandlung in § 4 Abs. 3 S. 1 KKG eine objektive Interessenabwägung verankert, sodass für den Fall fehlender Indizien eine Rechtfertigung nach § 4 Abs. 3 S. 1 KKG in Betracht kommt.

Fraglich ist, wie sich ein entgegenstehender Wille des Kindes auf die Rechtfertigung des Arztes auf Grundlage der mutmaßlichen Einwilligung auswirkt. Grundsätzlich ist anerkannt, dass ein Eingriff in fremde Rechtsgüter nicht gegen den erklärten oder mutmaßlichen Willen des einsichtsfähigen Patienten vorgenommen

---

383 LK/*Rönnau,* Vor § 32 Rn. 220. Vgl. zur mutmaßlichen Einwilligung und Stellvertretung bei ärztlichen Eingriffen an Einwilligungsunfähigen *Knauf,* Mutmaßliche Einwilligung, passim.

384 *Fischer,* § 203 Rn. 36.

385 *Frister,* AT, Kap. 15 Rn. 31 f.; Sch/Sch/*Lenckner/Sternberg-Lieben,* Vor §§ 32 Rn. 54.

386 *Frister,* AT, Kap. 15 Rn. 31.

387 *BGHSt* 35, 246 (249 f.); *Frister,* AT, Kap. 15 Rn. 31.

388 LK/*Schünemann,* § 203 Rn. 130.

werden darf.[389] Hat der einsichtsfähige Patient somit in etwaigen früheren Willensbekundungen geäußert, dass er mit einer Informationsweitergabe nicht einverstanden wäre, könnte der Arzt nicht wegen mutmaßlicher Einwilligung gerechtfertigt sein, wenn er das Jugendamt oder sonstige Stellen informiert. Problematisch ist allerdings, ob der Arzt das Jugendamt auch gegen den erklärten oder mutmaßlichen Willen eines einsichts*un*fähigen Patienten informieren darf. Diese Frage ist auch im Rahmen von § 4 Abs. 3 S. 1 KKG von Belang. Um vorweggenommene Verweisungen auf § 4 Abs. 3 S. 1 KKG zu vermeiden, wird die Problematik der „aufgedrängten Informationsweitergabe" nach der Darstellung der Voraussetzungen des § 4 Abs. 3 S. 1 KKG erörtert.[390]

III. § 4 Abs. 3 S. 1 KKG als Befugnisnorm

1. Einleitung

Am 01.01.2012 ist das Gesetz zur Stärkung eines aktiven Schutzes von Kindern und Jugendlichen (Bundeskinderschutzgesetz – BKiSchG)[391] in Kraft getreten.[392] Das BKiSchG enthält zahlreiche Änderungen bestehender gesetzlicher Regelungen,

389 Sch/Sch/*Lenckner/Sternberg-Lieben,* Vorbemerkungen zu den §§ 32 ff. Rn. 57; MK-StGB-*Paeffgen,* Vorbemerkungen §§ 32 ff. Rn. 160; MK/*Schlehofer,* StGB, Vorbemerkungen zu den §§ 32 ff. Rn. 165.

390 Siehe S. 93 ff.

391 BGBl. I S. 2975. Ein erster Entwurf eines Bundeskinderschutzgesetzes (BKiSchG) wurde im Jahre 2009 von der damaligen Bundesregierung dem Bundestag vorgelegt, *BT-Ds.* 16/12429. Ausgangspunkt für das BKiSchG waren die beiden Kinderschutzgipfel von Bundekanzlerin Dr. Angela Merkel und der Regierungschefs der Länder am 19. Dezember 2007 und 12. Juni 2008. Ziel des geplanten Gesetzes war es, Lücken im Kinderschutz zu identifizieren und Maßnahmen zur Stärkung des Kinderschutzes zu veranlassen; *BT-Ds.* 16/12429, S. 1. Letztlich scheiterte jedoch das Gesetz. Hauptkritikpunkt war vor allem die verstärkte Pflicht der Jugendämter zu Hausbesuchen. Im Hinblick auf die Lockerung der ärztlichen Schweigepflicht wurde das Gesetz jedoch größtenteils begrüßt, da durch eine bundeseinheitliche Befugnisnorm insbesondere Rechtssicherheit für die Berufsgeheimnisträger geschaffen werde, vgl. die Stellungnahme des Ausschusses für Familie, Senioren, Frauen und Jugend, Ausschussdrucksache 16 (13) 474a zu *BT-Ds.* 16/12429, S. 1 ff., sowie die Ausschussdrucksache 16 (13) 474b zu *BT-Ds.* 16/12429, S. 1, 3 f. und auch die Ausschussdrucksache 16 (13) 474c zu *BT-Ds.* 16/12429, S. 1 f.

392 Die Gesetzgebungskompetenz des Bundes für den Erlass des Bundeskinderschutzgesetzes ergibt sich aus Art. 74 Abs. 1 Nr. 7 GG i. V. m. Art. 72 Abs. 2 GG.

insbesondere im SGB VIII.[393] Für die hier zu behandelnde Thematik ist speziell das Gesetz zur Kooperation und Information im Kinderschutz (Kinderschutz-Kooperationsgesetz, KKG) hervorzuheben. Dieses Gesetz enthält in § 4 Abs. 3 S. 1 KKG eine Befugnisnorm, die die Voraussetzungen der Beratung und Übermittlung von Informationen durch Berufsgeheimnisträger bei einer Kindeswohlgefährdung regelt.[394] Da § 4 Abs. 3 S. 1 KKG keine Regelung beinhaltet, wie sich ein „Veto" des minderjährigen Patienten auf Hilfe auswirkt, wird in einem weiteren Schritt das rechtliche Problem der „aufgedrängten Informationsweitergabe" erörtert.[395] Zudem wird das Verhältnis von § 4 Abs. 3 S. 1 KKG zu den bisher bestehenden landesrechtlichen Befugnisnormen dargestellt.[396]

2. Voraussetzungen des § 4 Abs. 3 S. 1 KKG

§ 4 KKG sieht ein „2-Stufen-Verfahren" zur Informationsweitergabe vor.[397] Auf der ersten Stufe verpflichtet die Norm (Absatz 1 und 2) kind- und jugendnah beschäftigte Berufsgeheimnisträger zur Beratung der Personensorgeberechtigten und zur Motivation für die Inanspruchnahme geeigneter Hilfen.[398] Grund hierfür ist die vorrangige elterliche Erziehungsverantwortung und der Primat der elterlichen Gefahrenabwendung.[399]

393 Vgl. hierzu ausführlich *Meysen/Eschelbach,* Bundeskinderschutzgesetz, passim.

394 BGBl. I S. 2976.

395 S. 93 ff.

396 S. 98 ff.

397 *BT-Ds.* 17/6256, S. 8, 19.

398 *BT-Ds.* 17/6256, S. 8, 19. In der Rechtsprechung ist dieses abgestufte Vorgehen insbesondere in Fällen der Benachrichtigung der Verkehrsbehörde über den Gesundheitszustand des Patienten judiziert worden. In diesen Fällen soll der Arzt, bevor er die Verkehrsbehörde verständigt, zunächst den Patienten auf seinen Zustand und auf die Gefahren aufmerksam machen, die sich ergeben, wenn er weiterhin sein Kraftfahrzeug steuert. Sofern das Zureden des Arztes aber vergeblich oder es wegen der Uneinsichtigkeit des Patienten von vornherein zwecklos ist, so darf der Arzt, um eine akute Gefährdung der Allgemeinheit zu verhindern, die Verkehrsbehörde benachrichtigen. Vgl. *BGH* NJW 1968, 2288 (2290). Siehe aktuell auch z. B. *VG Düsseldorf,* Gerichtsbescheid v. 16.11.2010, Az.: 14 K 3188/10 – zitiert nach Juris.

399 *BT-Ds.* 17/6256, S. 19.

Die eigentliche Befugnisnorm enthält jedoch § 4 Abs. 3 S. 1 KKG und stellt die zweite Stufe der Informationsweitergabe dar.[400] § 4 Abs. 3 KKG hat folgenden Wortlaut:

> *Scheidet eine Abwendung der Gefährdung nach Absatz 1 aus oder ist ein Vorgehen nach Absatz 1 erfolglos und halten die in Absatz 1 genannten Personen ein Tätigwerden des Jugendamtes für erforderlich, um eine Gefährdung des Wohls eines Kindes oder eines Jugendlichen abzuwenden, so sind sie befugt, das Jugendamt zu informieren; hierauf sind die Betroffenen vorab hinzuweisen, es sei denn, dass damit der wirksame Schutz des Kindes oder des Jugendlichen in Frage gestellt wird. Zu diesem Zweck sind die Personen nach Satz 1 befugt, dem Jugendamt die erforderlichen Daten mitzuteilen.*

a) Berechtigte zur Informationsweitergabe

Nach § 4 Abs. 3 S. 1 KKG sind die in Absatz 1 genannten Personen zur Informationsweitergabe berechtigt. § 4 Abs. 1 KKG zählt die Berufsgeheimnisträger in den Ziffern 1–7 abschließend auf. § 4 Abs. 1 KKG orientiert sich streng an § 203 Abs. 1 und Abs. 2 StGB und greift diejenigen Berufsgruppen aus den Tatbestand des § 203 StGB heraus, die in regelmäßigen Kontakt zu Kindern, Jugendlichen und deren Familien stehen.[401]

b) Abwendung der Gefährdung nach Absatz 1 scheidet aus oder Vorgehen nach Absatz 1 erfolglos

§ 4 Abs. 3 S. 1 KKG setzt voraus, dass eine Abwendung der Gefährdung nach Abs. 1 ausscheidet oder das Vorgehen nach Abs. 1 erfolglos ist. Durch das abgestufte Verfahren soll sichergestellt werden, dass zunächst das Abwenden der Kindeswohlgefährdung durch helfende, unterstützende, auf Herstellung oder Wiederherstellung eines verantwortlichen Verhaltens der Eltern gerichtete Maßnahmen erreicht werden soll.[402]

---

400 *BT-Ds.* 17/6256, S. 19. Schon vor Inkrafttreten des KKG wurde kritisiert, dass die Voraussetzungen der Befugnisnorm unklar sind und definiert werden müssten. Insbesondere die Voraussetzungen *Kindeswohlgefährdung* und *ein Tätigwerden für erforderlich halten* würden in der Praxis zu Auslegungsschwierigkeiten führen, vgl. *Kliemann/Fegert,* ZRP 2011, 110 (111 f.).

401 *Meysen/Eschelbach,* Bundeskinderschutzgesetz, Kapitel 3 Rn. 59. Im Folgenden wird nur noch der Arzt als Berufsgeheimnisträger genannt.

402 *BT-Ds.* 17/6256, S. 19 f.; *Meysen/Eschelbach,* Bundeskinderschutzgesetz, Kapitel 3 Rn. 89.

Im Folgenden werden die Voraussetzungen des § 4 Abs. 1 KKG dargestellt, die für eine Informationsweitergabe nach § 4 Abs. 3 S. 1 KKG erfüllt sein müssen. Gemäß § 4 Abs. 1 KKG sollen Ärzte, wenn ihnen in Ausübung ihrer beruflichen Tätigkeit gewichtige Anhaltspunkte für die Gefährdung des Wohls eines Kindes oder eines Jugendlichen bekannt werden, mit dem Kind oder Jugendlichen und den Personensorgeberechtigten die Situation erörtern und, soweit erforderlich, bei den Personensorgeberechtigten auf die Inanspruchnahme von Hilfen hinwirken, soweit hierdurch der wirksame Schutz des Kindes oder des Jugendlichen nicht infrage gestellt wird.

aa) Gewichtige Anhaltspunkte

Zunächst müssen dem Arzt *gewichtige Anhaltspunkte* für eine Kindeswohlgefährdung bekanntgeworden sein. Der Begriff *gewichtige Anhaltspunkte* findet sich auch in § 8a Abs. 1 S. 1 SGB VIII wieder. Mit dieser begrifflichen Parallele wird eine gemeinsame Basis für die Kommunikation zwischen den Berufsgruppen geschaffen, die mit Kindern, Jugendlichen und deren Familien arbeiten, um dadurch die Verständigung in den Fall übergreifenden Arbeitskreisen nach § 3 KKG, was unter *gewichtige Anhaltspunkte für eine Kindeswohlgefährdung* zu verstehen ist, zu fördern.[403]

Der Gesetzgeber hat mit der Wahl des Begriffspaars *gewichtige Anhaltspunkte* verdeutlicht, dass keine absolute Sicherheit des Arztes im Hinblick auf die Kindeswohlgefährdung vorliegen muss. Für die Fallkonstellation der Kindesmisshandlung ist schließlich zu berücksichtigen, dass der Arzt oftmals nicht eindeutig diagnostizieren kann, ob das Kind tatsächlich misshandelt worden ist. Das Verletzungsmuster des Kindes könnte sich beispielsweise auch aus einem Sturz vom Wickeltisch ergeben. Auch die Eltern werden in seltensten Fällen dem Arzt seine Entscheidung erleichtern, da diese sich auf die üblichen Schutzbehauptungen stützen oder den schlechten Allgemeinzustand des Kindes als Ursache für die Schädigungen vorbringen.[404] Sie werden beispielsweise eine Kinderrauferei für die vorgefundenen Striemen oder das Anschlagen gegen einen Schrank für die Hämatome auf dem Rücken des Kindes als Ursachen nennen. Daher wird der Arzt häufig „nur" den Verdacht[405] einer Kindeswohlgefährdung äußern können, was

403 *Meysen/Eschelbach,* Bundeskinderschutzgesetz, Kapitel 3 Rn. 71.

404 *Trube-Becker,* Gewalt gegen das Kind, 12.

405 Schon vor Inkrafttreten des BKiSchG genügte für mehrere Stimmen in der Literatur ebenfalls der Verdacht einer Kindesmisshandlung, um dem Arzt eine Rechtfertigungsmöglichkeit zuzusprechen. Vgl. *Bender,* MedR 2002, 626 (630); MK/*Cierniak/Pohlit,*

allerdings den Arzt vor großen Unsicherheiten stellt, nämlich ob er seine Schweigepflicht brechen soll oder nicht. Der Zwiespalt, in dem sich der Arzt befindet, ist besonders deutlich. Entweder bricht er seine Schweigepflicht und meldet dem Jugendamt die (vermutliche) Misshandlung des Kindes oder er schweigt, weil er (straf-) rechtliche Konsequenzen vermeiden will oder aber befürchtet, ungewollt Zeuge in einem familiengerichtlichen oder strafrechtlichen Verfahren zu werden.[406] Problematisch wird es, wenn sich herausstellt, dass eine Misshandlung nicht vorlag.[407] In vielen Fällen wird das Vertrauensverhältnis zwischen Arzt und Eltern/Kind zerstört sein, insbesondere dann, wenn gegen die Eltern rechtliche Schritte eingeleitet worden sind. Aber auch im umgekehrten Fall, wenn eine Misshandlung tatsächlich vorgelegen hat und der Arzt dieselbe nicht gemeldet hat, sind die Folgen für das Kind besonders nachteilig, vor allem, wenn mit weiteren Misshandlungen zu rechnen ist.[408] Daher ist fraglich, welche Anforderungen an diese objektive Tatbestandsvoraussetzung geknüpft werden müssen, mit anderen Worten, welcher Verdachtsgrad beim Arzt vorliegen muss, damit dieser seine Schweigepflicht brechen darf.[409]

StGB, § 203 Rn. 88; *Laufs/Kern,* Handbuch Arztrecht, § 71 Rn. 64 f.; *Ratzel,* ZMGR 2010, 31 (33); *Schnoor,* Schweigepflicht, in: *Fegert u.a.,* Handbuch Jugendhilfe- Jugendpsychologie, 375 (382). So auch ausdrücklich NK-StGB-*Kargl,* § 203 Rn. 66. Es erstaunt allerdings umso mehr, dass *Kargl* nur eine Randnummer weiter davon spricht, dass der Verdacht einer Kindesmisshandlung den Arzt nicht berechtigt, seine Schweigepflicht zugunsten des Geheimnisträgers zu brechen.

406 *Müller,* FPR 2009, 561.

407 Siehe zur Irrtumsproblematik S. 128 ff.

408 Siehe zur Wiederholungsgefahr S. 112.

409 Auf Ebene des subjektiven Rechtfertigungstatbestandes wird diese Problematik – zum Teil unter dem Stichwort „Erlaubnistatbestandszweifel“ – streitig diskutiert; siehe *BGH* VRS 40, 104 (107 f); *BGH* JZ 1978, 762; MK/*Erb,* StGB, § 32 Rn. 241; *Frister,* Erlaubnistatbestandszweifel, in: *Rogall u.a.,* FS-Rudolphi, 45 ff.; *ders.,* AT, Kap. 14 Rn. 16 ff.; SK-StGB/*Hoyer,* Vor § 32 ff. Rn. 52 f.; *Jakobs,* AT, 11/28; Sch/Sch/*Lenckner/Sternberg-Lieben,* Vor §§ 32 ff. Rn. 14; *Müther,* Notrechte, 82 f.; 86 ff.; NK-StGB-*Paeffgen,* Vor §§ 32 ff. Rn. 101; *Reip,* Täterhandeln bei ungewisser Rechtfertigungslage, passim; LK/*Rönnau/Hohn,* § 32 Rn. 264; *Roxin,* AT I, § 14 Rn. 91 f.; *Schroth,* „Für-Möglich-Halten“, in: *Haft u.a.,* FS-Arthur Kaufmann, 595 (608 f.); *Stratenwerth/Kuhlen,* AT, § 9 Rn. 151; *Walter,* Kern des Strafrechts, 342 ff.; *Warda,* Ungewisse Tätervorstellung, in: *Warda u.a.,* FS-Lange, 119 (127 ff.); *Zielinski,* Handlungs- und Erfolgsunwert, 289 f.

(1) Das Prüfungsschema des Deutschen Instituts für Jugendhilfe und Familienrecht

Das Deutsche Institut für Jugendhilfe und Familienrecht hat ebenfalls die Problematik erkannt, dass ein Arzt nicht stets mit absoluter Sicherheit davon ausgehen kann, ob ein Kind misshandelt worden ist.[410] Deshalb hat es in einem Gutachten ein Prüfungsschema entwickelt, an welchem sich Ärzte orientieren können. Das Gutachten sieht ein 2-stufiges Vorgehen bei einer vermuteten Kindesmisshandlung vor. In einem ersten Schritt wird die Gefährdungssituation eingeschätzt.[411] In einem zweiten Schritt ist die Tragfähigkeit der Hilfebeziehung zu bewerten.[412] Im Rahmen des ersten Schrittes habe sich der Arzt zu fragen, wie hoch er die Beeinträchtigungen für das Kind einschätzt, die von der Gefährdung ausgehen. Hierzu stehe dem Arzt eine Skala von 1 bis 5 zu (sehr niedrig, niedrig, eher hoch, hoch, sehr hoch).[413] Zudem müsse er sich fragen, wie sicher er sich in seiner Einschätzung sei, ob eine Kindeswohlgefährdung vorliege. Dem Arzt steht wiederum eine Bewertungsskala von 1 bis 5 zu (sehr unsicher, unsicher, eher sicher, sicher, sehr sicher).[414]

Im zweiten Schritt habe sich der Arzt zu fragen, wie gut es möglich sei, mit den eigenen beruflichen Hilfemöglichkeiten die Gefährdung abzuwenden. Auch hier reicht die Skala von 1 bis 5 (gut, eher gut, eher schlecht, schlecht, sehr schlecht).[415] Schließlich sei maßgeblich, ob im Hinblick auf die Gefährdung verantwortet werden kann, die bestehende Hilfebeziehung zum Patienten für das weitere Werben für die Inanspruchnahme weitergehender Hilfe zu nutzen. Dazu steht dem Arzt wiederum eine Skala von 1 bis 5 zu (gut, eher gut, eher schlecht, schlecht, sehr schlecht) zur Verfügung.[416]

Sofern sich alle 4 Einschätzungen im Bereich 3 bis 5 befänden, sei eine Informationsweitergabe sinnvoll und zulässig, wenn nicht sogar geboten.[417]

(2) Stellungnahme

Die *gewichtigen Anhaltspunkte* für eine Kindeswohlgefährdung sind das auslösende Moment für ein Tätigwerden des Arztes, womit zugleich ein Wahrscheinlichkeitsurteil verlangt wird. Mit dieser Verknüpfung unbestimmter Rechtsbegriffe, deren

---

410 *DIJuF,* Datenschutz bei frühen Hilfen, 40 ff.
411 *DIJuF,* Datenschutz bei frühen Hilfen, 41.
412 *DIJuF,* Datenschutz bei frühen Hilfen, 44.
413 *DIJuF,* Datenschutz bei frühen Hilfen, 42.
414 *DIJuF,* Datenschutz bei frühen Hilfen, 42.
415 *DIJuF,* Datenschutz bei frühen Hilfen, 45.
416 *DIJuF,* Datenschutz bei frühen Hilfen, 45.
417 *DIJuF,* Datenschutz bei frühen Hilfen, 46 f.

Interpretation der gerichtlichen Überprüfung zugänglich ist, wird zum Ausdruck gebracht, dass der behandelnde Arzt eine drohende Kindeswohlgefährdung nicht erahnen muss, sondern *konkrete Hinweise* auf eine Gefährdung bzw. auf eine Dynamik, die eine solche Gefährdung auslösen kann, vorliegen müssen.[418] Die Wahrscheinlichkeit einer bestehenden Kindeswohlgefährdung ist an dem drohenden Schaden zu messen; je größer und gewichtiger der drohende Schaden ist, desto geringere Anforderungen sind an den Wahrscheinlichkeitsgrad zu stellen. Daraus folgt, dass Zweifel des Arztes an der objektiven Rechtfertigungslage nicht per se eine Strafbarkeit wegen der Verletzung von Privatgeheimnissen gemäß § 203 Abs. 1 StGB begründen können. Allerdings kann ab einem bestimmten Grad des Zweifels sicherlich nicht mehr von *gewichtigen Anhaltspunkten* gesprochen werden. Natürlich ist hervorzuheben, dass die Ungewissheit auch nicht stets exakt bezifferbar ist und erschwerend hinzukommt, dass die Bestimmung des Begriffs *Kindeswohlgefährdung* i. S. v. § 4 Abs. 3 S. 1 KKG eine Prognose unter Unsicherheit darstellt. Die Grenze, ab welcher auf das Gegebensein der objektiven Rechtfertigungsvoraussetzungen nicht mehr vertraut werden kann, wird man daher auch unter Berücksichtigung des prognostischen Charakters und mit Unsicherheit behafteten Begriffs der *Kindeswohlgefährdung* stets dann annehmen können, wenn nicht mehr ernsthaft von einer Kindeswohlgefährdung gesprochen werden kann und der Arzt damit ein bestehendes erlaubtes (Rechtfertigungs-) Risiko überschreitet.[419] Sofern etwa der Arzt, der ein Hämatom im Gesicht des minderjährigen Patienten erkennt und sicher weiß, dass der Patient im Boxverein ist und der Patient sowie die Eltern den Boxkampf als Ursache für die Verletzung benennen, wird man dieses Rechtfertigungsrisiko als überschritten anzusehen haben.

bb) Kindeswohlgefährdung

(1) Definition

Es müssen gewichtige Anhaltspunkte für eine *Kindeswohlgefährdung* vorliegen. Dieser Begriff knüpft an den aus § 1666 BGB und § 8a SGB VIII verwendeten Terminus an. Nach der Rechtsprechung ist eine *Kindeswohlgefährdung* zu bejahen, wenn eine gegenwärtige oder zumindest unmittelbar bevorstehende Gefahr für die

---

418 *Meysen/Eschelbach,* Bundeskinderschutzgesetz, Kapitel 3 Rn. 72; MK/*Tillmanns,* BGB, § 8a SGB VIII Rn. 3; Wiesner/*Wiesner,* SGB VIII, § 8a Rn. 14.

419 So auch NK-StGB-*Merkel,* § 218a Rn. 139 zu Zweifel des Arztes im Hinblick auf die medizinisch-soziale Indikation i. S. v. § 218a Abs. 2 StGB.

Kindesentwicklung abzusehen ist, die bei ihrer Fortdauer eine erhebliche Schädigung des körperlichen, geistigen oder seelischen Wohls des Kindes mit ziemlicher Sicherheit voraussehen lässt.[420] Allerdings ist nicht jede Gefährdung ausreichend. Vielmehr ist einschränkend zu verlangen, dass die Gefährdung auch nachhaltig und schwerwiegend ist.[421] Diese Einschränkung ist verfassungsrechtlich in Art. 6 Abs. 2 S. 1 GG und einfachgesetzlich in § 1666a Abs. 1 S. 1 a.E. BGB sowie in § 1 Abs. 2 SGB VIII verankert und bringt zum Ausdruck, dass staatliche Intervention nachrangig gegenüber der elterlichen Sorge ist.[422] Denn nicht jedes Versagen oder jede Nachlässigkeit der Eltern berechtigt den Staat auf der Grundlage seines ihm nach Art. 6 Abs. 2 S. 2 GG zukommenden Wächteramts einzugreifen.[423]

(2) Gefährdungsschwelle – Grenzen der Offenbarungsbefugnis

Unter den Begriff der Kindeswohlgefährdung fallen die körperliche und die seelische Kindesmisshandlung,[424] der sexuelle Missbrauch und auch die Vernachlässigung.[425] Während dies für den sexuellen Missbrauch keiner weiteren Erörterung bedarf,[426] kann unter Umständen problematisch sein, ab wann eine körperliche

---

420 *BVerfG* NJW 2010, 2333 (2334 f.); *BGH* FamRZ 1956, 350 (351); *BGH* NJW 2005, 672 (673); *OLG Hamm* FamRZ 2006, 1476. Eine Kindeswohlgefährdung stellt z. B. die soziale Verwahrlosung des Kindes dar, wenn sie sich in erheblichem Alkoholkonsum, Gewaltbereitschaft und unregelmäßigen Schulbesuchen äußert, vgl. hierzu *OLG Köln* ZKJ 2009, 422 f.; BeckOK/*Veit,* BGB, § 1666 Rn. 8.2. Eine weitere Erscheinungsform der Kindeswohlgefährdung ist die geistig-seelische Verwahrlosung, vgl. *OLG Köln* FF 2009, 170 (173); JAmt 2008, 45 (47); BeckOK/*Veit,* BGB, § 1666 Rn. 8.2. oder aber auch das Auffinden von Betäubungsmittel im Körper des Kindes, vgl. *OLG Bremen* MDR 2011, 665. Eine Kindeswohlgefährdung kann auch schon dann vorliegen, wenn Gewalttätigkeiten zwischen den Eltern bestehen, die das Kind miterleben musste, vgl. hierzu *OLG Köln* FamRZ 2011, 571; Staudinger/*Coester,* § 1666 Rn. 98.

421 *BVerfGE* 60, 79 (91); *BVerfG* FamRZ 2008, 492; MK/*Olzen,* BGB, § 1666 Rn. 50.

422 *BVerfGE* 60, 79 (94); MK/*Olzen,* BGB, § 1666 Rn. 50.

423 *BVerfGE* 59, 360 (373); *BVerfG* FamRZ 2008, 492.

424 Es ist zu beachten, dass körperliche Misshandlungen auch seelische Misshandlungen hervorrufen können, die oft schwerwiegender und nachhaltiger sind. Vgl. hierzu Staudinger/*Coester,* § 1666 Rn. 96; *Göppinger,* Kriminologie, § 28 Rn. 51 ff.

425 MK/*Olzen,* BGB, § 1666 Rn. 57 ff., 100. Daneben fallen auch weitere Fallgruppen unter den Begriff der Kindeswohlgefährdung, wie z. B. die verweigerte Zustimmung zur notwendigen Bluttransfusion oder Umgangsbeschränkungen. Vgl. zum Ganzen Staudinger/*Coester,* § 1666 Rn. 96 ff.; MK/*Olzen,* BGB, § 1666 Rn. 58 ff.

426 *LG Köln* FamRZ 1992, 712; MK/*Olzen,* BGB, § 1666 Rn. 61.

Einwirkung eine Kindesmisshandlung darstellt, mit anderen Worten, welche Intensität nötig ist, um von einer Kindesmisshandlung sprechen zu können, die zur Intervention berechtigt. Auch in der Literatur wird die Grenze einer befugten Offenbarung nicht einheitlich gesetzt. Dieses Problem wurde – da § 34 StGB vor Einführung der Befugnisnorm in § 4 Abs. 3 S. 1 KKG als einschlägiger Rechtfertigungsgrund angesehen wurde – im Rahmen der *Abwägung der widerstreitenden Interessen* geprüft. Nach *Lenckner/Eisele* ist der Arzt nur dann befugt, seine Schweigepflicht zu brechen, wenn die Kindesmisshandlung von *einiger Erheblichkeit* ist;[427] *Rössner* hingegen spricht von einer Befugnis zur Offenbarung bei einer *schweren Misshandlung.*[428] Die Bestimmung der Gefährdungsschwelle steht in einem unmittelbaren rechtlichen Zusammenhang mit § 1631 Abs. 2 BGB.[429] Gemäß § 1631 Abs. 2 S. 2 BGB sind körperliche Bestrafungen, seelische Verletzungen und andere entwürdigende Maßnahmen unzulässig, woraus ein Recht des Kindes auf gewaltfreie Erziehung folgt.[430] Während die Rechtsprechung und die Literatur früher Körperverletzungen, also Misshandlungen aus erzieherischen Gründen für tatbestandslos oder gerechtfertigt ansahen, soweit das Züchtigungsrecht „maßvoll und angemessen ausgeübt wurde“,[431] wird man dies heutzutage in dieser Form nicht mehr vertreten können. Aus der gesetzgeberischen Grundentscheidung einer gewaltfreien Erziehung folgt, dass es keine aus einem Erziehungszweck her gerechtfertigte Züchtigung mehr gibt, da Erziehung und Gewalt sich gegenseitig ausschließen.[432] Obwohl somit ein Züchtigungsrecht nicht mehr

---

427 Sch/Sch/*Lenckner/Eisele,* § 203 Rn. 31a. So wohl auch *Bender,* MedR 2002, 626 (630).

428 *Rössner,* 30 Probleme aus dem Strafprozessrecht, 93.

429 Staudinger/*Coester,* § 1666 Rn. 97 f.; MK/*Olzen,* BGB, § 1666 Rn. 58.

430 Eine vergleichbare Regelung findet sich in § 31 JArbSchG, die dem Arbeitgeber ein Züchtigungsverbot auferlegt. Der Grundsatz der gewaltfreien Erziehung ist ferner in § 16 Abs. 1 S. 3 SGB VIII manifestiert. Die jetzige Regelung ist das Ergebnis einer langen Entwicklung. Ursprünglich bestand das Züchtigungsrecht nur für den Vater. Nachdem der Gesetzgeber durch das am 1.7.1958 in Kraft getretene Gleichberechtigungsgesetz nun beiden Elternteilen, der Mutter des nichtehelichen Kindes, den Adoptiveltern und dem Vormund ein Züchtigungsrecht einräumte, hat dieser durch das Sorgerechtsgesetz, das am 1.1.1980 in Kraft getreten ist und das Kindschaftsreformgesetz vom 16.12.1998, das Züchtigungsrecht (nahezu) beseitigt. Vgl. hierzu *Roxin,* AT I, § 17 Rn. 33 f.

431 *BGHSt* 6, 263 (269); 11, 241 (249); *Beulke,* Neufassung des § 1631 Abs. 2 BGB und Strafbarkeit gemäß § 223 StGB, in: *Amelung u.a.,* FS-Schreiber, 29 (39).

432 Staudinger/*Coester,* § 1666 Rn. 97; *Fischer,* § 223 Rn. 38a; *Frister,* AT, 13. Kap. Rn. 8; *Hillenkamp,* JuS 2001, 159 (165); *Hoyer,* FamRZ 2001, 521 (523); LK/*Lilie,* § 223 Rn. 10.

existiert,[433] wird man nicht jede körperliche Einwirkung als Kindeswohlgefährdung i. S. v. § 1666 BGB einordnen können.[434] Allerdings hat § 1631 Abs. 2 BGB eine Ausstrahlungswirkung auf die Gefährdungsschwelle des § 1666 BGB und damit auch die Gefährdungsschwelle des § 4 Abs. 1 KKG.[435] Durch das Verbot einer gewalttätigen Erziehung ist die Schwelle, deren Überschreitung eine Kindeswohlgefährdung auslöst, deutlich abgesunken.[436] Unstreitig dürfte sein, dass

---

433 In der strafrechtlichen Literatur wird diskutiert, ob ein elterliches Züchtigungsrecht noch anerkannt werden kann. Teilweise wird vertreten, dass § 1631 Abs. 2 BGB ausschließlich als zivilrechtliche Norm zu verstehen sei und damit keine Auswirkungen auf das Strafrecht haben könne; so *Moritz,* JA 1998, 704 (709). Gegen diese Ansicht spricht, dass bereits das (strafrechtliche) elterliche Züchtigungsrecht seine Grundlage im Familienrecht fand und aus §§ 1626, 1631 BGB i. V. m. Art. 6 Abs. 2 S. 1 GG abgeleitet wurde. So zu Recht *Beulke,* Züchtigungsrecht, in: *Ebert u.a.,* FS-Hanack, 539 (540); *Bohnert,* Jura 1999, 533 (534); LK/*Lilie,* § 223 Rn. 10. Teilweise wird aus der Formulierung *andere entwürdigende Maßnahmen* eine Einschränkung insoweit befürwortet, als körperliche Maßnahmen nur dann verboten sind, wenn sie zusätzlich entwürdigend sind, vgl. *Lackner/Kühl,* StGB, § 223 Rn. 11; *Kühl,* Strafrecht AT, § 9 Rn. 77a f. Zum anderen wird versucht, die Züchtigungsproblematik auf die Tatbestandsebene zu verlagern und eine Körperverletzung mangels unangemessener Behandlung bei maßvollen und angemessenen körperlichen Züchtigungen zu verneinen. Dies ergäbe sich aus einem aus Art. 6 Abs. 2 GG abzuleitenden Erziehungsrecht und einer daraus folgenden verfassungskonformen Auslegung des § 223 StGB, vgl. *Beulke,* Züchtigungsrecht, in: *Ebert u.a.,* FS-Hanack, 539 (541 f.); *Beulke,* Neufassung des § 1631 Abs. 2 BGB und Strafbarkeit gemäß § 223 StGB, in: *Amelung u.a.,* FS-Schreiber 29 (40). Schließlich wird der Versuch unternommen, einen ausschließlich im Binnenbereich des Strafrechts bestehenden Unrechtsausschließungsgrund zu konstruieren, der keine Aussage über Auswirkungen in anderen Rechtsgebieten treffe. So *Günther,* Auswirkungen familienrechtlicher Verbote, in: *Medicus u.a.,* FS-Lange, 877 (895). All diese Ansichten würden allerdings dazu führen, dass letztlich zumindest ein „Rest" eines elterlichen Züchtigungsrechts verbliebe, was gewiss mit der gesetzgeberischen rechtspolitischen Intention einer gewaltfreien Erziehung nicht vereinbar wäre. Rechtsprechung und Literatur haben somit diese Grundentscheidung zu akzeptieren. Siehe *BT-Ds.* 14/1247, S. 8; *Fischer,* § 223 Rn. 38a; *Frister,* AT, 13. Kap. Rn. 8; *Hoyer,* FamRZ 2001, 521 (524).

434 *MK/Olzen,* BGB, § 1666 Rn. 58.

435 Staudinger/*Coester,* § 1666 Rn. 98; MK/*Olzen,* BGB, § 1666 Rn. 58.

436 Johannsen/Henrich/*Büte,* Familienrecht, § 1666 BGB Rn. 29; Staudinger/*Coester,* § 1666 Rn. 98; MK/*Olzen,* BGB, § 1666 Rn. 58. Diese Grundsätze gelten unabhängig von der Nationalität des Kindes und seiner Eltern, da es keine Gewaltenklaven im deutschen Rechtsraum geben darf. Für die betroffenen ausländischen Eltern kann dies möglichweise schwer verständlich sein, insbesondere dann, wenn deren Kulturkreise

nicht schon die einmalig verabreichte Ohrfeige – obwohl es sich um eine tatbestandliche Körperverletzung i. S. v. § 223 StGB handelt – dem Arzt zugleich ein Offenbarungsrecht einräumen kann.[437] Zu beachten ist aber, dass eine Erziehungspraxis, die auf regelmäßiger, wenngleich bisher als „angemessen" angesehener Gewaltanwendung aufbaut, wie Ohrfeigen oder eine Tracht Prügel, auch eine Kindeswohlgefährdung i. S. v. § 1666 BGB und § 4 Abs. 1 KKG darstellen kann, wenn die ständig präsente Gewaltdrohung sich negativ auf die Entwicklung des Kindes auswirkt.[438]

(3) Beratung des Arztes durch eine Fachkraft zur Einschätzung einer Kindeswohlgefährdung

Selbstverständlich kann die Feststellung der Kindeswohlgefährdung im Einzelfall sehr komplex und von hoher Subjektivität geprägt sein.[439] Daher wird dem Arzt gemäß § 4 Abs. 2 S. 1 KKG die Möglichkeit eingeräumt, sich bezüglich der Einschätzung der Kindeswohlgefährdung durch eine erfahrene Fachkraft beraten zu lassen. Letztlich dient die Einbeziehung dieser Fachkräfte auch der persönlichen Entlastung des Arztes.[440] Die Vernetzung von Ärzten und Fachkräften zum Zwekke der Beratung wird durch eine datenschutzrechtliche Befugnisnorm sichergestellt. Gemäß § 4 Abs. 2 S. 2 KKG sind die Personen nach Absatz 1 zu diesem Zweck befugt, dieser Person die dafür erforderlichen Daten pseudonymisiert zu übermitteln. Dieser Zweck besteht nach dem Willen des Gesetzgebers jedoch allein in der Einschätzung der Gefährdung des Kindes und nicht zum Austausch von Daten durch Berufsgeheimnisträger zur Sammlung von Verdachtsmomenten.[441] Die Pseudonymisierung erfordert, dass insbesondere der Name und andere Identifikationsmerkmale durch andere Kennzeichen ersetzt werden, um so eine Identifizierung auszuschließen oder wesentlich zu erschweren, vgl. § 3 Abs. 6a BDSG.[442] Durch die Pseudonymisierung wird sichergestellt, dass das Vertrauensverhältnis zwischen Arzt und Patient nicht zerstört wird.

Züchtigungsrechte begründen, vgl. *OLG Düsseldorf* NJW 1985, 1291 (1292); *OLG Köln* NJW-RR 2001, 221 (222); Staudinger/*Coester,* § 1666 Rn. 97; MK/*Olzen,* BGB, § 1666 Rn. 59. A. A. noch *LG Berlin* FamRZ 1983, 943 f.

437 Es ist jedoch zu betonen, dass eine verabreichte Ohrfeige für den Arzt in den wenigsten Fällen auch erkennbar sein wird.

438 So zu Recht Staudinger/*Coester,* § 1666 Rn. 98.

439 *BT-Ds.* 17/6256, S. 19; *Meysen/Eschelbach,* Bundeskinderschutzgesetz, Kapitel 3 Rn. 84.

440 *Meysen/Eschelbach,* Bundeskinderschutzgesetz, Kapitel 3 Rn. 84.

441 *BT-Ds.* 17/6256, S. 19.

442 *Meysen/Eschelbach,* Bundeskinderschutzgesetz, Kapitel 3 Rn. 86.

Aus § 4 Abs. 2 KKG folgt jedoch „nur“ ein Anspruch auf Beratung und keine Pflicht zur Einschaltung einer Fachkraft. Nimmt er die Beratung durch die Fachkraft nicht in Anspruch und verlässt er sich auch auf sein eigenes Urteil, so liegt darin keine Pflichtverletzung, die bei nachfolgender falscher Entscheidung für die Offenbarung des Geheimnisses zur Grundlage einer Strafbarkeit werden könnte.[443]

cc) In Ausübung der beruflichen Tätigkeit bekanntgeworden

Dem Arzt müssen die gewichtigen Anhaltspunkte für die Kindeswohlgefährdung in *Ausübung der beruflichen Tätigkeit bekanntgeworden* sein. Der Gesetzgeber hat mit dieser Formulierung an die *tatbestandlichen* Voraussetzungen des § 203 Abs. 1 StGB angegnüpft.

(1) Bekanntgeworden

Anders als in § 203 Abs. 1 StGB ist die Tatbestandsvariante *anvertraut* nicht in § 4 Abs. 1 KKG aufgenommen worden. Daher kann auch nur bedingt auf die Ausführungen zur Kenntniserlangung im Rahmen von § 203 Abs. 1 StGB zurückgegriffen werden.[444] Dies gilt auch für die Kenntniserlangung des Jugendamtes gemäß § 8a Abs. 1 S. 1 SGB VIII, weil dort die Beschränkung *in Ausübung der beruflichen Tätigkeit* fehlt. Den Begriff *bekanntgeworden* wird man weit verstehen müssen und all diejenigen Tatsachen davon erfasst sehen, die dem Arzt mündlich, schriftlich oder auf sonstige Weise, wie z. B. durch Vorzeigen eines Gegenstands oder einer Verletzung, mitgeteilt worden sind. Aber auch diejenigen Tatsachen sind dem Arzt *bekanntgeworden*, die er auf andere Weise erfahren hat, insbesondere also auch solche, die er durch Selbstwahrnehmung erfahren hat.

(2) In Ausübung der beruflichen Tätigkeit

Ferner verlangt § 4 Abs. 1 KKG, dass dem Arzt die gewichtigen Anhaltspunkte für die Kindeswohlgefährdung *in Ausübung der beruflichen Tätigkeit* bekanntgeworden sind. Aus dieser Formulierung folgt, dass ein innerer Zusammenhang zwischen der Kenntniserlangung und der Berufsausübung zu fordern ist. Der Zugang des Geheimnisses muss ihm gewährt oder möglich geworden sein, *weil* er Arzt ist.[445] Im Einzelfall kann die Abgrenzung zwischen der funktionsbezogenen und der rein privaten Kenntniserlangung schwierig sein. Die Einordnung wird sich zumeist aber aus dem Berufsbild des Täters ergeben.[446]

---

443 Vgl. auch NK-StGB-*Merkel,* § 218a Rn. 132 zum Schwangerschaftsabbruch.

444 Siehe S. 37 ff.

445 LK/*Schünemann,* § 203 Rn. 38; *Ostendorf* JR 1981, 444 (448).

446 *Fischer,* § 203 Rn. 7; NK-StGB-*Kargl,* § 203 Rn. 13.

Keine Probleme bereitet die Situation, wenn der Arzt während seiner Sprech- und Dienststunden gewichtige Anhaltspunkte für eine Kindeswohlgefährdung erfährt, also insbesondere im Rahmen der Untersuchung des betroffenen Kindes. Auch in Fällen, in denen der Arzt das Kind nicht selbst untersucht, er aber quasi im Vorbeigehen auf der Station zahlreiche Hämatome im Gesicht des Kindes entdeckt, ist die Voraussetzung *in Ausübung der beruflichen Tätigkeit* zu bejahen. Eine am Berufsbild orientierte Betrachtungsweise ergibt für diese Fallkonstellation, dass dem Arzt der Zugang zum Geheimnis ausschließlich deshalb ermöglicht worden ist, weil er seine Funktion ausgeübt hat.

Wenn der Arzt jedoch zufällig, bei einer rein privaten Aktivität, gewichtige Anhaltspunkte für Kindeswohlgefährdung erfährt – wenn er beispielsweise sieht, dass Eltern ihr Kind auf der Straße verprügeln – ist die Voraussetzung *in Ausübung der beruflichen Tätigkeit* nicht verwirklicht.[447] In diesem Fall wären bei genauerer Betrachtung bereits die tatbestandlichen Voraussetzungen des § 203 Abs. 1 StGB nicht verwirklicht, sodass es auf die Frage einer etwaigen Rechtfertigung schon nicht ankäme.

Schwieriger erweist sich jedoch die Situation, wenn der Arzt außerhalb seiner Sprech- und Dienststunden mit der Gefährdungssituation konfrontiert wird. Wenn beispielsweise ein Kind seinem Kinderarzt – auch gegen dessen Willen – auf der Straße oder bei einem gesellschaftlichen Anlass seine aus einer Misshandlung resultierenden Verletzungen zeigt, so stellt sich die Frage, ob der Arzt *in Ausübung der beruflichen Tätigkeit* oder aber bloß privat Kenntnis erlangt hat. In diesen Konstellationen ist entscheidend, ob der Arzt in seiner beruflichen Eigenschaft in Anspruch genommen wurde. Für den oben dargestellten Fall ist die Voraussetzung *in Ausübung der beruflichen Tätigkeit* zu bejahen, weil der Arzt vom Kind nicht zufällig ausgewählt wurde, sondern in Kenntnis seines Arztberufes.

dd) Konkretes Vorgehen nach Absatz 1 (Transparenzgebot)

Bevor der Arzt dem Jugendamt die Misshandlung melden darf, soll er zunächst mit dem Kind oder Jugendlichen und den Personensorgeberechtigten die Situation erörtern. Damit soll erreicht werden, dass die Vertrauensbeziehung zwischen den Beteiligten erhalten bleibt und auch das *Transparenzgebot* gewahrt ist.[448] Die Betroffenen sollen in der Regel durchschauen können, was mit den gesammelten

---

447 *OLG Köln* NJW 2000, 3656 (3657); *Lackner/Kühl,* StGB, § 203 Rn. 16; BeckOK/*Weidemann,* StGB, § 203 Rn. 13.

448 *Meysen/Eschelbach,* Bundeskinderschutzgesetz, Kapitel 3 Rn. 76.

Informationen geschehen soll oder bereits geschehen ist.[449] Sofern gewichtige Anhaltspunkte für Kindeswohlgefährdung bestehen, ist dies auch stets ein Hinweis auf einen konkreten Hilfebedarf.[450] Aus der Beschränkung *soweit erforderlich* wird verdeutlicht, dass zunächst der behandelnde Arzt versuchen muss, mit den ihm zur Verfügung stehenden Mitteln die Kindeswohlgefährdung abzuwenden. Durch die in § 4 Abs. 1 KKG statuierte Aufklärungspflicht des Arztes werden die Eltern selbst in die Lage versetzt, im Rahmen ihrer Elternverantwortung wirksame Maßnahmen zur Abwehr einer Kindeswohlgefährdung zu ergreifen.[451] Soweit diese Mittel nicht ausreichend sind, soll der Arzt bei den Personensorgeberechtigten auf die Inanspruchnahme von Hilfen hinwirken. Dies wird insbesondere die Aufklärung über mögliche Hilfsangebote des Jugendamtes sein, wobei der Arzt darauf bedacht sein muss, etwaige bestehende Hemmschwellen der Eltern zum Jugendamt abzubauen.[452]

ee) Ausnahmen vom Transparenzgebot

Der Gesetzgeber hat erkannt, dass nicht stets die Einbeziehung der Betroffenen dem Kinderschutz zugutekommt und hat deshalb eine Einschränkung des Transparenzgebots dergestalt vorgenommen, dass eine vorherige Erörterung der Situation mit den Betroffenen nicht in Betracht kommt, wenn dadurch der wirksame Schutz des Kindes oder Jugendlichen infrage gestellt wird. Keine Ausnahme rechtfertigen beispielsweise arbeitsökonomische Gründe oder aber eine zu erwartende Konfliktsituation mit den Betroffenen.[453] Eine Ausnahme vom Transparenzgebot ist insbesondere dann geboten, wenn der Vorwurf des sexuellen Missbrauchs im Raum steht.[454] Die Konfrontation des potenziellen Missbrauchers mit den Vermutungen führt nämlich in der Regel dazu, dass der Geheimhaltungsdruck auf das missbrauchte Kind oder Jugendlichen erhöht wird, womit die Verschärfung der Gefährdungssituation einhergeht.[455] Letztlich lässt diese Ausnahme vom Transparenzgebot einen nicht unerheblichen Beurteilungsspielraum[456] zu, zumal es sich

---

449 *Meysen/Eschelbach,* Bundeskinderschutzgesetz, Kapitel 3 Rn. 76.
450 *Meysen/Eschelbach,* Bundeskinderschutzgesetz, Kapitel 3 Rn. 77.
451 *BT-Ds.* 17/6256, S. 19.
452 *Meysen/Eschelbach,* Bundeskinderschutzgesetz, Kapitel 3 Rn. 77.
453 *Meysen/Eschelbach,* Bundeskinderschutzgesetz, Kapitel 3 Rn. 79.
454 So auch die Gesetzesbegründung zu § 8a SGB VIII, vgl. *BT-Ds.* 15/3676, S. 38; *Meysen/Eschelbach,* Bundeskinderschutzgesetz, Kapitel 3 Rn. 79.
455 *Meysen/Eschelbach,* Bundeskinderschutzgesetz, Kapitel 3 Rn. 79.
456 Siehe zum Beurteilungsspielraum S. 89 f.

um eine prognostische Entscheidung handelt. Im Zweifel muss der Arzt eine Einschätzung treffen, ob die Erörterung der Situation mit den Betroffenen den Schutz des Kindes beschränken könnte.

ff) Betroffene Personen

§ 4 Abs. 1 KKG verlangt, dass die Situation mit dem Kind oder dem Jugendlichen sowie den Personensorgeberechtigten erörtert wird. Bezüglich der Begriffsbestimmung *Kind* und *Jugendlicher* ist es sinnvoll, auf die Begriffsbestimmungen des § 7 Abs. 1 SGB VIII zurückzugreifen. Gemäß § 7 Abs. 1 SGB VIII ist *Kind*, wer noch nicht 14 Jahre alt ist. *Jugendlicher* ist, wer 14, aber noch nicht 18 Jahre alt ist.[457] Wer *Personensorgeberechtigter* ist, richtet sich nach familienrechtlichen Bestimmungen, worauf auch § 7 Abs. 1 Nr. 5 SGB VIII verweist. Entgegen dem Bestreben des Bundesrates wurden Erziehungsberechtigte nicht in den Tatbestand des § 4 Abs. 1 KKG aufgenommen.[458] Erziehungsberechtigter ist gemäß § 7 Abs. 1 Nr. 6 SGB VIII der Personensorgeberechtigte und jede sonstige Person über 18 Jahre, soweit sie aufgrund einer Vereinbarung mit den Personensorgeberechtigten nicht nur vorübergehend und nicht nur für einzelne Verrichtungen Aufgaben der Personensorge wahrnimmt. Dazu gehören z. B. Personen, die mit dem Kind in einem Haushalt leben oder der Partner des Elternteils.[459]

c) Erforderlichkeit des Tätigwerdens des Jugendamtes, um Gefährdung des Wohls eines Kindes oder eines Jugendlichen abzuwenden

Die befugte Informationsweitergabe nach § 4 Abs. 3 S. 1 KKG setzt ferner voraus, dass der Arzt die Einschaltung des Jugendamtes *für erforderlich hält*, um die Kindeswohlgefährdung abzuwenden. Schon vor Inkrafttreten des KKG wurde die fehlende gesetzliche Konkretisierung der Voraussetzung *für erforderlich halten* kritisiert.[460] Es liegt auf der Hand, dass die Auslegung dieses unbestimmten Rechtsbegriffs im konkreten Fall erhebliche Schwierigkeiten bereiten kann. Damit wird aber auch verdeutlicht, dass die Einschätzung der Erforderlichkeit der Einschaltung des Jugendamtes sehr komplex ist und nicht schematisch beantwortet werden kann.

457 Siehe zum strafrechtlichen Begriff des *Kindes* Fn. 79.
458 *BT-Ds.* 17/6256, S. 38.
459 BeckOK/*Winkler*, SGB VIII, § 7 Rn. 5.
460 *Kliemann/Fegert,* ZRP 2011, 110 (111).

aa) Überprüfbarkeit im Strafverfahren – Beurteilungsspielraum

Unstreitig dürfte die Feststellung sein, dass die Entscheidung des Arztes, das Jugendamt zu informieren, gerichtlich überprüfbar sein muss. Fraglich kann daher nur sein, wie weit diese Überprüfbarkeit reicht. Es stellt sich somit die Frage, ob dem Arzt in gewissem Umfang ein gerichtlich unüberprüfbarer Beurteilungsspielraum zuzubilligen ist. Beurteilungsspielräume sind nur ausnahmsweise zuzubilligen. Allein der Umstand, dass es sich um einen unbestimmten, mehrdeutigen oder auslegungsbedürftigen Rechtsbegriff handelt, begründet noch nicht einen solchen Freiraum.[461] Für einen Beurteilungsspielraum ist eine im Nachhinein nicht mehr zu rekonstruierende „situative Einmaligkeit", wie sie etwa für Prüfungssituationen kennzeichnend ist, erforderlich.[462] Bei der Beurteilung der medizinisch-sozialen Indikation für einen Schwangerschaftsabbruch wird dem Arzt bekanntlich ein gerichtlich nur beschränkt überprüfbarer Beurteilungsspielraum eingeräumt.[463] Der Beurteilungsspielraum wird im Rahmen von § 218a Abs. 2 StGB bereits aus dem Wortlaut der Norm abgeleitet, der ausdrücklich formuliert, dass die Beurteilung der Indikation *nach ärztlicher Erkenntnis* zu erfolgen hat.

Auch aus dem Wortlaut des § 4 Abs. 3 S. 1 KKG, der formuliert, dass die Personen nach Absatz 1 die Einschaltung des Jugendamtes *für erforderlich halten*, ergibt sich im Ergebnis ein Beurteilungsspielraum des Arztes. Der Arzt, der eine Kindeswohlgefährdung festgestellt hat, darf das Jugendamt informieren. Er muss hierbei die Gewissheit haben, nicht gegen das Strafgesetz zu verstoßen, wenn er entsprechend den Regeln seines Standes und nach seiner pflichtgemäßen Erkenntnis zu der Überzeugung gelangt, eine Kindeswohlgefährdung sei gegeben, die dem Jugendamt gemeldet werden soll. Dies umso mehr, als die Fassung des § 4 KKG wertende Entscheidungen verlangt, die zwangsläufig im erheblichen Umfang nicht oder jedenfalls nicht voll objektivierbar sind.[464] Überdies kann die Prognose der Erforderlichkeit der Einschaltung des Jugendamtes nur auf Grundlage eines persönlichen Eindrucks des behandelnden Arztes erfolgen, den beispielsweise

---

461 BeckOK/*Aschke*, VwVfG, § 40 Rn. 128 ff.; *Frister/Lehmann*, JZ 2012, 659 (661).

462 *Beaucamp*, DÖV 2002, 24 (25f.); *Frister/Lehmann*, JZ 2012, 659 (661).

463 Vgl. Sch/Sch/*Eser*, StGB, § 218a Rn. 36; *Fischer*, § 218a Rn. 19; NK-StGB-*Merkel*, § 218a Rn. 131 ff. zu der Kontroverse bezüglich der Anerkennung eines Beurteilungsspielraums im Rahmen des § 218a Abs. 2 StGB. Siehe zur Anerkennung eines Beurteilungsspielraums im Rahmen des § 3a Abs. 1 S. 2 ESchG *Frister/Lehmann*, JZ 2012, 659 (661).

464 So auch *BGHSt* 38, 144 (152 f.) zu der Frage, ob dem abbrechenden Arzt i. S. v. § 218a Abs. 2 StGB ein Beurteilungsspielraum zusteht. Vgl. auch *BGHZ* 95, 199 (206).

der Arzt in dem später nicht vollständig rekonstruierbaren Gespräch mit den Betroffenen gewonnen hat.[465]

Der Beurteilungsspielraum hat aber auch Grenzen. Diese Grenzen wird man als überschritten anzusehen haben, wenn die Entscheidung des Arztes *unvertretbar* oder *unvernünftig* ist, so z. B. wenn er glaubt, dass die Einschaltung des Jugendamtes bereits erforderlich i. S. v. § 4 Abs. 3 S. 1 KKG ist, obwohl die Eltern des Kindes mit Sicherheit Hilfsangebote des Jugendamtes in Anspruch nehmen wollen.

bb) Zwischenergebnis

Es bleibt somit festzuhalten, dass die Voraussetzung *für erforderlich halten* dem Arzt einen nicht vollständig gerichtlich überprüfbaren Beurteilungsspielraum einräumt.

d) Eingeschränkte Hinweispflicht

§ 4 Abs. 3 S. 1 Hs. 2 KKG sichert das Transparenzgebot ab, indem die Voraussetzung aufgestellt wird, dass die Betroffenen vor einer Weitergabe der Informationen an das Jugendamt informiert werden sollen. Der Gesetzgeber hatte die Idealvorstellung vor Augen, dass die Betroffenen mit der Informationsweitergabe einverstanden sind.[466] Auch an dieser Stelle wird auf den Grundsatz „vielleicht gegen den Willen, aber nicht ohne Wissen"[467] verwiesen, der allerdings nur eingeschränkt rechtlich beachtlich ist.[468] In § 4 Abs. 3 S. 1 letzter Hs. KKG wird eine Ausnahme von der Informationspflicht gemacht, wenn durch die Information der wirksame Schutz des Kindes oder Jugendlichen in Frage gestellt wird. Wie auch schon die Ausnahme in Absatz 1 lässt diese Ausnahme vom Transparenzgebot einen nicht unerheblichen Beurteilungsspielraum[469] zu, da es sich überdies um eine Prognose handelt.

e) Erforderliche Daten (§ 4 Abs. 3 S. 2 KKG)

Nach § 4 Abs. 3 S. 2 KKG sind die Personen nach Satz 1 zum Zwecke der Informationsweitergabe befugt, dem Jugendamt die erforderlichen Daten mitzuteilen.

---

465 Vgl. auch *Frister/Lehmann,* JZ 2012, 659 (661).
466 *Meysen/Eschelbach,* Bundeskinderschutzgesetz, Kapitel 3 Rn. 89.
467 *Meysen/Eschelbach,* Bundeskinderschutzgesetz, Kapitel 3 Rn. 76, 89.
468 Siehe S. 93 ff.
469 Vgl. zum Beurteilungsspielraum S. 89 f.

Es stellt sich die Frage, welche Bedeutung § 4 Abs. 3 S. 2 KKG neben § 4 Abs. 3 S. 1 KKG hat, da die Befugnis zur Informationsweitergabe bereits aus § 4 Abs. 3 S. 1 KKG folgt. Der Gesetzgeber hat sich in den Materialien nicht zu § 4 Abs. 3 S. 2 KKG geäußert. Es kann sich allerdings nur um eine Konkretisierung dergestalt handeln, welche Daten der Arzt im Einzelfall an das Jugendamt weiterleiten darf,[470] da § 4 Abs. 3 S. 1 KKG nämlich nur von der *Information* des Jugendamtes spricht. Unter *erforderlichen Daten* sind daher insbesondere der Name und die weiteren Identifikationsmerkmale, die eine Bestimmung des Betroffenen sicherstellen, zu verstehen. Der Verweis in S. 2 auf die *Personen nach Satz 1* dürfte ein redaktionelles Versehen sein, da nur ein Verweis auf die *Personen nach Absatz 1* Sinn machen würde.[471]

f) Adressat der Informationsweitergabe

Als Adressat der Informationsweitergabe ist ausschließlich das Jugendamt genannt.[472] Bereits vor Inkrafttreten des KKG wurde im Rahmen von § 34 StGB diskutiert, ob die Benachrichtigung des Jugendamtes gegenüber der Einschaltung weiterer Stellen, wie z. B. der zur Gefahrenabwehr zuständigen Polizei oder der Strafverfolgungsbehörden, ein milderes Mittel darstellte. In der Regel sah man richtigerweise in der Informationsweitergabe an das Jugendamt ein milderes Mittel. Es ist nämlich originäre Aufgabe der Mitarbeiter des Jugendamtes, den staatlichen Schutzauftrag wahrzunehmen und bei Kindeswohlgefährdungen tätig zu werden. Es hat Erfahrung im Umgang mit Fällen von Kindesmisshandlungen und verfügt auch über weitere Hilfsmöglichkeiten, um diese Krisensituationen zu bewältigen[473]. Zudem hat ihnen der Gesetzgeber die notwendigen Mittel zur Verfügung gestellt, um die Kindeswohlgefährdung abzuwenden, wie z. B. die Hilfe zur Erziehung gemäß §§ 2 Abs. 2 Nr. 4, 27 ff. SGB VIII, die Möglichkeit zur Not- und Konfliktberatung gemäß § 8 Abs. 3 SGB VIII oder aber auch die Möglichkeit zur

---

470 A. A. *Meysen/Eschelbach,* Bundeskinderschutzgesetz, Kapitel 3 Rn. 94, die in § 4 Abs. 3 S. 2 KKG eine überflüssige Regelung sehen.

471 *Meysen/Eschelbach,* Bundeskinderschutzgesetz, Kapitel 3 Rn. 94.

472 Der ausschließliche Verfahrensweg über die Jugendämter wird teilweise auch kritisiert, weswegen die Einbeziehung der örtlichen Gesundheitsämter in den Kreis der möglichen Adressaten der Information der Kindeswohlgefährdung vorgeschlagen wird, vgl. hierzu die gemeinsame Stellungnahme der Bundesärztekammer und der Kassenärztlichen Bundesvereinigung zum Entwurf der Bundesregierung für ein „Gesetz zur Stärkung eines aktiven Schutzes von Kindern und Jugendlichen“, S. 5.

473 *Menne,* ZfJ 1993, 291 (294).

Benachrichtigung des Familiengerichts bei Kindeswohlgefährdung gemäß § 8a Abs. 2 SGB VIII. Dem Jugendamt wird man daher eine Koordinierungsfunktion zusprechen können, wenn die dem Arzt zur Verfügung stehenden Mittel zur Abwehr der Kindeswohlgefährdung nicht mehr ausreichen.

Wird nicht das Jugendamt informiert, sondern etwa die Strafverfolgungsbehörde, so könnte dies dazu führen, dass strafrechtlich gegen den misshandelnden Elternteil ermittelt wird und letztlich dieser (weil Ersttäter) strafrechtlich „nur" zu einer Geldstrafe verurteilt wird. In diesen Fällen wird das Kind auch noch weitere Repressalien durch diesen Elternteil befürchten müssen.[474]

g) Dokumentation

Auch wenn das KKG keine Regelung im Hinblick auf die Dokumentation des Vorgehens beinhaltet, so ist es ratsam, die Vorgänge zu dokumentieren. Zum einen dient die Dokumentation der Beweissicherung, zum anderen kann dadurch im Nachhinein nachvollzogen werden, weshalb sich der Arzt für oder gegen die Einschaltung des Jugendamtes entschieden hat.[475] Die Dokumentation sollte insbesondere eine differenzierte Beschreibung der Wahrnehmung und Einschätzung zur Gefährdung, eine Schilderung, wann und wie mit den Beteiligten über die Gefährdungseinschätzung gesprochen und – gegebenenfalls – inwieweit für die Inanspruchnahme weitergehender Hilfen geworben wurde, enthalten.[476]

h) Subjektives Rechtfertigungselement

Weitestgehend unbestritten ist heute, dass die Rechtfertigung neben dem Vorliegen objektiver Rechtfertigungsmerkmale auch ein subjektives Rechtfertigungsmerkmal verlangt.[477] Das gilt auch für eine Rechtfertigung nach § 4 Abs. 3 S. 1 KKG. Der Arzt muss also die Umstände des Erlaubnistatbestandes kennen.[478]

---

474 *Haffke,* GA 1973, 65 (70). So wohl auch *Eichelbrönner,* Schweigepflicht, 188.

475 *DIJuF,* Datenschutz bei frühen Hilfen, 49.

476 *DIJuF,* Datenschutz bei frühen Hilfen, 49.

477 *RGSt* 54, 196 (199); 62, 137; *BGHSt* 2, 111 (114); 35, 276 (279).

478 Ein sogenannter „Verteidigungswille" ist hingegen nach der h. M. nicht erforderlich, vgl. statt vieler *Frister,* AT, Kap. 14 Rn. 23 ff. Daher darf ein Arzt nicht bestraft werden, wenn er in Kenntnis der objektiven Rechtfertigungslage zudem verwerfliche oder missbilligende Ziele verfolgt. Der Arzt, der sich beispielsweise aus perversen Neigungen wünscht, dass durch die befugte Offenbarung der Kindesmisshandlung die Familie auseinandergerissen wird, handelt rechtmäßig.

Zweifel des Arztes am Vorliegen der Rechtsfertigungslage wirken sich nicht auf Ebene des subjektiven Erlaubnistatbestandes aus, sondern auf Ebene des objektiven Erlaubnistatbestandes. Denn wenn der Gesetzgeber nur *gewichtige Anhaltspunkte* für eine Kindeswohlgefährdung verlangt, heißt das, dass ein Verdacht bereits den Arzt zur Informationsweitergabe berechtigt.[479] Daraus folgt, dass Zweifel des Arztes an der objektiven Rechtfertigungslage noch nicht zum Ausschluss der Rechtfertigung führen können. Allerdings kann ab einem bestimmten Grad des Zweifels nicht mehr von *gewichtigen Anhaltspunkten* gesprochen werden.

3. Aufgedrängte Informationsweitergabe

Im Rahmen der Rechtfertigungsgründe der Notwehr und des rechtfertigenden Notstandes wird teilweise geltend gemacht, dass Not(-stands)hilfe auch *gegen* den Willen des Angegriffenen möglich sein soll.[480] Diese Aussage ist allerdings zweifelhaft. Es stellt sich nämlich die Frage, ob eine Nothilfe auch dann zulässig ist, wenn der Rechtsgutsinhaber keine Nothilfe wünscht. Die Zulässigkeit einer Notstandshilfe *gegen* den Willen des Angegriffenen wird hierbei unter dem Stichwort „aufgedrängte Nothilfe“ bzw. „aufgedrängte Notstandshilfe“ diskutiert.[481]

Auch im Rahmen von § 4 Abs. 3 S. 1 KKG stellt sich das Problem, wie sich ein entgegenstehender Wille des minderjährigen Patienten auswirkt. Im Folgenden wird untersucht, ob der Arzt auch dann das Jugendamt informieren darf, wenn der minderjährige Patient mit der Informationsweitergabe nicht einverstanden ist.[482]

---

479 Siehe S. 77 ff.

480 *OLG Karlsruhe* MedR 2007, 253 (254); *Kemper/Fegert/Fangerau,* Nervenheilkunde 2010, 460 (462); *Kliemann/Fegert,* ZRP 2011, 110.

481 MK/*Erb,* StGB, § 34 Rn. 139; *Kühl,* Strafrecht AT, § 8 Rn. 35; LK/*Zieschang,* § 34 Rn. 25. Ausführlich zum Ganzen *Seeberg,* Aufgedrängte Nothilfe, passim. Die dogmatische Einordnung der aufgedrängten Notstandshilfe im Rahmen von § 34 StGB ist umstritten. Zum Teil wird das Merkmal „Erforderlichkeit“ verneint, so z. B. *Dölling/Duttge/Rössner,* § 34 Rn. 13; LK/*Zieschang,* § 34 Rn. 25. Zum Teil wird die aufgedrängte Notstandshilfe im Rahmen der „Interessenabwägung“ relevant, so MK/*Erb,* StGB, § 34 Rn. 139.

482 *Meysen/Eschelbach,* Bundeskinderschutzgesetz, Kapitel 3 Rn. 76 spricht in diesem Zusammenhang von einer Informationsweitergabe „gegen den Willen, aber nicht ohne Wissen“.

Im Ausgangspunkt ist unstreitig,[483] dass eine Not (-stands) hilfe nicht geleistet werden darf, wenn der Betroffene nicht verteidigt werden will.[484] Auch der Bundesgerichtshof hat in der einschlägigen Grundsatzentscheidung zu § 32 StGB ausgeführt, dass, „wenn der Verletzte den Angriff nicht abwehren will, obwohl er einen solchen Entschluss fassen darf und kann, auch einem anderen nicht das Recht zusteht, seine Hilfe aufzudrängen und den Angegriffenen zu verteidigen. Der Nothelfer darf in solchen Fällen nicht mehr Rechte geltend machen, als der Angegriffene selbst ausüben will".[485] Wenn der minderjährige Patient daher mit der Weitergabe der ihn betreffenden Informationen nicht einverstanden ist, so hat dies der Arzt grundsätzlich zu respektieren.[486] Dies dürfte in der konkreten Fallgestaltung auch nicht ganz abwegig sein. Kinder und Jugendliche sind – auch wenn das familiäre Näheverhältnis durch Gewalt zerrüttet ist – stark emotional an ihre Eltern gebunden. Es wäre somit durchaus nachvollziehbar, wenn Kinder und Jugendliche zur Wahrung der (zerrütteten) Familienbande einen entgegenstehenden Willen äußern würden. Diese grundsätzliche Möglichkeit zur Äußerung eines Verteidigungsverzichts folgt schon aus dem grundgesetzlich gewährleisteten und aus dem allgemeinen Persönlichkeitsrecht (Art. 2 Abs. 1 GG i. V. m. Art. 1 Abs. 1 GG) abgeleiteten Autonomieprinzip des Patienten.[487] Es wäre mit dem Selbstbestimmungsrecht des Patienten nicht vereinbar, wenn man Patientengeheimnisse entgegen dessen Willen offenbaren würde, wenn auch hierdurch unter Umständen andere Rechtsgüter des Patienten geschützt würden. Es wird allerdings auch die Zwiespältigkeit dieses Ergebnisses deutlich: Entweder führt die unerbetene Not(-stands)hilfe zu einer Eskalation des Geschehens, indem etwa gerichtliche

---

483 Dies sieht *Schmidhäuser,* Strafrecht AT, 9/107 jedoch anders. Aus einer überindividualistischen Notwehrkonzeption ergebe sich, dass der entgegenstehende Wille unbeachtlich sei. Im Ergebnis so auch *Schroeder,* Notwehr als Indikator politischer Grundanschauung, in: *Schroeder/Zipf,* FS-Maurach, S. 127 (141).

484 *BayObLGSt* 1954, 111 (113); *Engländer,* Grund und Grenzen der Nothilfe, 99 ff.; *Hruschka,* Strafrecht, S. 168 f.; *Kindhäuser,* LPK, § 32 Rn. 6; *Kühl,* Strafrecht AT, § 7 Rn. 143, § 8 Rn. 35; Sch/Sch/*Perron,* § 32 Rn. 25 f.; LK/*Rönnau/Hohn,* § 32 Rn. 208; *Roxin,* AT I, § 15 Rn. 116; *Sternberg-Lieben/Sternberg-Lieben,* JuS 1999, 444 (445).

485 *BGHSt* 5, 245 (247 f.).

486 Vgl. hierzu auch Nr. 4 b.) der Leitlinien zur Einschaltung der Strafverfolgungsbehörden des Runden Tisches „Sexueller Kindesmissbrauch in Abhängigkeits- und Machtverhältnissen in privaten und öffentlichen Einrichtungen und im familiären Bereich", wonach der einer Strafverfolgung entgegenstehende Wille des Opfers beachtlich ist. Siehe auch *Kliemann/Fegert,* JAmt 2012, 127 (132 f.).

487 LK/*Rönnau/Hohn,* § 32 Rn. 208; *Sternberg-Lieben/Sternberg-Lieben,* JuS 1999, 444 (445).

Maßnahmen getroffen werden, oder aber die Ablehnung der Hilfe würde dazu führen, dass die Chance zur Wiederherstellung des Rechtsfriedens vertan worden wäre, so z. B., wenn der minderjährige Patient auch weiterhin misshandelt wird.[488] Eine weitgehende Limitierung des Notstandshilferechts ist in zweifacher Hinsicht problematisch. Zum einen entscheidet der Angegriffene mit seinem Veto zugleich über die Strafbarkeit des Nothelfers. Wenn nämlich keine wirksame Einwilligung des minderjährigen Patienten in die Offenbarung des Patientengeheimnisses vorliegt und dieser überdies auf eine Nothilfe wirksam verzichten könnte, so würde dies unter Umständen eine Strafbarkeit des offenbarenden Arztes nach § 203 Abs. 1 StGB bedeuten. In kriminalpolitischer Hinsicht ist zudem zu bedenken, dass dies zu einer Reduzierung der Hilfebereitschaft des Notstandhelfers führen kann.[489]

Ein Verteidigungsverzicht kann folglich nicht uneingeschränkt gelten. Nach der h. M. sind mehrere Fallgruppen anerkannt, in denen der Angegriffene nicht über das Verhalten des Not (stands-) helfers, hier des Arztes, verfügen kann. Das sei zum einen dann der Fall, wenn es um das Rechtsgut *Leben* des Angegriffenen gehe,[490] dieser mithin über das Rechtsgut nicht disponieren dürfe. Ferner, wenn er von dem Angriff nichts wisse (vorbehaltlich eines entgegenstehenden mutmaßlichen Willens)[491] oder ein sogenannter Missbrauchsfall[492] vorliege. Eine weitere Ausnahme soll dann bestehen, wenn er irrtumsbedingt seinen entgegenstehenden Willen geäußert habe oder er aber die Situation nicht richtig einschätzt oder einschätzen könne.[493] Mit der letzten Fallgruppe ist die Einsichtsfähigkeit des Rechtsgutsinhabers angesprochen, die dann zu bejahen ist, wenn er in der Lage ist, Art und Umfang des Verzichts zu ermessen[494].[495]

---

488 *Sternberg-Lieben/Sternberg-Lieben,* JuS 1999, 444 (445).

489 LK/*Rönnau/Hohn,* § 32 Rn. 208; *Seier,* NJW 1987, 2476 (2478).

490 *BGHSt* 5, 245 (247 f.); *Dölling/Duttge/Rössner,* § 34 Rn. 13; *Kühl,* Strafrecht AT, § 7 Rn. 143, § 8 Rn. 35; Sch/Sch/*Perron,* § 32 Rn. 25 f.

491 Sch/Sch/*Perron,* § 32 Rn. 25 f.

492 Vgl. hierzu *Kühl,* Strafrecht AT, § 7 Rn. 143; Sch/Sch/*Perron,* § 32 Rn. 25 f. Gemeint ist der Fall, dass es dem Angegriffenen nur darauf ankommt, den Angreifer härter zu treffen, als dies nötig wäre, weil er bei fremder Unterstützung ein milderes Mittel wählen müsste.

493 *Kühl,* Strafrecht AT, § 7 Rn. 143, § 8 Rn. 35; *Lackner/Kühl,* StGB, § 32 Rn. 12; Sch/Sch/*Perron,* § 32 Rn. 25 f.; LK/*Rönnau/Hohn,* § 32 Rn. 208. Vgl. auch *Seier,* NJW 1987, 2476 ff.

494 *Engländer,* Grund und Grenzen der Nothilfe, 116; LK/*Rönnau/Hohn,* § 32 Rn. 210.

495 Siehe zum parallel gelagerten Problem der Einwilligungsfähigkeit ausführlich S. 548 ff. Die Einwilligungsfähigkeit wird nach der h. M. bejaht, wenn der Einwilligende die ausreichende Urteilsfähigkeit über Wesen, Bedeutung und Tragweite der gegen ihn gerichteten Handlung besitzt.

Es wird geltend gemacht, dass ein entgegenstehender Wille des Einsichts*un*fähigen keine Beachtung finden dürfe, weil die Ablehnung als nicht mehr autonomer Freiheitsgebrauch verstanden werden könne.[496] Für den Falltypus der Kindesmisshandlung ist allerdings zu beachten, dass der Arzt durch die Offenbarung des Geheimnisses zugleich in Rechtsgüter des Gefährdeten eingreift. Eine vergleichbare Situation besteht beispielsweise für ärztliche Heileingriffe. Auch wenn der Eingriff in die körperliche Unversehrtheit des Patienten zur Rettung seines Lebens geeignet ist, ist allgemein anerkannt, dass dieser Eingriff nicht gegen den erklärten oder mutmaßlichen Willen des einsichtsfähigen Patienten vorgenommen werden darf und nicht subsidiär auf den rechtfertigenden Notstand gestützt werden darf.[497] Da § 4 Abs. 3 S. 1 KKG ein Spezialfall des rechtfertigenden Notstandes[498] ist, stellt sich die Frage, ob diese Grundsätze auch auf die aufgedrängte Informationsweitergabe übertragen werden können. Im Folgenden wird untersucht, wie sich der Verzicht des einsichtsfähigen Patienten und des einsichts*un*fähigen Patienten auf den Anwendungsbereich der mutmaßlichen Einwilligung und auf § 4 Abs. 3 S. 1 KKG auswirkt.

a) Verzicht des einsichtsfähigen Patienten

Das oben genannte Ergebnis stößt auf keine Bedenken, wenn ein einsichtsfähiger minderjähriger Patient die Informationsweitergabe nicht wünscht. Auch wenn das Veto des einsichtsfähigen minderjährigen Patienten aus der Sicht des Arztes unvernünftig erscheint, so besteht keine Offenbarungsbefugnis des Arztes nach § 4 Abs. 3 S. 1 KKG. Insofern stellt der „Protest" des Minderjährigen die Ausübung seines Selbstbestimmungsrechts dar, welches auch das Recht zu unvernünftigen Entscheidungen beinhaltet. Daraus folgt, dass dem Arzt in seiner Entscheidung über die Preisgabe des Patientengeheimnisses Grenzen gesetzt sind, wenn der Patient einsichtsfähig ist und einen entgegenstehenden Willen geäußert hat.[499]

---

496 *Engländer,* Grund und Grenzen der Nothilfe, 116.

497 MK/*Erb,* StGB, § 34 Rn. 35; *Frister/Lindemann/Peters,* Arztstrafrecht, Kap. 1 Rn. 70; *Frister,* Erlaubnistatbestandszweifel, in: *Rogall u.a.,* FS-Rudolphi, 45 (48); NK-StGB-*Neumann,* § 34 Rn. 16, 19; *Ulsenheimer,* Therapieverweigerung bei Kindern, in: *Dierks u.a.,* Therapieverweigerung, 65 (86).

498 S. 103 f.

499 Vgl. auch Nr. 4 b.) der Leitlinien zur Einschaltung der Strafverfolgungsbehörden des Runden Tisches „Sexueller Kindesmissbrauch in Abhängigkeits- und Machtverhältnissen in privaten und öffentlichen Einrichtungen und im familiären Bereich", wonach die eingeschränkte Entscheidungsfreiheit des Opfers dazu führen kann, dass der entgegenstehende Wille unbeachtlich ist. Siehe auch *Kliemann/Fegert,* JAmt 2012, 127 (132 f.).

b) Verzicht des einsichtsunfähigen Patienten

Weitaus problematischer ist jedoch die Frage zu beantworten, wie sich ein entgegenstehender Wille des einsichts*un*fähigen minderjährigen Patienten auswirkt. Grundsätzlich werden einwilligungs*un*fähige bzw. einsichts*un*fähige Minderjährige von ihren Eltern vertreten. Die Eltern werden allerdings mit der Informationsweitergabe nicht einverstanden sein, sofern sie die Misshandlung begangen haben. Das Veto der Eltern ist allerdings unbeachtlich, weil ihnen kein Recht zu unvernünftigen Entscheidungen zusteht. An dieser Stelle können die Wertungen des § 1627 S. 1 BGB herangezogen werden, wonach die Personensorge stets zum Wohle des Kindes ausgeübt werden muss. Es entspricht nicht dem Wohl des Kindes, wenn die Eltern eine in diesen Fällen entgegenstehende Ansicht äußern, um ihre begangenen Taten zu verdecken.[500]

Es kommen für die dargestellte Problematik somit zwei diametral zueinanderstehende Lösungswege in Betracht: Entweder wird man die Einsichts*un*fähigkeit als Grenze zum autonomen Handeln mit der Konsequenz heranziehen müssen, dass der Arzt sich über das Veto des einsichts*un*fähigen minderjährigen Patienten hinwegsetzen darf. Der Arzt dürfte also die Misshandlung offenbaren, wenn eine vernünftige Person in der konkreten Lage des Rechtsgutsinhabers mit der Weitergabe der Information einverstanden wäre.[501] Andererseits könnte der Wille des Minderjährigen unabhängig von seiner Einsichtsfähigkeit stets beachtlich sein mit der Folge, dass der Arzt die Misshandlung nicht offenbaren dürfte.

Es spricht einiges für eine Bevormundung und damit für die Irrelevanz des Vetos des Minderjährigen, soweit dieser die ausreichende Einsichtsfähigkeit nicht besitzt. Zum einen spricht für die Unbeachtlichkeit, dass der Anwendungsbereich des § 4 Abs. 3 S. 1 KKG eine enorme Limitierung erfahren würde, wenn jedes Veto des Minderjährigen zu einer Anwendungssperre der Befugnisnorm führen würde. Insbesondere entspricht dieses Ergebnis dem Willen des Gesetzgebers, der mit der Schaffung der Befugnisnorm in § 4 Abs. 3 S. 1 KKG Handlungssicherheit für Ärzte schaffen wollte.[502] Gegen diesen Lösungsweg könnte allerdings angeführt werden, dass auch im Rahmen der Feststellung des Kindeswohls i. S. v. § 1666 BGB die Rechtsprechung und die h. M. dem nicht manipulierten Kindeswillen ein besonderes Gewicht zuschreiben.[503] Dies würde allerdings dazu führen, dass die

---

500 *Laufs/Kern,* Handbuch Arztrecht, § 71 Rn. 65; *HK-AKM/Kiesecker,* 4740 Rn. 74.

501 *Engländer,* Grund und Grenzen der Nothilfe, 116.

502 *BT-Ds*. 17/6256, S. 20.

503 *BVerfGE* 55, 171 (182); *BVerfG* FamRZ 2001, 1057; 2008, 1737 (1738); *OLG Frankfurt* FamRZ 2009, 990; Johannsen/Henrich/*Büte,* Familienrecht, § 1666 BGB Rn. 22;

Unterscheidung von Einwilligungsfähigkeit und Einwilligungs*un*fähigkeit sowie Einsichtsfähigkeit und Einsichts*un*fähigkeit ihre Bedeutung verlieren würde und letztlich der einsichts*un*fähige bzw. einwilligungs*un*fähige Patient allein über die Zulässigkeit der Informationsweitergabe entscheiden würde.[504] Daher wird man diesem natürlichen Willen des einwilligungs*un*fähigen bzw. einsichts*un*fähigen Patienten nicht die gleiche Bedeutung zumessen können, die ihm in Sorgerechtsfragen zugestanden werden muss.[505]

c) Resümee zur aufgedrängten Informationsweitergabe

Es zusammenfassend festzuhalten, dass eine aufgedrängte Informationsweitergabe gegen den Willen des einsichtsfähigen Patienten unzulässig ist. Das Veto des einsichts*un*fähigen Minderjährigen und/oder der Eltern ist hingegen unbeachtlich und führt nicht zu einer Anwendungssperre des § 4 Abs. 3 S. 1 KKG.

4. Verhältnis des § 4 Abs. 3 S. 1 KKG zu den bestehenden Länderregelungen

a) Übersicht der landesrechtlichen Befugnisnormen

In den letzten Jahren ist der Kinderschutz, insbesondere durch medial aufbereitete Fälle von Kindesmisshandlungen, zu einem zentralen politischen Thema geworden.[506] Das führte dazu, dass alle Länder Kinderschutzgesetze erlassen haben, die zu einem „gesetzlichen Flickenteppich“[507] geführt haben. Die Bundesregierung hat sich in ihrer Begründung zum BKiSchG dergestalt geäußert, dass eine Gesetzesvielfalt auf Länderebene, wie sie zurzeit bestehe, nicht hinnehmbar sei.[508] Eine besondere Gefahr ergebe sich vor allem daraus, dass in Grenzregionen und insbesondere bei Stadtstaaten häufig Erkenntnisse über eine Kindeswohlgefährdung bei Personen und Einrichtungen vorlägen, die sich nicht am Wohnort der Eltern

---

Staudinger/*Coester*, § 1666 Rn. 74 ff.; MK/*Olzen*, BGB, § 1666 Rn. 45; BeckOK/*Veit*, BGB, § 1666 Rn. 6.

504 *Knauf*, Mutmaßliche Einwilligung, 110.

505 *Coester*, Das Kindeswohl als Rechtsbegriff, 255 ff., insbesondere 260 f.; *Knauf*, Mutmaßliche Einwilligung, 110.

506 Vgl. hierzu ausführlich *Fegert/Kölch/Ziegenhain/Fangerau*, Problematische Kinderschutzverläufe, passim.

507 *Kliemann/Fegert*, ZRP 2011, 110.

508 *BT-Ds.* 17/6256, S. 16.

befinden, sondern in dem benachbarten Land.[509] Unterschiedliche Vorschriften dürfen nicht zu einer Schwächung des Schutzes von Kindern führen, weshalb die Schaffung einer bundeseinheitlichen Befugnisnorm auch zwingend notwendig geworden sei.[510]

Der Begründung der Bundesregierung ist zuzustimmen. Obwohl alle Länder Kinderschutzgesetze[511] erlassen haben, haben nicht alle Länder zugleich Befugnisnormen zur Informationsweitergabe für Berufsgeheimnisträger geschaffen.[512] Zudem unterscheiden sich die landesrechtlichen Regelungen im Hinblick auf den Adressatenkreis, die darin beschriebenen Anlässe sowie die Verpflichtungsgrade und Schwellen für eine Übermittlung erheblich.[513] Die Länder Baden-Württemberg,[514] Bayern,[515] Berlin,[516] Brandenburg,[517] Hessen,[518] Mecklenburg-Vorpommern,[519]

---

509 *BT-Ds.* 17/6256, S. 16.

510 *BT-Ds.* 17/6256, S. 16, 20.

511 Eine Übersicht der Landeskinderschutzgesetze findet sich unter: http://www.dijuf.de/laendergesetze-kinderschutz.html (zuletzt abgerufen am 19.11.2013).

512 So in Bremen, Hamburg, Niedersachsen, NRW und Saarland.

513 *Meysen/Eschelbach,* Bundeskinderschutzgesetz, Kapitel 3 Rn. 56.

514 Vgl. § 1 Abs. 5 KiSchG; Gesetz zum präventiven Schutz der Gesundheit von Kindern und Jugendlichen in Baden-Württemberg (Kinderschutzgesetz Baden-Württemberg) vom 03.03.2009 (GBl. 2009, S. 82).

515 Vgl. Art. 14 Abs. 6 GDVG; Gesetz über den öffentlichen Gesundheits- und Veterinärdienst, die Ernährung und den Verbraucherschutz sowie die Lebensmittelüberwachung (Gesundheitsdienst- und Verbraucherschutzgesetz – GDVG) vom 24.07.2003 (GVBl. BAY 2003, S. 452), zuletzt geändert durch Gesetz zur Änderung Gesundheitsdienst- und Verbraucherschutzgesetz vom 25.05.2011 (GVBl. BAY 2011, S. 234).

516 Vgl. § 11 KiSchuG; Gesetz zur Förderung der Gesundheit von Kindern und des Kinderschutzes (Berliner Kinderschutzgesetz – KiSchuG) 17.12.2009 (GVBl. 2009, S. 875).

517 Vgl. § 34 BbgKHEG; Gesetz zur Entwicklung der Krankenhäuser im Land Brandenburg (Brandenburgisches Krankenhausentwicklungsgesetz – BbgKHEG) vom 08.07.2009 (GVBl. I 2009, S. 310).

518 Vgl. § 4 Abs. 3 KindGesSchG HE, Kindergesundheitsschutz-Gesetz vom 14.12.2007 (GVBl. HE 2007, S. 856).

519 Vgl. § 15b Abs. 7 ÖGDG; Gesetz über den öffentlichen Gesundheitsdienst im Land Mecklenburg-Vorpommern (Gesetz über den öffentlichen Gesundheitsdienst – ÖGDV M–V) vom 19.07.1994 (GVOBl. M–V 1994, S. 747), zuletzt geändert durch Gesetz zur Änderung von Gesundheitsrecht und zur Änderung des Aufgabenzuordnungsgesetzes vom 06.07.2011 (GVOBl. M–V 2011, S. 405).

Rheinland-Pfalz,[520] Sachsen,[521] Sachsen-Anhalt,[522] Schleswig-Holstein[523] und Thüringen[524] haben Regelungen getroffen, die es bestimmten Berufsgruppen ermöglichen, ihre Schweigepflicht zugunsten des Kinderschutzes zu brechen. Zu diesen Berufsgruppen zählen mit Ausnahme der Regelung in Schleswig-Holstein[525] stets auch Ärzte.[526] In Bayern, Mecklenburg-Vorpommern und in Brandenburg besteht eine *unverzügliche Meldepflicht* bei Vorliegen von Anhaltspunkten für eine Kindesmisshandlung. In den übrigen Ländern sind die Berufsgeheimnisträger hingegen *befugt,* ihre Schweigepflicht zu brechen; sie *dürfen* ihre Schweigepflicht somit brechen, *müssen* dies aber nicht tun. Die unterschiedliche Ausgestaltung der Offenbarungsbefugnisse und -pflichten wird zusätzlich dadurch verkompliziert, dass diese in einigen Ländern „nur" im Rahmen von verbindlichen Früherkennungsuntersuchungen bestehen (so in Mecklenburg-Vorpommern oder in Hessen). Aber auch inhaltlich weichen die Befugnisnormen voneinander ab. Während der Arzt in Hessen bei Vorliegen *tatsächlicher Anhaltspunkte* für eine Gefährdung des Wohls des Kindes seine Schweigepflicht brechen darf (vgl. § 4 Abs. 3 HessKiSchG), darf beispielsweise der Arzt in Baden-Württemberg erst bei Vorliegen *gewichtiger Anhaltspunkte* für eine Gefährdung des Wohls eines Kindes oder Jugendlichen seine Schweigepflicht brechen.

520 Vgl. § 12 LKindSchuG; Landesgesetz zum Schutz von Kindeswohl und Kindergesundheit (LKindSchuG) vom 07.03.2008 (GVBl. RPF 2008, S. 52), zuletzt geändert durch Artikel 13 des Gesetzes vom 20.12.2011 (GVBl. RPF 2011, S. 427 f.).

521 Vgl. § 5 SächsKiSchG; Sächsisches Kindergesundheits- und Kinderschutzgesetz vom 11.06.2010 (SächsGVBl. 2010, S. 182).

522 Vgl. § 6 KiSchG; Gesetz zur Verbesserung des Schutzes von Kindern (KiSchVerbG - Kinderschutzverbesserungs-Gesetz) vom 09.12.2009 (GVBl. LSA 2009, S. 644).

523 Vgl. § 13 KindSchG; Gesetz zur Weiterentwicklung und Verbesserung des Schutzes von Kindern in Schleswig-Holstein (Kinderschutzgesetz) vom 29.05.2008 (GVOBl. Schl.-H. 2008, S. 270), zuletzt geändert durch Artikel 20 Haushaltsbegleitgesetz vom 17.12.2010 (GVOBl. Schl.-H. 2010, S. 789).

524 Vgl. § 10 Abs. 2 ThürFKG; Thüringer Gesetz zur Förderung der Teilnahme an Früherkennungsuntersuchungen für Kinder (ThürFKG) vom 16.12.2008 (GVOBl. 2008, S. 553).

525 In Schleswig-Holstein ist die *Schule* gemäß § 13 Abs. 1 KindSchG im Falle einer Kindeswohlgefährdung befugt, das Jugendamt zu informieren. Ärzte sind von der Regelung nicht erfasst.

526 In Baden-Württemberg, Berlin, Rheinland-Pfalz und Sachsen-Anhalt sind alle Berufsgeheimnisträger i. S. v. § 203 StGB zur Durchbrechung der Schweigepflicht befugt, wenn eine Kindeswohlgefährdung vorliegt.

b) Anwendungsvorrang zugunsten § 4 Abs. 3 S. 1 KKG

Fraglich ist, ob die Landeskinderschutzgesetze im Hinblick auf die Informationsweitergabe bei einer Kindeswohlgefährdung noch neben § 4 Abs. 3 S. 1 KKG anwendbar sind. Im Rahmen des Gesetzgebungsverfahrens zum BKiSchG schlug der Bundesrat der Bundesregierung vor, einen Absatz 4 in § 4 KKG dergestalt aufzunehmen, dass weitergehendes Landesrecht unberührt bleibe.[527] Der Bundesrat führte in seiner Stellungnahme zur Begründung aus, dass in mehreren Ländern bereits Befugnisnormen zur Informationsweitergabe zugunsten von Berufsgeheimnisträgern bestünden. Da darüber hinaus auch Normen existierten, die den Berufsgeheimnisträgern eine Pflicht zur Informationsweitergabe auferlegen, sei eine Klarstellung i. S. v. § 4 Abs. 4 KKG zwingend notwendig, um Rechtssicherheit auf dem Gebiet des Kinderschutzes zu schaffen.[528] In ihrer Gegenäußerung hat die Bundesregierung diesem Vorschlag jedoch nicht zugestimmt. Die gegenwärtige Rechtslage in den Bundesländern führe zu Unsicherheiten, insbesondere bei der Ärzteschaft.[529] Besonders problematisch sei zudem, dass viele Kinderschutzfälle länderübergreifende Auswirkungen hätten.[530] Deshalb würde eine Öffnungsklausel zugunsten weitergehenden Länderrechts den Kinderschutz nicht verbessern, sondern in sein Gegenteil verkehren.[531]

Schon vor Inkrafttreten des KKG hat sich auch das Schrifttum skeptisch im Hinblick auf die fehlende Klarstellung gezeigt. Eine Klarstellung im § 4 KKG, inwieweit landesrechtliche Befugnisnormen ihre Gültigkeit behalten oder verlieren, sei zwingend notwendig.[532] Zwar ergebe sich aus Art. 31 GG, dass das neue KKG entsprechendes Landesrecht verdrängen würde. Insbesondere die nicht juristisch ausgebildeten Berufsgeheimnisträger würden jedoch kaum nachvollziehen können, welches Recht anwendbar sei.[533] Dies könne dazu führen, dass die Rechts- und Handlungsunsicherheit weiterhin bestehen bleiben könnte.[534]

Aus Art. 31 GG folgt, dass all diejenigen landesrechtlichen Befugnisnormen neben § 4 Abs. 3 S. 1 KKG nicht anwendbar sind, die den Berufsgruppen i. S. v.

---

527 *BT-Ds.* 17/6256, S. 38.
528 *BT-Ds.* 17/6256, S. 38.
529 *BT-Ds.* 17/6256, S. 48.
530 *BT-Ds.* 17/6256, S. 48.
531 *BT-Ds.* 17/6256, S. 48.
532 *Kliemann/Fegert,* ZRP 2011, 110 (112).
533 *Kliemann/Fegert,* ZRP 2011, 110 (112); *Wabnitz,* FÜR 2011, 192 (193).
534 *Kliemann/Fegert,* ZRP 2011, 110 (112). Siehe auch die gemeinsame Stellungnahme der Bundesärztekammer und der Kassenärztlichen Bundesvereinigung zum Entwurf der Bundesregierung für ein „Gesetz zur Stärkung eines aktiven Schutzes von Kindern und Jugendlichen", S. 3 ff.

§ 4 Abs. 1 Nr. 1–7 KKG eine Befugnis zur Informationsweitergabe einräumen. Soweit jedoch landesrechtliche Normen sonstigen Berufsgruppen eine Befugnis zur Informationsweitergabe einräumen, die nicht in § 4 Abs. 1 Nr. 1–7 KKG genannt sind, sind diese landesrechtlichen Normen auch weiterhin für diese Berufsgruppen anzuwenden.[535]

5. Befugnis statt Pflicht

Der Gesetzgeber hat § 4 Abs. 3 S. 1 KKG als Befugnisnorm ausgestaltet und sich damit gegen eine Pflicht zur Informationsweitergabe entschieden. Der Arzt *darf* somit die Kindeswohlgefährdung dem Jugendamt melden; er *muss* sie aber nicht melden. Damit wird zugleich die hohe Wertschätzung, die im deutschen Gesundheits- und Sozialleistungssystem den Hilfebeziehungen entgegengebracht wird, hervorgehoben.[536] Sofern ein wissenschaftlicher Erfahrungssatz dergestalt existierte, dass jedes behördliche Einschreiten dem Wohl des Kindes am meisten dienen würde, könnte die gesetzliche Verankerung einer Anzeigepflicht richtig oder sogar geboten sein.[537] Forschungen und Erkenntnisse aus ausländischen Rechtsordnungen[538] haben jedoch ergeben, dass die Einführungen einer Offenbarungspflicht nicht sinnvoll sind. Diese ergeben regelmäßig, dass die Häufigkeit, mit der die zuständigen Stellen Hinweise auf eine mögliche Kindeswohlgefährdung

535 In Berlin dürfen beispielsweise auch Kindertagespflegepersonen eine Kindeswohlgefährdung dem Jugendamt melden, vgl. § 11 Abs. 2, 4 KiSchuG. Siehe hierzu *DIJuF*, JAmt 2012, 28 (29 ff.); *Meysen/Eschelbach*, Bundeskinderschutzgesetz, Kapitel 3 Rn. 64 ff.

536 *Meysen/Eschelbach*, Bundeskinderschutzgesetz, Kapitel 3 Rn. 92; *Meysen*, FamRZ 2012, 405 (409).

537 *Prasser*, ZRP 2003, 220; *Schimke*, JAmt 2011, 621 (626).

538 Eine Offenbarungspflicht besteht z. B. in Österreich. Gemäß § 54 Abs. 5 S. 1 österreichisches ÄrzteG hat der Arzt Anzeige an die Sicherheitsbehörden zu erstatten, wenn sich für den Arzt in Ausübung seines Berufes der Verdacht ergibt, dass ein Minderjähriger misshandelt, gequält, vernachlässigt oder sexuell missbraucht worden ist. Allerdings hat der österreichische Gesetzgeber in § 54 Abs. 5 S. 2 ÄrzteG eine Ausnahme von der Anzeigepflicht verankert für Fälle, in denen sich der Verdacht gegen einen nahen Angehörigen richtet (§ 166 ÖStGB). Insofern kann die Anzeige an die Sicherheitsbehörden unterbleiben, wenn dies das Wohl des Minderjährigen erfordert und eine Zusammenarbeit mit dem Jugendwohlfahrtsträger und gegebenenfalls eine Einbeziehung einer Kinderschutzeinrichtung an einer Krankenanstalt erfolgt. Vgl. auch *Emberger/Wallner*, Ärztegesetz, § 54 Rn. 19 ff.

erhalten, kaum oder nicht von dem Bestehen einer Meldepflicht abhängen.[539] Darüber hinaus könnte die Einführung einer Offenbarungspflicht fatale Folgen für den Gesundheitsschutz aller Kinder herbeiführen. Denn die betroffenen Eltern würden den Gang zum Arzt meiden, wenn sie wüssten, dass der Arzt die Kindeswohlgefährdung dem Jugendamt melden müsste und sie sich daher zumindest mittelbar an der eigenen Strafverfolgung beteiligen würden.[540]

IV. Der rechtfertigende Notstand

Als Rechtfertigungsgrund wurde bisher diskutiert, ob der Arzt gemäß § 34 StGB gerechtfertigt ist, wenn er eine (vermutete) Kindesmisshandlung offenbart.[541] Soweit jedoch die Offenbarung der Misshandlung an das Jugendamt in Rede steht, wird man durch die Einführung des § 4 Abs. 3 S. 1 KKG eine absolute Rückgriffsperre für § 34 StGB annehmen müssen. In der Begründung der Bundesregierung zu § 4 Abs. 3 S. 1 KKG heißt es, dass die Weitergabe auf Grundlage von § 34 StGB nicht rechtswidrig sei, wenn bei einer nicht anders abwendbaren Gefahr für Leib oder Leben der Schutz des Kindes das Interesse an Geheimhaltung der Information wesentlich überwiege. So handle der Arzt nicht rechtswidrig, wenn er in einer akuten Gefährdungssituation das Jugendamt informiere.[542] Durch die Einführung der Befugnisnorm sollte für die Berufsgeheimnisträger Handlungssicherheit geschaffen werden, sodass ein Rückgriff auf die allgemeinen strafrechtlichen Rechtfertigungsgründe entbehrlich werde.[543] Dieser Begründung kann insofern zugestimmt werden, als durch § 4 Abs. 3 S. 1 KKG eine Sperrwirkung gegenüber § 34 StGB gesehen wird. § 4 Abs. 3 S. 1 KKG ist – zumindest bezüglich des Jugendamtes als Adressaten – als lex specialis gegenüber § 34 StGB einzuordnen.[544]

---

539 *Meysen/Eschelbach,* Bundeskinderschutzgesetz, Kapitel 3 Rn. 92; *Meysen,* FamRZ 2012, 405 (409); *Schultz,* Der Arzt als Büttel der Polizei, in: *Arthur Kaufmann u.a.,* FS-Bockelmann, 603 (610 f.)

540 *Duttge,* ZRP 2009, 159; *Kliemann/Fegert,* ZRP 2011, 110 (112). Zu Gunsten einer Offenbarungspflicht z. B. *Harderthauer,* ZRP 2009, 159; *Paulus,* Die Kriminalpolizei 2012, 4 (6). Vgl. auch *BT-Ds* 17/6256, S.48.

541 Vgl. MK/*Cierniak/Pohlit,* StGB, § 203 Rn. 88; *Fischer,* § 203 Rn. 47; *Kliemann/Fegert,* ZRP 2011, 110; LK/*Schünemann,* § 203 Rn. 138.

542 *BT-Ds.* 17/6256, S. 20.

543 *BT-Ds.* 17/6256, S. 20.

544 Vgl. ausführlich zum Verhältnis von § 34 StGB zu anderen Rechtfertigungsgründen, *Seelmann,* Rechtfertigungsgründe, passim.

§ 4 Abs. 3 S. 1 KKG stellt eine Sondernorm für die typisierte Notstandssituation der Kindesmisshandlung dar, die die Voraussetzungen der Informationsweitergabe regelt. Insbesondere das in § 4 Abs. 3 S. 1 KKG vorgesehene „2-Stufen-Verfahren“ zur Informationsweitergabe könnte durch den Rückgriff auf § 34 StGB unterlaufen werden. Selbst wenn die Voraussetzungen von § 34 StGB erfüllt sind, die des § 4 Abs. 3 S. 1 KKG jedoch nicht, wird man eine Sperrwirkung annehmen müssen. Wenn z. B. der Arzt dem Jugendamt die Kindesmisshandlung meldet, obwohl er das nach § 4 Abs. 3 S. 1 i. V. m. Abs. 1 KKG erforderliche Erörterungsgespräch[545] nicht geführt hat, wird man eine Rechtfertigungsmöglichkeit nach § 34 StGB verneinen müssen, um den Anwendungsbereich des § 4 Abs. 3 S. 1 KKG nicht zu limitieren.[546] Somit bleibt festzuhalten, dass der rechtfertigende Notstand gemäß § 34 StGB hinter dem spezielleren Rechtfertigungsgrund gemäß § 4 Abs. 3 S. 1 KKG zurücktritt.

V. Berufsrechtliche Offenbarungsbefugnisse

Aus den Berufsordnungen der Ärztekammern folgt keine Befugnis des Arztes, seine Schweigepflicht zugunsten des Kinderschutzes zu brechen.[547] Obwohl alle von den Ärztekammern erlassenen Berufsordnungen [548] eine Offenbarungsbefugnis für Ärztinnen und Ärzte vorsehen, soweit sie von der Schweigepflicht entbunden worden sind oder soweit die Offenbarung zum Schutze eines höherwertigen Rechtsgutes erforderlich ist, begründen diese mangels Gesetzesqualität keine Offenbarungsrechte i. S. v. § 203 Abs. 1 StGB.[549]

---

545 Siehe S. 86 f.

546 Allerdings schließt diese Spezialität nicht zugleich aus, dass die in § 34 StGB zum Ausdruck gebrachten Grunderfordernisse bei der Auslegung des § 4 Abs. 3 S. 1 KKG zu beachten sind, vgl. LK/*Zieschang,* § 34 Rn. 82.

547 Aus § 9 Abs. 2 S. 1 MBOÄ folgt keine Befugnis des Arztes seine Schweigepflicht zugunsten des Kinderschutzes zu brechen, weil die MBOÄ keinen Rechtsnormcharakter hat.

548 Vgl. exemplarisch § 9 Abs. 2 S. 1 BO für die nordrheinischen Ärztinnen und Ärzte und die Übersicht bei *Ratzel/Lippert,* MBOÄ, § 9.

549 MK/*Cierniak/Pohlit,* StGB, § 203 Rn. 83; *Lackner/Kühl,* StGB, § 203 Rn. 20; LK/*Schünemann,* § 203 Rn. 119.

VI. Wahrnehmung berechtigter Interessen analog § 193 StGB

Die Frage, ob ein Rechtfertigungsgrund in direkter oder analoger Anwendung des § 193 StGB im Rahmen des § 203 StGB in Betracht kommt, ist umstritten, im Ergebnis jedoch abzulehnen.[550] Anders als bei § 4 Abs. 3 S. 1 KKG würde es auf eine *Kindeswohlgefährdung* nicht ankommen, sodass auch die Anzeige einer vergangenen Misshandlung ein berechtigtes Interesse darstellen könnte.[551] Gegen die Anerkennung dieses Rechtfertigungsgrundes (analog) § 193 StGB außerhalb der Beleidigungsdelikte spricht vor allem, dass befriedigende Ergebnisse aus speziellen Rechtsvorschriften oder Grundsätzen erzielt werden können, z. B. über die Einwilligung oder die Befugnisnorm nach § 4 Abs. 3 S. 1 KKG.[552]

VII. Fazit zu den einzelnen Mitteilungsmöglichkeiten des Arztes gegenüber dem Jugendamt

Die Mitteilungsmöglichkeiten des Arztes gegenüber dem Jugendamt erschöpfen sich einzig in dem Rechtfertigungsgrund der Einwilligung sowie der Befugnisnorm gemäß § 4 Abs. 3 S. 1 KKG. Andere denkbare Rechtfertigungsgründe treten aus Gründen der Subsidiarität hinter § 4 Abs. 3 S. 1 KKG zurück oder sind für den Bereich der Kindesmisshandlung nicht anzuerkennen.

---

550 Dafür *Bockelmann,* Das Strafrecht des Arztes, in: *Ponsold,* Lehrbuch der gerichtlichen Medizin, 1 (17); *Eser,* Wahrnehmung berechtigter Interessen, 15, 40; *Geppert,* Strafvollzug, 24, 27, 31; *Rogall,* NStZ 1983, 1 (6); *Knauer,* Der Arzt, die Kommunikation und das Strafrecht, in: *Dölling u.a.,* FS-Schöch, 439 (446); *Laufs/Kern,* Handbuch Arztrecht, § 67 Rn. 18 f. Gegen eine Anerkennung eines Rechtfertigungsrundes der Wahrnehmung berechtigter Interessen in diesem Bereich *RGSt* 50, 55 (56); 74, 257; *Bender,* MedR 2002, 626 (629); *Bohnert,* NStZ 2004, 301 (305); *Fischer,* § 193 Rn. 4; *Müller-Dietz,* Schweigepflicht des Arztes, in: *Jung u.a.,* Aktuelle Probleme und Perspektiven des Arztrechts, 39 (49 f.); Sch/Sch/*Lenckner/Eisele,* § 193 Rn. 3; LK/*Schünemann,* § 203 Rn. 131; *Schünemann,* ZStW 90 (1978), 11 (61); NK-StGB-*Zazcyk,* § 193 Rn. 12.

551 *Bender,* MedR 2002, 626 (629).

552 LK/*Schünemann,* § 203 Rn. 131.

B. Die einzelnen Mitteilungsmöglichkeiten des Arztes gegenüber anderen Stellen

Ferner stellt sich die Frage, ob der Arzt auch andere Stellen informieren darf, wenn er eine Kindesmisshandlung diagnostiziert.[553] Als mögliche Adressaten kommen zum einen das Familiengericht und zum anderen die Polizeibehörden, die Strafverfolgungsbehörden[554] sowie die Krankenkassen in Betracht. Die Beantwortung der Frage, ob der Arzt auch anderen Stellen die Kindesmisshandlung offenbaren darf, ist von erheblicher praktischer Relevanz und wirkt sich auch auf die Frage aus, ob das Jugendamt zur Weitergabe an Dritte befugt ist.[555]

I. Einwilligung

Als Rechtfertigungsgrund kommt zunächst die Einwilligung in Betracht. Sofern der minderjährige Patient der Informationsweitergabe an das Familiengericht, den Polizeibehörden oder den Strafverfolgungsbehörden zustimmt, bestehen keine rechtlichen Bedenken bezüglich des oben genannten Adressatenkreises. Der Wille des einwilligungsfähigen Minderjährigen ist insoweit maßgeblich.[556]

II. Mutmaßliche Einwilligung

Die mutmaßliche Einwilligung kommt als Rechtfertigungsgrund im Ausnahmefall ebenfalls in Betracht. Insoweit wird auf die Ausführungen auf S. 72 ff. verwiesen.

553 Die Diagnose *Kindesmisshandlung* ist eigentlich ungenau, weil es nicht das Krankheitsbild „Kindesmisshandlung" gibt, sondern vielmehr Befunde, die auf eine Kindesmisshandlung schließen lassen, wie z. B. Hämatome im Gesicht oder Brandverletzungen auf dem Handrücken. Vgl. hierzu ausführlich S. 5 ff.

554 Als Strafverfolgungsbehörden kommen insbesondere die Staatsanwaltschaften und die Polizei (§§ 158, 163 StPO, § 152 GVG) in Betracht.

555 § 76 SGB X bestimmt, dass die Übermittlung von Sozialdaten, die einer in § 35 SGB I genannten Stelle von einem Arzt […] zugänglich gemacht worden sind, nur unter den Voraussetzungen zulässig ist, unter denen diese Person selbst übermittlungsbefugt wäre. Siehe hierzu S. 140 ff.

556 Siehe zu den Voraussetzungen der Einwilligung im Einzelnen S. 47 ff.

III. § 4 Abs. 3 S. 1 KKG als Befugnisnorm

Die Befugnis des Arztes, anderen Stellen die Kindesmisshandlung zu offenbaren, könnte sich auch aus § 4 Abs. 3 S. 1 KKG ergeben.

1. Die Polizeibehörden als Adressaten der Informationen

Zunächst ist die Frage zu beantworten, ob der Arzt auf Grundlage von § 4 Abs. 3 S. 1 KKG die Polizeibehörden informieren darf, wenn gewichtige Anhaltspunkte für Kindesmisshandlung vorliegen. § 4 Abs. 3 S. 1 KKG nennt als Adressaten der Offenbarung jedoch ausdrücklich und ausschließlich das Jugendamt, sodass eine direkte Anwendung des § 4 Abs. 3 S. 1 KKG von vornhinein ausscheidet. Fraglich ist allerdings, ob § 4 Abs. 3 S. 1 KKG für bestimmte Fallkonstellationen zumindest analog anwendbar sein kann.[557] Zu denken wäre an Situationen, in denen die besondere Dringlichkeit ein unverzügliches Einschreiten der Polizeibehörden notwendig macht; so z. B., wenn das Jugendamt ausnahmsweise nicht erreichbar sein sollte. Neben einer analogen Anwendung des § 4 Abs. 3 S. 1 KKG könnte sich eine Befugnis aus § 34 StGB oder aufgrund einer mutmaßlichen Einwilligung ergeben. Unabhängig von der Beantwortung der umstrittenen Frage, ob im Falle einer internen Güterkollision § 34 StGB oder die mutmaßliche Einwilligung anwendbar ist,[558] ist die analoge Anwendung des § 4 Abs. 3 S. 1 KKG für die oben beschriebene Notsituation zweckmäßiger. Durch eine analoge Anwendung des § 4 Abs. 3 S. 1 KKG wird gewährleistet, dass die übrigen Voraussetzungen der Befugnisnorm eingehalten werden müssen, wie z. B. das Erörterungsgespräch

---

557 Vgl. zur Analogie allgemein *Larenz/Canaris,* Methodenlehre, 191 ff.; Staudinger/*Coing/Honsell,* Eckpfeiler, Kap. B. Rn. 61.

558 Ob der rechtfertigende Notstand gemäß § 34 StGB im Falle einer internen Güterkollision ist, ist umstritten. Die widerstreitenden Interessen sind nämlich in der Person des Minderjährigen vereint. Auf der einen Seite stehen die Rechtsgüter Leben, Leib und Gesundheit und auf der anderen Seite das Recht desselben auf Vertrauensschutz. Für eine Anwendbarkeit des § 34 StGB bei einer internen Güterkollision votieren *Bottke,* Suizid und Strafrecht, 88 ff.; *Haft,* AT, 99; *Lackner/Kühl,* StGB, § 34 Rn. 4; *Kühl,* Strafrecht AT, § 8 Rn. 34; *Merkel,* Früheuthanasie, 528 f.; *Rengier,* AT, § 19 Rn. 44; *Wessels/Beulke,* AT, Rn. 322. Dagegen *Baumann/Weber/Mitsch,* AT, § 17 Rn. 54; MK/*Erb,* StGB, § 34 Rn. 30; *Frister,* AT, Kap. 17 Rn. 9 Fn. 11; SK-StGB/*Günther,* § 34 Rn. 60 f.; *Kindhäuser,* LPK, § 34 Rn. 39; *Mitsch,* Rechtfertigung, 413 ff., 419 f.; NK-StGB-*Neumann,* § 34 Rn. 15, 32; *Pawlik,* Notstand, 103 Fn. 140; Sch/Sch/*Perron,* § 34 Rn. 8a; *Renzikowski,* Notstand und Notwehr, 64 f; *Roxin/Schroth,* Medizinstrafrecht, 39 Fn. 66.

zwischen den betroffenen Personen. Eine Anwendung des rechtfertigenden Notstandes respektive der mutmaßlichen Einwilligung würde dem Willen des Gesetzgebers widersprechen, der mit der Einführung des § 4 Abs. 3 S. 1 KKG die in der Praxis bestehenden Anwendungsschwierigkeiten und Unsicherheiten beseitigen wollte, die mit § 34 StGB verbunden sind.[559] Daher kann der Arzt in besonders dringlichen Fällen auch die Polizeibehörden informieren. Es ist jedoch klarzustellen, dass die Informationsweitergabe der Abwendung der *Kindeswohlgefährdung* dient und somit präventiven Charakter hat.

Problematisch ist jedoch, dass die Polizei nicht nur für die Gefahrenabwehr zuständig ist, sondern auch aufgrund des Legalitätsprinzips die Pflicht hat, tatsächlichen Anhaltspunkten für eine Straftat nachzugehen. Es besteht folglich ein Spannungsverhältnis zwischen (präventivem) Gefahrenabwehrauftrag und (repressivem) Strafverfolgungsauftrag der Polizei.[560] Die strafrechtliche Verfolgung des Täters ist allerdings nicht stets dem Kinderschutz dienlich, weil durch das Strafverfahren eine irreparable Zerstörung der Familienbeziehungen eintreten könnte oder sogar wegen der Unausweichlichkeit der Strafverfolgung die Gefahr bestünde, dass weitere Misshandlungen nicht mehr mitgeteilt werden und damit auch unentdeckt bleiben.[561] Der Konflikt zwischen diesen Aufgabenbereichen ist jedoch grundsätzlich schon von Gesetzes wegen hinzunehmen,[562] woraus auch folgt, dass die Informationsweitergabe an die Polizei auf Ausnahmefälle beschränkt sein muss.

---

559 *BT-Ds.* 17/6256, S. 20.

560 *Meysen/Eschelbach,* Bundeskinderschutzgesetz, Kapitel 3 Rn. 26. Aus diesem doppelten gesetzlichen Auftrag der Polizei entstehen in der Praxis eine Vielzahl von Folgeunterscheidungen, die nicht ohne Einbuße an grundlegender rechtsstaatlicher Schutzgewährleistung hin oder her manipuliert werden können, vgl. *Gusy,* Polizeirecht, Rn. 154 f.; *Lisken/Denninger,* Handbuch des Polizeirechts, Kap. D Rn. 169; 192 ff.

561 *Proksch,* Sozialdatenschutz, 98; *Rauschert,* ZfJ 1989, 477 (480).

562 Vgl. auch die gemeinsamen Richtlinien der Justizminister/- senatoren und der Innenminister/- senatoren des Bundes und der Länder über die Anwendung unmittelbaren Zwanges durch die Polizeibeamte auf Anordnung des Staatsanwalts; in NRW beispielsweise in Kraft gesetzt durch RdErl. V. 15.12.1973 (JMBl. 1974 S. 25), abrufbar unter: http://www.datenbanken.justiz.nrw.de/pls/jmi/jvv_proc_bestand?v_bes_id=988 (zuletzt abgerufen am 19.11.2013). Nach B. III. der Richtlinien ist im Falle der Überschneidung von Strafverfolgung und Gefahrenabwehr eine enge und vertrauensvolle Zusammenarbeit zwischen Staatsanwaltschaft und Polizei in ganz besonderem Maße erforderlich. Sofern die Situation die gleichzeitige angemessene Wahrnehmung beider Aufgaben nicht zulässt, ist nach dem Grundsatz der Güter- und Pflichtenabwägung jeweils für die konkrete Lage zu entscheiden, ob die Strafverfolgung oder die Gefahrenabwehr das höherwertige Rechtsgut ist.

2. Das Familiengericht als Adressat der Informationen

Ob darüber hinaus auch das Familiengericht als Adressat der Gefährdungsmitteilung in Betracht kommen kann, ist seit der Einführung des § 4 Abs. 3 S. 1 KKG zweifelhaft. Aus § 4 Abs. 3 S. 1 KKG ergibt sich, dass primär das Jugendamt mit Fällen von Kindesmisshandlungen konfrontiert werden soll. Lediglich in Dringlichkeitsfällen wäre daher noch denkbar, dass das Familiengericht informiert werden darf. Als Rechtfertigungsgrund kommt daher wiederum § 4 Abs. 3 S. 1 KKG analog in Betracht. Die §§ 24, 151 FamFG enthalten hingegen keine Befugnis zur Durchbrechung der ärztlichen Schweigepflicht.[563]

3. Die Strafverfolgungsbehörden als Adressaten der Informationen

Die Strafverfolgungsbehörden kommen hingegen als Adressaten der Gefährdungsmitteilung analog § 4 Abs. 3 S. 1 KKG nicht in Betracht. Eine Rechtfertigungsmöglichkeit des Arztes nach § 4 Abs. 3 S. 1 KKG analog besteht schon deshalb nicht, weil § 4 Abs. 3 S. 1 KKG der Gefahrenabwehr und nicht der Strafverfolgung dient, was sich aus der Anknüpfung dieser Befugnisnorm an den Begriff *Kindeswohlgefährdung* ergibt.[564] Die eigentliche *Schädigung* des Kindeswohls muss nämlich *künftig* drohen, bereits eingetretene Schäden sind weder erforderlich noch ausreichend, wenngleich sie eine indizielle Wirkung für künftige Schädigungen des Kindes haben.[565] Dieses Ergebnis lässt sich zudem mit einem Verweis auf § 3 Abs. 2 KKG unterstreichen. § 3 KKG regelt die verbindlichen Netzwerkstrukturen im Kinderschutz. In § 3 Abs. 2 KKG sind die in dieses Netzwerk einzubeziehenden Einrichtungen[566] aufgezählt, wobei auffällig ist, dass die Staatsanwaltschaften und die Strafgerichte nicht erwähnt werden.[567]

4. Zwischenergebnis

Es ist festzuhalten, dass in Dringlichkeitsfällen sowohl die Polizeibehörden als auch das Familiengericht analog § 4 Abs. 3 S. 1 KKG als Adressaten der Gefährdungsmitteilung in Betracht kommen. Die Strafverfolgungsbehörden kommen aufgrund des präventiven Charakters des § 4 Abs. 3 S. 1 KKG nicht als Adressaten in Betracht.

---

563 A. A. *Kunkel,* LPK-SGB VIII, § 61 Rn. 194.

564 Siehe zum Begriff *Kindeswohlgefährdung*, S. 80 ff.

565 Staudinger/*Coester,* § 1666 Rn. 82.

566 Die Aufzählung in § 3 Abs. 2 KKG ist nicht abschließend, wie sich aus der Verwendung des Begriffs *insbesondere* ergibt.

567 *Meysen/Eschelbach,* Bundeskinderschutzgesetz, Kapitel 3 Rn. 26.

IV. Anwendbarkeit des rechtfertigenden Notstandes gemäß § 34 StGB zum Zweck der Verhinderung künftiger Straftaten und zugunsten des Strafverfolgungsinteresses

Auch wenn die Offenbarung der Kindesmisshandlung an die Strafverfolgungsbehörden nicht auf Grundlage von § 4 Abs. 3 S. 1 KKG (analog) gerechtfertigt sein kann, ist zumindest eine Rechtfertigung des Arztes wegen rechtfertigenden Notstandes gemäß § 34 StGB in Betracht zu ziehen. Der rechtfertigende Notstand könnte einen Bruch der ärztlichen Schweigepflicht zugunsten des Strafverfolgungsinteresses rechtfertigen und auch in Fällen eingreifen, in denen es um die Verhinderung künftiger Straftaten geht. Die Beantwortung dieser Frage ist auch von erheblicher Relevanz für die Frage, ob auch das Jugendamt zur Weiterleitung der vom Arzt erhaltenen Daten an die Strafverfolgungsbehörden befugt ist.[568]

Dieser Rechtfertigungsgrund ist die gesetzliche Verankerung eines zunächst von der Rechtsprechung entwickelten übergesetzlichen Grundsatzes.[569] Ihm liegt das Prinzip des überwiegenden Interesses zugrunde, soweit es um die Abwägung zwischen Eingriffs- und Erhaltungsgut geht.[570] Sofern es jedoch um die Begründung der Duldungspflicht des Betroffenen geht, ist das Solidaritätsprinzip als Grundlage heranzuziehen.[571] Durch den rechtfertigenden Notstand wird ein Verstoß gegen ein (strafrechtliches) Verbot ausnahmsweise erlaubt, um einen Schaden abzuwenden, dessen Hinnahme für die Rechtsordnung schwerer zu ertragen wäre als der Verstoß gegen das Verbot.[572]

1. Rechtfertigung des Bruchs der ärztlichen Schweigepflicht zum Zweck der Verhinderung von Straftaten

Fraglich ist, ob der Arzt seine Schweigepflicht gemäß § 34 StGB brechen darf, um die Begehung künftiger Straftaten zu verhindern. Grundsätzlich ist anerkannt, dass ein Schweigepflichtiger seine Schweigepflicht auch brechen darf, wenn er

568 Siehe S. 133 ff.

569 NK-StGB-*Neumann,* § 34 Rn. 1 ff.; *Fischer,* § 34 Rn. 2.

570 So die h. M. vgl. *Erb,* Jus 2010, 17; *Lackner/Kühl,* StGB, § 34 Rn. 1; LK/*Zieschang,* § 34 Rn. 3. Kritisch zur Interessenabwägungslehre *Köhler,* AT, 282 f.

571 *Erb,* Jus 2010, 17 (18); *Frister,* GA 1988, 291 (292); *ders.,* AT, Kap. 17 Rn. 1; *Lackner/Kühl,* StGB, § 34 Rn. 1.

572 *Erb,* Jus 2010, 17.

zuverlässige Kenntnis von konkret bevorstehenden Straftaten hat, die nicht schon von § 138 StGB erfasst und von einigem Gewicht sind.[573] Eine Rechtfertigungsmöglichkeit besteht auch dann, wenn die Straftat zwar bereits begangen worden ist, aber die Gefahr der Begehung weiterer Straftaten besteht.[574] In diesen Fällen kann die Warnung des potenziellen Opfers als auch die Einschaltung weiterer Stellen gerechtfertigt sein.[575] Auch die Kindesmisshandlung fällt zunächst in diese Kategorie, da Gewalt und sexueller Missbrauch unzweifelhaft als Gefahr für die Rechtsgüter Leib und Gesundheit des minderjährigen Patienten zu qualifizieren sind. Diese Gefahr ist auch *gegenwärtig.* Das ist sie nämlich stets dann, wenn bei natürlicher Weiterentwicklung der Dinge der Eintritt des Schadens sicher oder doch höchstwahrscheinlich ist, falls nicht alsbald Abwehrmaßnahmen ergriffen werden, oder wenn der ungewöhnliche Zustand nach menschlicher Erfahrung und natürlicher Weiterentwicklung der gegebenen Sachlage jederzeit in einen Schaden umschlagen kann.[576] Anders als beim Zeitkriterium des § 32 StGB ist bei § 34 StGB nicht notwendig, dass die Schädigung in unmittelbarer zeitlicher Nähe zur Ausgangsituation eintreten muss.[577] Es genügt also, dass ein längerfristig angelegter Risikosachverhalt besteht, der in einen Schaden umschlagen kann.[578] Im Kern liegt dieser Betrachtungsweise eine Auslegung des Gegenwärtigkeitskriteriums nach teleologischen Gesichtspunkten zugrunde. Wenn ein Risikosachverhalt besteht, der erst zu einem zukünftigen Zeitpunkt zum Schadenseintritt führen wird, so ist auch denkbar, dass der Schadenseintritt nicht mehr abgewendet werden kann, wenn der Notstandstäter nicht sofort handelt, er also alternativ den Schadenseintritt sehenden Auges hinnehmen müsste.[579] Daher ist von § 34 StGB nicht nur die „Augenblicksgefahr“, sondern auch die „Dauergefahr“ erfasst.[580]

---

573 MK/*Cierniak/Pohlit,* StGB, § 203 Rn. 88; *Haffke,* GA 1973, 65 (69); NK-StGB-*Kargl,* § 203 Rn. 66; Sch/Sch/*Lenckner/Eisele,* § 203 Rn. 32; LK/*Schünemann,* § 203 Rn. 141.

574 NK-StGB-*Kargl,* § 203 Rn. 66; *Michalowski,* ZStW 109 (1997), 519 (530).

575 MK/*Cierniak/Pohlit,* StGB, § 203 Rn. 88.

576 *BGHSt* 5, 371 (373); 26, 176 (179); *Fischer,* § 34 Rn. 7.

577 MK/*Erb,* StGB, § 34 Rn. 81; *Fischer,* § 34 Rn. 7 f.; *Frister,* AT, Kap. 17 Rn. 5; *Kemper/Fegert/Fangerau,* Nervenheilkunde 2010, 460 (462); *Lackner/Kühl,* StGB, § 34 Rn. 2; NK-StGB-*Neumann,* § 34 Rn. 56.

578 MK/*Erb,* StGB, § 34 Rn. 81; *Fischer,* § 34 Rn. 7.

579 MK/*Erb,* StGB, § 34 Rn. 82; *Frister,* AT, Kap. 17 Rn. 5.

580 MK/*Erb,* StGB, § 34 Rn. 82; *Fischer,* § 34 Rn. 8; *Frister,* AT, Kap. 17 Rn. 5; *Lackner/Kühl,* StGB, § 34 Rn. 2; NK-StGB-*Neumann,* § 34 Rn. 56 f.; Sch/Sch/*Perron,* § 34 Rn. 17. Ein vielzitierter Fall im Zusammenhang mit der Dauergefahr ist der sogenannte Haus- bzw. Familientyrannenfall, vgl. *BGHSt* 48, 255.

Misshandlungen an Kindern werden in der Regel wiederholt begangen.[581] Insbesondere dann, wenn der behandelnde Arzt Missbrauchsspuren unterschiedlichen Heilungsgrades diagnostiziert, wird man die Gefahr wiederholter und sich wiederholender Misshandlungen kaum verneinen können.[582] In diesen Fällen wird der Arzt mit Sicherheit davon ausgehen können, dass das Kind in der Vergangenheit wiederholt misshandelt worden ist und auch in Zukunft mit einer Gefährdung bzw. Schädigung der Rechtsgüter Leib und Gesundheit des Kindes zu rechnen ist.[583] Überdies kann zur Bestätigung der Wiederholungsgefahr im Falle von Kindesmisshandlungen ein systematisches Argument dem Gewaltschutzgesetz (GewSchG) entnommen werden.[584] In § 1 Abs. 1 S. 1 GewSchG ist eine widerlegbare Vermutung dergestalt manifestiert, dass in Fällen, in denen es bereits zu Gewalttaten im häuslichen Bereich gekommen ist, weitere Taten zu erwarten sind.[585] Es liegt sodann an dem Täter diese tatsächliche Vermutung zu widerlegen, wobei an die Widerlegung derselben im Interesse der verletzten Person erhöhte Anforderungen zu stellen sind.[586]

Bei genauerer Betrachtung erfolgt die Durchbrechung der ärztlichen Schweigepflicht in dieser Konstellation zugunsten der Rechtsgüter des betroffenen Kindes, nämlich der Rechtsgüter Leben, Leib und/oder Gesundheit des minderjährigen Patienten. Der Bruch der ärztlichen Schweigepflicht ist für diese Fallkonstellation allerdings schon durch den spezielleren Rechtfertigungsgrund gemäß § 4 Abs. 3

---

581 MK/*Cierniak/Pohlit,* StGB, § 203 Rn. 88; Staudinger/*Coester,* § 1666 Rn. 96; *Diekmeis,* ZfJ 1995, 474 (479); *Eichelbrönner,* Schweigepflicht, 181 f.; *Eisenberg,* Kriminologie, S. 891; *Fischer,* § 203 Rn. 47; *Günter/Agris,* Der Arzt und sein Recht 1992, 4 (8); *Huster/Rux,* NVWBl. 2008, 455 (455 f.); NK-StGB-*Kargl,* § 203 Rn. 56; *Ollmann,* ZfJ 1998, 354 (359). Vgl. auch *Müller,* FPR 2009, 561 (562).

582 *Bender,* MedR 2002, 626 (630); *Günter/Agris,* Der Arzt und sein Recht 1992, 4 (8).

583 A. A. offenbar *Eichelbrönner,* Schweigepflicht, 181, für den allein dieser Umstand keine Wiederholungsgefahr begründet.

584 Es ist allerdings zu betonen, dass das GewSchG im Ergebnis nicht anwendbar ist, wenn minderjährige Personen Opfer häuslicher Gewalt werden, vgl. § 3 Abs. 1 GewSchG. Insofern richtet sich der Kinderschutz ausschließlich nach den §§ 1666, 1666a, 1696 BGB oder nach den Regeln des Vormundschafts- oder Pflegschaftsrechts. Vgl. hierzu *Wiesner,* Möglichkeit und Grenzen der Kooperation von Jugendamt und Familiengericht, in: *DIJuF,* Zusammenarbeit zwischen Familiengerichten und Jugendämtern, 30 (34).

585 *BT-Ds.* 14/5429, S. 28; *OLG Brandenburg* NJW-RR 2006, 220; *Müller,* FPR 2009, 561 (562); BeckOK/*Reinken,* BGB, § 1 GewSchG Rn. 19.

586 *OLG Brandenburg* NJW-RR 2006, 220; BeckOK/*Reinken,* BGB, § 1 GewSchG Rn. 19.

S. 1 KKG erfasst, sodass ein Rückgriff auf § 34 StGB auch im Hinblick auf die Verhinderung zukünftiger Straftaten nicht möglich ist. Denn durch § 4 Abs. 3 S. 1 KKG soll letztlich die ärztliche Schweigepflicht durchbrochen werden dürfen, um eine Gefährdung für das Kindeswohl abzuwenden.

2. Rechtfertigung des Bruchs der ärztlichen Schweigepflicht zugunsten des staatlichen Strafverfolgungsinteresses

Eine anders zu beurteilende Frage lautet, ob die ärztliche Schweigepflicht zugunsten des staatlichen Strafverfolgungsinteresses durchbrochen werden kann.[587]

a) Keine Anwendungssperre wegen interner Güterkollision

Der Anwendbarkeit des rechtfertigenden Notstandes steht in dieser Konstellation nicht die rechtliche Problematik der internen Güterkollision entgegen. Eine interne Güterkollision[588] liegt dann vor, wenn der Träger der widerstreitenden Interessen, also von Eingriffsgut und Erhaltungsgut, ein und dieselbe Person ist. Ob im Falle einer solchen internen Güterkollision § 34 StGB Anwendung finden kann, wird unterschiedlich beurteilt. Während beachtliche Stimmen in der Literatur dies bejahen,[589] führt nach Ansicht der wohl h. M. die Identität der Rechtsgutsinhaber per se zur Nichtanwendbarkeit des rechtfertigenden Notstandes.[590] Der rechtfertigende Notstand gemäß § 34 StGB wäre folglich nach der h. M. dann nicht anwendbar, wenn ein und dieselbe Person Träger der widerstreitenden Interessen wäre. Das wäre dann der Fall, wenn man als widerstreitende Interessen die Rechtsgüter Leben, Leib und/oder Gesundheit des minderjährigen Patienten auf der einen Seite und auf der anderen Seite das Recht desselben auf Vertrauensschutz ansehen würde. Dieser Interessenwiderstreit findet sich auch in § 4 Abs. 3 S. 1 KKG wieder,

---

587 Ob das staatliche Strafverfolgungsinteresse ein notstandsfähiges Rechtsgut i. S. v. § 34 StGB darstellen kann, ist umstritten, vgl. NK-StGB-*Neumann,* § 34 Rn. 31 einerseits und Sch/Sch/*Perron* § 34 Rn. 11 andererseits.

588 Auch interne Interessenkumulation genannt.

589 *Bottke,* Suizid und Strafrecht, 88 ff.; *Haft,* AT, 99; *Lackner/Kühl,* StGB, § 34 Rn. 4; *Kühl,* Strafrecht AT, § 8 Rn. 34; *Merkel,* Früheuthanasie, 528 f.; *Mitsch,* JA 1999, 388 (397); *Rengier,* AT, § 19 Rn. 44; *Wessels/Beulke,* AT, Rn. 322.

590 So *Baumann/Weber/Mitsch,* AT, § 17 Rn. 54; MK/*Erb,* StGB, § 34 Rn. 30; *Frister,* AT, Kap. 17 Rn. 9 Fn. 11; SK-StGB/*Günther,* § 34 Rn. 60 f.; *Kindhäuser,* LPK, § 34 Rn. 39; *Mitsch,* Rechtfertigung, 413 ff., 419 f.; NK-StGB-*Neumann,* § 34 Rn. 15, 32; *Pawlik,* Notstand, 103 Fn. 140; Sch/Sch/*Perron,* § 34 Rn. 8a; *Renzikowski,* Notstand und Notwehr, 64 f; *Roxin/Schroth,* Medizinstrafrecht, 39 Fn. 66.

weil die Schweigepflicht, die zugunsten des misshandelten Patienten besteht, zur Abwehr von Gefährdungen für dieses Kind durchbrochen werden kann. Ersetzt man hingegen die Rechtsgüter Leben, Leib und/oder Gesundheit durch das *Strafverfolgungsinteresse des Staates*, so würde ein Fall der internen Güterkollision nicht vorliegen. Daher wäre der Anwendungsbereich insoweit nicht gesperrt.

b) Begangene Straftaten

Soweit es sich um bereits begangene Straftaten handelt, kann die Durchbrechung der ärztlichen Schweigepflicht allerdings nicht nach § 34 StGB gerechtfertigt sein.[591] Eine *gegenwärtige Gefahr*, also ein für das Erhaltungsgut bestehender objektiver Zustand in dem Sinne, dass bestimmte tatsächliche Umstände nicht nur die gedankliche Möglichkeit, sondern eine über die allgemeinen Lebensrisiken hinausgehende Wahrscheinlichkeit seiner Schädigung – Eintritt oder Intensivierung eines Schadens, Fortdauer einer schädigenden Einwirkung – begründen, liegt dann nicht vor.[592] Denn der rechtfertigende Notstand legitimiert Eingriffe in die Rechtsgüter eines Dritten, wenn der Schaden droht. Sofern dieser jedoch eingetreten ist und in Zukunft keine weiteren Misshandlungen zu erwarten sind, kann der Schaden nicht mehr verhindert werden, sondern lediglich gesühnt oder wiedergutgemacht werden.[593] Daher kann die ärztliche Schweigepflicht nicht gemäß § 34 StGB zugunsten des staatlichen Strafverfolgungsinteresses durchbrochen werden.

3. Fazit zu den Rechtfertigungsmöglichkeiten des Arztes nach § 34 StGB

Es ist festzuhalten, dass für den Falltypus der Kindesmisshandlung eine Rechtfertigungsmöglichkeit des Arztes nach § 34 StGB zum Bruch seiner Schweigepflicht nicht (mehr) in Betracht kommt. Eine Rechtfertigungsmöglichkeit nach § 34 StGB im Hinblick auf die Verhinderung konkret bevorstehender Straftaten wird man ebenfalls verneinen müssen, weil für diese Konstellation § 4 Abs. 3 S. 1 KKG

591 *Haffke,* GA 1973, 65 (69); NK-StGB-*Kargl,* § 203 Rn. 66; Laufs/Kern, Handbuch Arztrecht, § 71 Rn. 39; *Michalowski,* ZStW 109 (1997), 519 (530); LK/*Schünemann,* § 203 Rn. 141. Einschränkend jedoch Sch/Sch/*Lenckner/Eisele,* § 203 Rn. 32: Nach *Lenckner/Eisele* soll etwas anderes dann gelten, wenn es sich um besonders schwere, mit einer nachhaltigen Störung des Rechtsfriedens verbundene (begangene) Verbrechen handelt, so z. B. bei terroristischen Gewaltakten.

592 *BGHSt* 18, 271; 48, 255 (258); Sch/Sch/*Perron,* § 34 Rn. 12; LK/*Zieschang,* § 34 Rn. 26.

593 *Haffke,* GA 1973, 65 (69); LK/*Zieschang,* § 34 Rn. 26a.

den spezielleren Rechtfertigungsgrund darstellt. Zum Zwecke der Strafverfolgung kommt eine Rechtfertigung nicht in Betracht, weil § 34 StGB eine gegenwärtige Gefahr für ein notstandsfähiges Rechtsgut voraussetzt. Eine gegenwärtige Gefahr besteht dann allerdings nicht, wenn die Straftat bereits begangen worden ist. Daher kommen auch die Strafverfolgungsbehörden als Adressaten der Gefährdungsmitteilung nicht in Betracht.[594]

V. Sonstige Rechtfertigungsgründe

Berufsrechtliche Rechtfertigungsgründe sowie die Wahrnehmung berechtigter Interessen kommen als Rechtfertigungsgründe nicht in Betracht. Sie sind für den Falltypus der Kindesmisshandlung nicht anzuerkennen.[595]

VI. Sonderfall: § 294a Abs. 1 SGB V als Offenbarungspflicht bei (vermuteten) Kindesmisshandlungen?

Eine Mitteilungs*pflicht* für Ärzte könnte sich bei (vermuteten) Kindesmisshandlungen auch aus § 294a Abs. 1 S. 1 SGB V ergeben. Nach § 294a Abs. 1 S. 1 SGB V sind die an der vertragsärztlichen Versorgung teilnehmenden Ärzte und Einrichtungen sowie die Krankenhäuser nach § 108 SGB V verpflichtet, die erforderlichen Daten, einschließlich der Angaben über Ursachen und den möglichen Verursacher, den Krankenkassen mitzuteilen, sofern [...] Hinweise auf drittverursachte Gesundheitsschäden vorliegen. Diese Norm schafft die datenschutzrechtliche Grundlage für Leistungserbringer, unaufgefordert oder auf gezielte Nachfrage erforderliche Daten an die Krankenkassen zu übermitteln, damit diese auf sie übergegangene Ansprüche gegen Dritte gemäß § 116 SGB X durchsetzen können.[596] Dadurch soll verhindert werden, dass die Solidargemeinschaft für die finanziellen Folgen aufkommen muss, die eigentlich der Verursacher des Schadens oder ein anderer Kostenträger zu tragen hat.[597]

---

594 So aber noch NK-StGB-*Kargl*, § 203 Rn. 67, der ausdrücklich die Strafverfolgungsbehörden als Adressaten der Gefährdungsmitteilung nennt.

595 Siehe S. 100.

596 Becker/Kingreen/*Michels*, SGB V, § 294a Rn. 1; KassKomm/*Hess*, § 294a SGB V Rn. 2; BeckOK/*Scholz*, SGB V, § 294a Vorb.

597 *BT-Ds* 17/6256, S. 50.

Sofern das Kind von einem seiner Personensorgeberechtigten *vorsätzlich* misshandelt worden ist und infolgedessen ein Gesundheitsschaden bei diesem entstanden ist, sind grundsätzlich die Voraussetzungen der Mitteilungspflicht nach § 294a Abs. 1 S. 1 SGB V erfüllt. Es liegt ein drittverursachter Gesundheitsschaden vor, der den Arzt und die weiteren in § 294a Abs. 1 S. 1 SGB V genannten Stellen zur Offenbarung der Misshandlung verpflichtet. § 294a SGB V enthält keinerlei Einschränkungen im Hinblick auf den Sonderfall der Kindesmisshandlung, sodass die Krankenkasse den verursachten Schaden kraft gesetzlichen Forderungsübergangs gemäß § 116 SGB X gegen den schadensverursachenden Dritten geltend machen könnte. Dem würde auch nicht das sogenannte Familienprivileg[598] gemäß § 116 Abs. 6 S. 1 SGB X entgegenstehen, wonach ein Übergang nach § 116 Abs. 1 SGB X bei *nicht vorsätzlichen* Schädigungen durch Familienangehörige,[599] die im Zeitpunkt des Schadensereignisses mit dem Geschädigten oder seinen Hinterbliebenen in häuslicher Gemeinschaft leben, ausgeschlossen ist.

1. Grenzen der Offenbarungspflicht

Die uneingeschränkte Offenbarungspflicht nach § 294a Abs. 1 S. 1 SGB V hat in der Literatur Kritik erfahren, weshalb bereits vor Inkrafttreten des BKiSchG Versuche unternommen worden sind, der Offenbarungspflicht Grenzen zu setzen.[600] Es wird geltend gemacht, dass in einem öffentlichen Gerichtsverfahren die Krankengeschichte des Patienten und weitere Daten unter Umständen ohne oder gar gegen den Willen des Patienten erörtert werden.[601] Es stelle sich die Frage, ob

598 Das Familienprivileg dient zum einen dem Familienfrieden und soll zum anderen – sofern Geschädigter das Kind ist – verhindern, dass sich unmittelbare und dauernde familiäre Spannungen negativ auf die Entwicklung des ohnehin schon geschädigten Kindes auswirken, vgl. *BT-Ds.* 9/95, S. 28; *BVerfG* BGBl. I 2010, 1718; BeckOK/*Pohl,* SGB X, § 116 Rn. 26.

599 Vgl. zum Begriff *Familienangehörige* ausführlich von Wulffen/*Bieresborn,* SGB X, § 116 Rn. 34 ff.; KassKomm/*Kater,* § 116 SGB X Rn. 245 ff.

600 *Landesärztekammer BW,* Schweigepflicht in Fällen von häuslicher Gewalt, 3; *Beck/Hausch,* VersR 2008, 1321 (1321 ff.). Rechtspolitische Bedenken gegen § 294a SGB V äußert auch BeckOK/*Scholz,* SGB V, § 294a Rn. 8, der jedenfalls in den Fällen des § 116 Abs. 6 SGB X – in denen bei einer nicht vorsätzlichen Tat der Schädiger Familienangehöriger ist oder mit dem Geschädigten in häuslicher Gemeinschaft lebt und daher der Übergang des Schadenersatzanspruchs ausgeschlossen ist – in verfassungskonformer Auslegung die Mitteilung des Arztes an die Krankenkasse schlechthin als nicht erforderlich ansieht.

601 *Beck/Hausch,* VersR 2008, 1321 (1323 f.).

es dem Patienten zuzumuten sei, dass allein zur Durchsetzung von finanziellen Interessen eines Dritten seine intimen, in höchstem Maß persönlichen Daten vor der Öffentlichkeit offen gelegt werden müssen.[602] Speziell für Konstellationen, in denen der Arzt von Kindesmisshandlungen oder Straftaten gegen die sexuelle Selbstbestimmung im Rahmen der Behandlung Kenntnis erlange, sei dies besonders problematisch und verfassungsrechtlich nicht mehr vertretbar, da es in einem Regressprozess der Krankenkasse gegen den Schädiger ausschließlich um private vermögensrechtliche Interessen gehe.[603] Daher wird für den Schutz der Interessen des Patienten und zur Wahrung seines Rechts auf informationelle Selbstbestimmung nicht nur gefordert, dass der Patient vor der Datenweitergabe informiert werden soll,[604] sondern auch, dass er zur Datenweitergabe seine Einwilligung bzw. Zustimmung erklären müsse.[605]

Ferner wird eine Beschränkung der Offenbarungspflicht nach § 294a Abs. 1 S. 1 SGB V im Falle von häuslicher Gewalt mit einem Rückgriff auf die Wertungen des § 34 StGB befürwortet.[606] Die Offenbarung von Hinweisen auf drittverursachte Gesundheitsschäden stelle einen erheblichen Eingriff in das gemäß Art. 2 Abs. 1 GG geschützte Persönlichkeitsrecht und gegebenenfalls in den durch Art. 6 GG garantierten Schutz von Ehe und Familie dar und müsse daher verfassungskonform ausgelegt werden.[607] Folglich müsse der an der vertragsärztlichen Versorgung teilnehmende Arzt auch hier unter Bezug auf den Rechtsgedanken des rechtfertigenden Notstandes gemäß § 34 StGB die widerstreitenden Interessen abwägen.[608] Der Vertragsarzt oder der ermächtigte Krankenhausarzt dürfen der ihnen gesetzlich auferlegten Hinweispflicht auf drittverursachte Gesundheitsschäden folglich nur dann nachkommen, wenn das Schutzgut, das hinter § 294 a SGB

---

602 *Beck/Hausch,* VersR 2008, 1321 (1323 f.); BeckOK/*Scholz,* SGB V, § 294a Rn. 8.

603 *Beck/Hausch,* VersR 2008, 1321 (1324); BeckOK/*Scholz,* SGB V, § 294a Rn. 8.

604 So wohl BeckOK/*Scholz,* SGB V, § 294a Rn. 8, der in der fehlenden Information des Patienten einen Eingriff in das Grundrecht auf informationelle Selbstbestimmung sieht, der gravierender als erforderlich und zudem im Hinblick auf § 203 Abs. 2 S. 1 SGB VII auch wegen Verstoßes gegen den allgemeinen Gleichheitsgrundsatz verfassungswidrig sei.

605 Vgl. *Beck/Hausch,* VersR 2008, 1321 (1324 f.), die darauf hinweisen, dass das Zustimmungserfordernis der früheren Rechtslage entspreche und auch schon vor dem Inkrafttreten des § 294a SGB V die Krankenkassen in die Lage versetzt wurden, Regressansprüche nach § 116 SGB X geltend zu machen. Vgl. auch *Smentkowski,* VersR 2008, 465 (467 f.).

606 *Landesärztekammer BW,* Schweigepflicht in Fällen von häuslicher Gewalt, 3.

607 *Landesärztekammer BW,* Schweigepflicht in Fällen von häuslicher Gewalt, 3.

608 *Landesärztekammer BW,* Schweigepflicht in Fällen von häuslicher Gewalt, 3.

V steht, nämlich die Geltendmachung von Schadensersatzansprüchen gegen Drittschädiger, höherwertiger oder zumindest gleichwertig gegenüber den Interessen des gesetzlich Krankenversicherten sei.[609]

Auch im Rahmen des Gesetzgebungsverfahrens zum Erlass der BKiSchG wurde der Konflikt zwischen § 4 Abs. 3 S. 1 KKG und § 294a SGB V erkannt und auch kritisiert.[610] Es wurde geltend gemacht, dass die Wertungen des § 4 KKG konterkariert würden, wenn § 294a SGB V unbeschränkt anwendbar bliebe.[611] Der Bundesrat hat diese Kritik aufgenommen und vorgeschlagen, dass ein neuer Satz 2 in § 294a Abs. 1 SGB V dergestalt eingefügt werden sollte, dass die *Verpflichtung zur Weitergabe der Angaben über den möglichen Verursacher entfällt, wenn damit der wirksame Schutz eines Kindes oder einer Jugendlichen oder eines Jugendlichen in Frage gestellt oder die Wahrscheinlichkeit einer Kindeswohlgefährdung erhöht wird.*[612] In ähnlicher Weise formulierten auch die Bundesärztekammer und die Kassenärztliche Bundesvereinigung in der gemeinsamen Stellungnahme zum Entwurf der Bundesregierung für ein „Gesetz zur Stärkung eines aktiven Schutzes von Kindern und Jugendlichen" eine Gesetzesänderung.[613] Es sollte ein Absatz 3 in 294a SGB V eingefügt werden, wonach *eine Verpflichtung zur Mitteilung von Krankheitsursachen und drittverursachten Gesundheitsschäden bei einer Kindeswohlgefährdung im Sinne von § 4 KKG nicht besteht.*

Die Bundesregierung hat sich dem Vorschlag des Bundesrates nicht angeschlossen. Ihrer Ansicht nach würde der Gesetzesvorschlag in dieser Form dazu führen, dass Ärzte bei einer möglichen Kindeswohlgefährdung nur von der Pflicht,

---

609 *Landesärztekammer BW,* Schweigepflicht in Fällen von häuslicher Gewalt, 3.

610 Vgl. die gemeinsame Stellungnahme der Bundesärztekammer und der Kassenärztlichen Bundesvereinigung zum Entwurf der Bundesregierung für ein „Gesetz zur Stärkung eines aktiven Schutzes von Kindern und Jugendlichen", S. 6 ff., sowie die gemeinsame Stellungnahme der Bundesärztekammer und der Kassenärztlichen Bundesvereinigung zum Referentenentwurf des Bundesministeriums für Familie, Senioren, Frauen und Jugend für ein „Gesetz zur Stärkung eines aktiven Schutzes von Kindern und Jugendlichen", S. 5.

611 So die Bundesärztekammer und die Kassenärztliche Bundesvereinigung in der gemeinsamen Stellungnahme zum Referentenentwurf des Bundesministeriums für Familie, Senioren, Frauen und Jugend für ein „Gesetz zur Stärkung eines aktiven Schutzes von Kindern und Jugendlichen", S. 5.

612 *BT-Ds* 17/6256, S. 44.

613 Vgl. die gemeinsame Stellungnahme der Bundesärztekammer und der Kassenärztlichen Bundesvereinigung zum Entwurf der Bundesregierung für ein „Gesetz zur Stärkung eines aktiven Schutzes von Kindern und Jugendlichen", S. 8.

Angaben zum möglichen Verursacher zu übermitteln, freigestellt würden.[614] Die übrigen Daten – einschließlich der Angaben über Ursachen – müssten weiterhin versichertenbezogen an die Krankenkasse übermittelt werden. Daher wäre es nach Ansicht der Bundesregierung konsequent, die Verpflichtung zur Meldung von personenbezogenen Daten an die Krankenkassen im Falle von (vermuteten) Kindesmisshandlungen komplett aufzuheben.[615]

Eine Änderung des § 294a SGB V ist jedoch durch Inkrafttreten des BKiSchG nicht eingetreten.

2. Stellungnahme zu den geforderten Grenzen der Offenbarungspflicht

Die unbeschränkte Anwendung des § 294a SGB V auf den Fall der Kindesmisshandlung stößt auf erhebliche Bedenken. Das von *Beck/Hausch* und *Smentkowski* aufgestellte Einwilligungs- bzw. Zustimmungserfordernis vermag im Hinblick auf die Wahrung des Rechts auf informationelle Selbstbestimmung zu überzeugen. Es kann allerdings speziell für den Fall der Kindesmisshandlung keine sinnvolle Beschränkung der Offenbarungspflicht nach § 294a Abs. 1 S.1 SGB V begründen. Die Zustimmung in die Weitergabe von Patientendaten stellt eine Einwilligung dar, die die Einwilligungsfähigkeit des Patienten voraussetzt.[616] Sofern der minderjährige Patient einwilligungs*un*fähig ist, müsste die Einwilligung durch die Personensorgeberechtigten erklärt werden, die grundsätzlich nicht erteilt werden wird, wenn die Kindesmisshandlung durch diese selbst begangen worden ist.

Als problematisch erweist sich insbesondere der Umstand, dass durch die Weitergabe der Informationen an die Krankenkasse ein weiterer Personenkreis Kenntnis von den die Kindesmisshandlung verursachenden Tatsachen erhält. Sofern die Krankenkasse Ansprüche gegen den Schädiger gemäß § 116 Abs. 1 SGB X geltend machen will, kann dies zu einer Verschärfung der innerfamiliären Spannungen beitragen. Darüber hinaus besteht die nicht von der Hand zu weisende Befürchtung, dass die Daten bezüglich der Kindesmisshandlung von der Krankenkasse zwecks Anspruchsdurchsetzung im Falle der Zahlungsunwilligkeit des Schädigers dem zuständigen Gericht offenbart werden, welches auch gemäß §§ 13 Abs. 2, 17 Nr. 1 EGGVG befugt ist, diese Daten an die Strafverfolgungsbehörden zu repressiven Zwecken weiterzuleiten. Damit wäre jedoch dem Kinderschutz letztlich nicht gedient, weil die Bestrafung des Schädigers nicht zugleich

614 BT-Ds 17/6256, S. 50.

615 BT-Ds 17/6256, S. 51.

616 Siehe S. 47 ff.

die Beseitigung der Kindeswohlgefährdung zur Folge haben muss.[617] Sofern das für den Regressanspruch der Krankenkasse zuständige Gericht die Daten bezüglich der Kindesmisshandlung an die Strafverfolgungsbehörden weiterleitet, würde der Arzt somit zumindest mittelbar an der Strafverfolgung mitwirken. Dies bedeutet allerdings einen Widerspruch zu dem oben herausgearbeiteten Ergebnis, dass die ärztliche Schweigepflicht nicht zugunsten des staatlichen Strafverfolgungsinteresses durchbrochen werden darf.

Was allerdings noch schwerer wiegt als dieser Einwand, ist die Tatsache, dass ein offensichtlicher Widerspruch zu § 4 KKG besteht. Der Arzt, der mit einem Kindesmisshandlungsfall konfrontiert wird, soll gemäß § 4 Abs. 1 KKG zunächst die Situation mit dem Kind oder Jugendlichen und den Personensorgeberechtigten erörtern und, soweit erforderlich, bei den Personensorgeberechtigten auf die Inanspruchnahme von Hilfen hinwirken. Erst wenn diese Maßnahmen ohne Erfolg bleiben, darf – nicht muss – der Arzt die Kindesmisshandlung dem Jugendamt melden. Mit diesem abgestuften Vorgehen soll die aus Art. 6 Abs. 2 S. 1 GG verfassungsrechtlich abgeleitete, vorrangige elterliche Erziehungsverantwortung und der Primat der elterlichen Gefahrenabwendung gewahrt werden.[618] Würde man die Offenbarungspflicht des § 294a Abs. 1 S. 1 SGB V uneingeschränkt anwenden, könnte dies den Wertungen des § 4 KKG zuwiderlaufen und damit den Schutz des Kindes infrage stellen, da zunächst das Abwenden der Kindeswohlgefährdung durch helfende, unterstützende, auf Herstellung oder Wiederherstellung eines verantwortlichen Verhaltens der Eltern gerichtete Maßnahmen erreicht werden soll.[619] Dieses Ziel kann allerdings nur dann erreicht werden, wenn die Eltern auch darauf vertrauen können, dass Ärzte den „Kreis der Wissenden“ nicht erweitern. Zudem darf der Arzt nach § 4 Abs. 3 S. 1 KKG seine Schweigepflicht brechen, wenn *gewichtige Anhaltspunkte* für eine Kindeswohlgefährdung bestehen. Ließe man eine unbeschränkte Anwendung des § 294a Abs. 1 S. 1 SGB V zu, so würde dies zur Konsequenz haben, dass der Arzt *jede* vermutete Kindesmisshandlung – unabhängig von der Gewichtigkeit der Anhaltspunkte – anzeigen müsste.

Da die Offenbarungspflicht sowohl das allgemeine Persönlichkeitsrecht des Patienten gemäß Art. 2 Abs. 1 GG i. V. m. Art. 1 Abs. 1 GG tangiert und auch einen Eingriff in Art. 6 GG darstellt, muss § 294a Abs. 1 S. 1 SGB V verfassungskonform dahin gehend ausgelegt werden, dass auch im Rahmen von § 294a Abs. 1 S. 1 SGB V die Wertungen des § 4 KKG Berücksichtigung finden mit der Konsequenz,

---

617 Siehe hierzu S. 92.
618 *BT-Ds.* 17/6256, S. 19.
619 *BT-Ds.* 17/6256, S. 19.

dass eine Informationsweitergabe entgegen dem Wortlaut nur dann zuzulassen ist, wenn eine *befugte* Informationsweitergabe zwischen dem behandelnden Arzt und dem Jugendamt bereits stattfand. Daraus folgt, dass § 294a Abs. 1 S. 1 SGB V die Rechtfertigung der ärztlichen Schweigepflicht voraussetzt und nicht selbst begründet.

Es ist daher festzuhalten, dass § 294a Abs. 1 S. 1 SGB V im Falle von Kindesmisshandlungen nicht uneingeschränkt gilt. Vielmehr müssen die Wertungen des § 4 KKG im Rahmen des § 294a Abs. 1 S. 1 SGB V berücksichtigt werden, um den Kinderschutz nicht zu gefährden.

C. Die Auswirkungen des KKG auf „RISKID“

Im folgenden Abschnitt wird untersucht, ob das KKG rechtliche Auswirkungen auf „RISKID“ haben könnte.

I. Allgemeines zu „RISKID“

Duisburger Kinderärzte haben in Kooperation mit den Polizeibehörden eine Risiko-Datei eingeführt, um mögliche Fälle von Kindesmisshandlungen aufdecken zu können. Durch „RISKID“[620] wird die innerärztliche Information auf eine „virtuelle“ Großpraxis mit vielen Ärzten ausgedehnt.[621] Dieses System soll es Ärzten ermöglichen, die Namen von Kindern mit Symptomen möglicher Misshandlung oder Vernachlässigung in diese Datei einzutragen.[622] In die Datei werden neben dem Namen des betroffenen Kindes auch das Geburtsdatum, der Termin des Arztbesuches und die Diagnose, der erfassende Arzt sowie Bemerkungen zur Krankengeschichte und zur familiären Situation eingetragen.[623] Dadurch sollen die betroffenen Ärzte in die Lage versetzt werden, mit dem zuvor behandelnden Arzt in Verbindung zu treten, um ärztliche Befunde auszutauschen, sofern vorher von einem anderen Arzt das Kind als „RISKID-Patient“ eingestuft worden ist.[624]

---

620 Siehe zum Begriff „RISKID“ S. 40.

621 www.riskid.de/das-projekt.html (zuletzt abgerufen am 19.11.2013).

622 www.riskid.de/das-projekt.html (zuletzt abgerufen am 19.11.2013).

623 *Huster/Rux,* NVWBl. 2008, 455.

624 www.riskid.de/das-projekt.html (zuletzt abgerufen am 19.11.2013); *Huster/Rux,* NVWBl. 2008, 455.

II. Rechtliche Bedenken gegen „RISKID“

Da der Arzt durch die Eintragung der oben genannten Daten Geheimnisse i. S. v. § 203 Abs. 1 StGB offenbart,[625] begeht er zumindest tatbestandlich eine Verletzung von Privatgeheimnissen, weil die ärztliche Schweigepflicht grundsätzlich auch gegenüber anderen Ärzten gilt.[626] Eine Ausnahme ist allerdings dann zu machen und ein *Offenbaren* i. S. v. § 203 Abs. 1 StGB zu verneinen, wenn die in Rede stehenden Daten nur innerhalb des „Kreises der Wissenden“ weitergegeben werden.[627] Zu diesem „Kreis der Wissenden“ gehören all diejenigen Personen, die nach dem Willen des Berechtigten das Geheimnis als solches erfahren dürfen.[628] Wenn sich ein Patient beispielsweise zur Behandlung in ein Krankenhaus begibt und ihm insoweit bewusst ist, dass mehrere Ärzte an dieser Behandlung mitwirken, so gilt die Schweigepflicht nicht zwischen diesen Ärzten untereinander.[629] Diese Situation liegt typischerweise bei „RISKID“-Fällen jedoch nicht vor, weil der die Daten eintragende Arzt und derjenige Arzt, der wiederum einen Verdachtsfall auf schon erfolgte Eintragungen kontrollieren will, in der Regel nicht an derselben Behandlung des Kindes mitwirken.

Neben dieser straftatbestandlichen Beeinträchtigung bestehen auch berufsrechtliche Bedenken,[630] wenn Daten in die „RISKID“-Datei eingetragen werden. Da die ärztliche Schweigepflicht auch zivilrechtlich als vertragliche Nebenpflicht des Behandlungsvertrages verankert ist, ist auch die Frage einer vertraglichen Pflichtverletzung naheliegend.[631] Der „RISKID“-Datei könnten aber insbesondere auch datenschutzrechtliche Bestimmungen entgegenstehen. Klarzustellen ist, dass, selbst wenn der Arzt an der vertragsärztlichen Versorgung teilnehmen würde, die datenschutzrechtliche Zulässigkeit sich nicht nach den §§ 67 ff. SGB X richten

---

625 Siehe zum Geheimnisbegriff S. 31 ff. und *Huster/Rux,* NVWBl. 2008, 455.

626 MK/*Cierniak/Pohlit,* StGB, § 203 Rn. 49; *Huster/Rux,* NVWBl. 2008, 455; *Ratzel/Lippert,* MBOÄ, § 9 Rn. 22; LK/*Schünemann,* § 203 Rn. 41.

627 MK/*Cierniak/Pohlit,* StGB, § 203 Rn. 49; *Langkeit,* NStZ 1994, 6 (6 f.); *Laufs/Kern,* Handbuch Arztrecht, § 66 Rn. 9; LK/Schünemann, § 203 Rn. 41.

628 LK/Schünemann, § 203 Rn. 41.

629 MK/*Cierniak/Pohlit,* StGB, § 203 Rn. 49; *Langkeit,* NStZ 1994, 6 (6 f.). § 9 Abs. 4 der jeweiligen Berufsordnung soll in erster Linie die Voraussetzungen für eine effektive Zusammenarbeit sicherstellen. Da sie jedoch ausdrücklich auf das *Einverständnis des Patienten* Bezug nimmt, ist § 9 Abs. 4 der jeweiligen Berufsordnung auf Rechtfertigungsebene zu prüfen, vgl. hierzu *Huster/Rux,* NVWBl. 2008, 455 (456).

630 Siehe S. 18 f., 177 ff.

631 Siehe S. 19 f., 172 ff.

würde, weil Vertragsärzte keine Leistungsträger i. S. v. § 35 SGB I sind.[632] Die datenschutzrechtliche Zulässigkeit[633] von „RISKID" richtet sich folglich nach dem BDSG, weil die von den Ärzten eingetragenen Daten personenbezogene Daten i. S. v. §§ 1 Abs. 1, 3 Abs. 1 BDSG darstellen und Ärzte nicht öffentliche Stellen i. S. d. § 2 Abs. 4 S. 1 BDSG, die diese Daten nach § 1 Abs. 2 Nr. 3 BDSG zu anderen als rein persönlichen oder familiären Zwecken verarbeiten und nutzen.[634]

Zusammenfassend lässt sich damit festhalten, dass die Eintragung der Daten in die Risikodatei einen Verstoß gegen die straf-, berufs-, und zivilrechtlich verankerte ärztliche Schweigepflicht darstellt und auch datenschutzrechtlich unzulässig wäre, wenn nicht ausnahmsweise Rechtfertigungsmöglichkeiten bestehen.

III. Rechtfertigungsmöglichkeiten

Im Folgenden wird untersucht, ob die Eintragung der Daten in die „RISKID"-Datei möglicherweise gerechtfertigt ist. Die Untersuchung erfolgt differenziert nach bisherigem Recht – also vor Inkrafttreten des KKG – und nach der aktuellen Rechtslage.

1. Rechtfertigungsmöglichkeiten nach bisherigem Recht

Fraglich ist, ob die Eintragung der Daten in die Risikodatei gerechtfertigt war. Die Einwilligung kommt als Rechtfertigungsgrund zumindest dann nicht in Betracht, wenn das betroffene Kind einwilligungs*un*fähig ist. In diesem Fall müssten die Personensorgeberechtigten die Einwilligung als gesetzliche Vertreter des Kindes erklären, was jedoch nicht geschehen wird, wenn die Misshandlungen von ihnen ausgegangen sind. Eine Rechtfertigung der Weitergabe der Daten kann auch nicht durch einen Hinweis auf § 9 Abs. 4 der jeweiligen Berufsordnung[635] bejaht werden. Nach dieser Vorschrift sind Ärztinnen und Ärzte, die gleichzeitig oder nacheinander dieselbe Patientin oder denselben Patienten untersuchen oder behandeln, untereinander von der Schweigepflicht insoweit befreit, als das Einverständnis der

---

632 *Huster/Rux,* NVWBl. 2008, 455 (456).

633 Gemäß 4 Abs. 1 BDSG sind die Erhebung, Verarbeitung und Nutzung personenbezogener Daten nur zulässig, soweit dieses Gesetz oder eine andere Rechtsvorschrift dies erlaubt oder anordnet oder der Betroffene eingewilligt hat.

634 *Huster/Rux,* NVWBl. 2008, 455 (456).

635 In allen ärztlichen Berufsordnungen besteht eine identische Regelung, vgl. *Ratzel/Lippert,* MBOÄ, § 9.

Patientin oder des Patienten vorliegt oder anzunehmen ist. Da in der Regel Kinder betroffen sind, die selbst nicht einwilligungsfähig sind und die misshandelnden Eltern ihre Einwilligung nicht erteilen werden, geht die Regelung des § 9 Abs. 4 der jeweiligen Berufsordnung ins Leere.[636]

Eine Rechtfertigung durch die Eintragung der Daten auf Grundlage des rechtfertigenden Notstandes gemäß § 34 StGB – sofern man diesen Rechtfertigungsgrund bei internen Güterkollisionen anwenden will – scheitert ebenfalls. Voraussetzung ist nämlich, dass eine *gegenwärtige Gefahr* für Leib und Leben des Kindes besteht. Bei der Eintragung der Daten in die „RISKID“-Datei liegt diese Voraussetzung typischerweise jedoch nicht vor, weil durch die Eintragung der Daten zunächst Erkenntnisse gesammelt werden, ob das Kind überhaupt misshandelt worden ist.[637]

Es könnte jedoch zumindest eine Rechtfertigung des datenschutzrechtlichen Verstoßes in Betracht kommen. Da Informationen bezüglich der Gesundheit des Kindes gemäß § 3 Abs. 9 BDSG besondere Arten personenbezogener Daten sind, richtet sich die Erhebung, Verarbeitung und Nutzung ausschließlich nach § 28 Abs. 6–8 BDSG. Die Zulässigkeit der Eintragung in die „RISKID“-Datei nach § 28 Abs. 6 BDSG scheidet aus, weil der betroffene Arzt die Daten nicht für eigene Geschäftszwecke[638] nutzt. Eine Rechtfertigung kommt auch nicht nach § 28 Abs. 7 BDSG in Betracht. Auch wenn § 28 Abs. 7 S. 1 BDSG das Erheben dieser sensiblen Daten zum Zwecke der Gesundheitsvorsorge, der medizinischen Diagnostik, der Gesundheitsversorgung oder Behandlung [...] erlaubt, scheitert die Zulässigkeit an § 28 Abs. 7 S. 2 BDSG. Danach bemisst sich die Verarbeitung – wozu auch das Übermitteln der Daten an andere Ärzte infolge der Aufnahme in die „RISKID“-Datei gehört – und Nutzung von Daten zu den in Satz 1 genannten Zwecken nach den für Ärzte geltenden Geheimhaltungspflichten. Da hiermit zugleich auf die ärztliche Geheimhaltungspflicht gemäß § 203 StGB verwiesen wird, folgt aus der strafrechtlichen Unzulässigkeit der „RISKID“-Datei auch die datenschutzrechtliche Unzulässigkeit.[639]

In Betracht könnte allerdings eine Rechtfertigung nach § 28 Abs. 8 S. 2 BDSG kommen. Danach ist eine Übermittlung oder Nutzung auch zulässig, wenn dies zur Abwehr von erheblichen Gefahren für die staatliche und öffentliche Sicherheit

---

636 *Huster/Rux,* NVWBl. 2008, 455 (456).

637 *Huster/Rux,* NVWBl. 2008, 455.

638 Vgl. zur Definition *Geschäftszweck* Erbs/Kohlhaas/*Ambs,* Strafrechtliche Nebengesetze, § 28 BDSG Rn. 20.

639 *Huster/Rux,* NVWBl. 2008, 455 (457); Simitis/*Simitis,* BDSG, § 28 Rn. 316.

sowie zur Verfolgung von Straftaten von erheblicher Bedeutung erforderlich ist. Die zweite in § 28 Abs. 8 S. 2 BDSG normierte Alternative der *Strafverfolgung* scheidet von vornherein aus, weil mit der „RISKID"-Datei *präventive Zwecke* und keine *repressiven Zwecke* verfolgt werden.[640] Allenfalls die Alternative der *Abwehr von erheblichen Gefahren für die staatliche und öffentliche Sicherheit* könnte den datenschutzrechtlichen Eingriff rechtfertigen. Unstreitig dürfte zunächst sein, dass nach allgemeinen polizeilichen Grundsätzen die drohende weitere Kindesmisshandlung im Hinblick der Rechtsgüter Leib, Leben und Gesundheit des Kindes eine erhebliche Gefahr für die öffentliche Sicherheit darstellt.[641] Da der Gesetzgeber mit der Formulierung der in § 28 Abs. 8 S. 2 BDSG genannten Alternativen sich für die im Polizeirecht und in der StPO verwendeten Formel entschieden hat,[642] sind auch die polizei- und strafprozessualen Vorschriften für die Bestimmung dergleichen maßgeblich. Die Gefahr wird im Polizeirecht definiert als *konkrete Gefahr für die öffentliche Sicherheit.*[643] Als konkrete Gefahr bezeichnet man wiederum die im einzelnen Falle bestehende hinreichende Wahrscheinlichkeit eines Schadenseintritts.[644] Eine *konkrete Gefahr* wird allerdings bei „RISKID"-Fällen nicht vorliegen, weil diese der Beobachtung von Situationen dient, bei denen noch nicht sicher ist, ob überhaupt eine konkrete Gefährdung der Rechtsgüter vorliegt.[645] Im Polizeirecht ist jedoch auch der *Gefahrenverdacht* als eine Stufe der Gefahr anerkannt. Ein Gefahrenverdacht besteht, wenn aufgrund von Unsicherheiten bei der Sachverhaltsermittlung oder der Prognose des Kausalverlaufs (noch) nicht gewiss ist, ob eine Gefahr vorliegt oder nicht.[646] Ein Gefahrenverdacht rechtfertigt aus Gründen des Übermaßverbotes nur sogenannte Gefahrerforschungseingriffe, d. h., dass die Abwehrmaßnahmen vorrangig auf Klärung der Gefahrensituation gerichtet sein müssen.[647] Durch die Eintragung der Daten über das betroffene Kind in die Risikodatei trifft zumindest der die Daten

640 *Huster/Rux,* NVWBl. 2008, 455 (457).

641 *Huster/Rux,* NVWBl. 2008, 455 (457); *Lisken/Denninger,* Handbuch des Polizeirechts, Kap. D Rn. 16 ff.

642 Simitis/*Simitis,* BDSG, § 28 Rn. 323.

643 Vgl. § 2 Nr. 3a) BremPolG; § 2 Nr. 2a) Nds. SOG; § 8 Abs. 1 PolG NRW; § 8 Abs. 1 SPolG.

644 *Lisken/Denninger,* Handbuch des Polizeirechts, Kap. E Rn. 97.

645 *Huster/Rux,* NVWBl. 2008, 455 (457).

646 Vgl. *Lisken/Denninger,* Handbuch des Polizeirechts, Kap. D Rn. 48, E Rn. 97; *Voßkuhle,* JuS 2007, 908 (909).

647 *Lisken/Denninger,* Handbuch des Polizeirechts, Kap. D Rn. 48; *Voßkuhle,* JuS 2007, 908 (909).

eintragende Arzt eine für seinen Behandlungsfall endgültige Maßnahme. Daher ist die Eintragung der Daten in die Risikodatei auch nicht unter Berücksichtigung des Gefahrenverdachts datenschutzrechtlich gerechtfertigt.

Es ist somit festzuhalten, dass nach der bisherigen Rechtslage die Eintragung der Daten in die „RISKID“-Datei rechtswidrig ist.

2. Rechtfertigungsmöglichkeiten durch das KKG?

Fraglich ist, ob das in Kraft getretene KKG rechtliche Auswirkungen auf „RISKID“[648] haben könnte. Eine Rechtfertigung könnte sich aus § 4 Abs. 3 S. 1 KKG, § 4 Abs. 3 S. 1 KKG analog, § 3 KKG oder auch aus § 4 Abs. 2 KKG ergeben.

a) § 4 Abs. 3 S. 1 KKG als Rechtfertigungsgrund für „RISKID“

Auf Grundlage von § 4 Abs. 3 S. 1 KKG kann die Eintragung der Daten in die Risikodatei nicht gerechtfertigt sein, da die Befugnisnorm ausschließlich das Jugendamt als Adressat der Gefährdungsmitteilung nennt.

---

648 Um „RISKID“ rechtlich zu legitimieren, wurde eine Änderung des § 8a SGB VIII dergestalt gefordert, dass ein neuer Absatz 2 eingefügt wird. Dieser sollte folgenden Wortlaut haben: „Ärzte können dem Jugendamt Mitteilung machen, wenn ihnen Anhaltspunkte dafür bekannt werden, dass ein Kind oder Jugendlicher misshandelt, missbraucht oder vernachlässigt wird oder sein Wohl in sonstiger Weise gefährdet ist. Zur Vorbereitung der Entscheidung, ob sie eine Mitteilung nach Satz 1 machen wollen, können Ärzte unter Wahrung der Schweigepflicht Informationen über solche Anhaltspunkte austauschen. Ärzte, die an einer Mitteilung mitgewirkt haben, sollen das Jugendamt auf dessen Bitte bei der Prüfung des Gefährdungsrisikos unterstützen.“ Vgl. www.riskid.de/rechtssituation/rechtsproblematik.html (zuletzt abgerufen am 19.11.2013). Siehe auch zu möglichen Handlungsoptionen des Gesetzgebers, *Huster/Rux,* NVWBl. 2008, 455 (457 ff.) Nach *Huster/Rux* könnte der Bundesgesetzgeber oder der Landesgesetzgeber im Rahmen der Bestimmungen über die öffentliche Fürsorge und den Kinder- und Jugendschutz eine entsprechende Rechtsgrundlage schaffen. Diese Rechtsgrundlage müsste nach *Huster/Rux* die materiellen Vorgaben der Verfassung beachten und die wiederstreitenden Interessen zu einem schonenden Ausgleich bringen. Jedoch müsste der Umfang der übermittelten Daten und der Empfängerkreis reduziert werden, um diesen Vorgaben zu genügen, vgl. *Huster/Rux,* NVWBl. 2008, 455 (457 ff., insbesondere 460).

b) § 4 Abs. 3 S. 1 KKG analog als Rechtfertigungsgrund für „RISKID“

Ferner kommt auch keine analoge Anwendung des § 4 Abs. 3 S. 1 KKG[649] in Betracht, weil diese Befugnisnorm ein Offenbarungsrecht für Ärzte begründet, wenn diese *gewichtige Anhaltspunkte für eine Kindeswohlgefährdung* haben. Durch die Eintragung der Daten in die Risikodatei sind diese Voraussetzungen jedoch regelmäßig nicht erfüllt, weil diese Datei bezweckt, dass der Arzt anhand der Krankengeschichte und des Verhaltens der Eltern zunächst Erkenntnisse gewinnen soll, ob tatsächlich eine Kindeswohlgefährdung vorliegt.[650]

c) § 3 KKG als Rechtfertigungsgrund für „RISKID“

Eine Rechtfertigung der Eintragung der Daten in die Risikodatei könnte nach § 3 KKG in Betracht kommen. § 3 KKG sieht zur Ausgestaltung der strukturellen Zusammenarbeit im Kinderschutz den Auf- bzw. Ausbau eines Netzwerkes vor.[651] Dieses Netzwerk soll die Kooperationsbeziehung der Fachstellen und Akteure im Kinderschutz zur bestmöglichen Realisierung eines präventiven und intervenierenden Kinderschutzes darstellen.[652] Obwohl in dieses Netzwerk insbesondere auch Krankenhäuser und Angehörige der Heilberufe einbezogen werden sollen, kann § 3 KKG im Ergebnis keine rechtliche Legitimation für die „RISKID“-Datei begründen. Diese Vorschrift schafft lediglich die *Rahmenbedingungen* für verbindliche, bundesweite Netzwerkstrukturen,[653] überlässt die nähere Ausgestaltung jedoch den Ländern (vgl. § 3 Abs. 1, 3 KKG).

d) § 4 Abs. 2 KKG als Rechtfertigungsgrund für „RISKID“

Auch aus § 4 Abs. 2 KKG lässt sich keine Rechtfertigung für die Eintragung der Daten in die „RISKID“-Datei ableiten. Nach dieser Vorschrift haben Berufsgeheimnisträger Anspruch auf Beratung durch eine insoweit erfahrene Fachkraft zur Einschätzung der Kindeswohlgefährdung gegenüber dem Träger der öffentlichen Jugendhilfe.[654] Zwar könnte man daran denken, die an „RISKID“ beteiligten

---

649 Anders bezüglich des Familiengerichts und der Polizeibehörden als Adressaten der Gefährdungsmitteilung; siehe ausführlich S. 106 ff.

650 So auch *Huster/Rux,* NVWBl. 2008, 455 bezüglich der Frage, ob § 34 StGB als Rechtfertigungsgrund in Betracht kommt.

651 *BT-Ds.* 17/6256, S. 18.

652 *BT-Ds.* 17/6256, S. 18.

653 *BT-Ds.* 17/6256, S. 18.

654 Vgl. auch § 8b Abs. 1 SGB VIII.

Ärzte als *Fachkräfte* i. S. d. Vorschrift einzuordnen, da sie grundsätzlich auch die fachlichen Mittel zur Einschätzung einer Kindeswohlgefährdung haben. Aus der Gesetzesbegründung folgt allerdings, dass diese Fachkräfte beim Träger der öffentlichen Jugendhilfe angestellt sein müssen[655].[656] Hierzu zählen jedoch selbstverständlich nicht Kinderärzte, die beispielsweise in Krankenhäusern angestellt sind oder in einer Praxis als niedergelassene Ärzte tätig sind. Zudem ist auch der Gesetzgeber davon ausgegangen, dass § 4 Abs. 2 KKG nicht den Sinn hat, dass Berufsgeheimnisträger untereinander Daten zum Zwecke der Sammlung von Verdachtsmomenten austauschen.[657]

IV. Ergebnis zu „RISKID"

Folglich bleibt festzuhalten, dass die Eintragung der Daten in die „RISKID"-Datei rechtswidrig ist. Daran vermag auch das KKG nichts zu ändern.

D. Irrtumsproblematik

Wie bereits auf S. 77 ff. dargestellt, ist für die Fallkonstellation der Kindesmisshandlung zu berücksichtigen, dass der Arzt oftmals nicht eindeutig diagnostizieren kann, ob das Kind tatsächlich misshandelt worden ist. Es kann sich beispielsweise im Nachhinein herausstellen, dass die Verletzungen des Kindes harmlose Ursachen hatten. Zum anderen wäre beispielsweise denkbar, dass die Gerichte in einem späteren Prozess zu dem Ergebnis kommen, dass die Einschaltung des Jugendamtes entgegen der Einschätzung des Arztes nicht erforderlich und diese Einschätzung auch nicht mehr vom Beurteilungsspielraum[658] gedeckt war. Es stellt sich vor allem die Frage, wie sich diese subjektiven Fehlvorstellungen des Arztes auf eine Strafbarkeit gemäß § 203 Abs. 1 StGB auswirken.

---

655 Wegen einer unvereinbaren Rollenkollision müssen diese Fachkräfte allerdings außerhalb des Allgemeinen Sozialen Dienstes (ASD) angestellt sein. Sie können aber bei Trägern der freien Jugendhilfe angestellt oder auch freischaffend tätig sein. Vgl. hierzu *Meysen/Eschelbach,* Bundeskinderschutzgesetz, Kapitel 3 Rn. 98.

656 *BT-Ds.* 17/6256, S. 19; S. 21 f.; *Meysen/Eschelbach,* Bundeskinderschutzgesetz, Kapitel 3 Rn. 84, 97 ff.

657 *BT-Ds.* 17/6256, S. 19.

658 Siehe zum Beurteilungsspielraum S. 89 f.

I. Erlaubnistatbestandsirrtum

Problematisch wird es, wenn der Arzt irrtümlich davon ausgeht, dass gewichtige Anhaltspunkte für eine Kindeswohlgefährdung bestehen und er infolgedessen das Jugendamt informiert, obwohl die Verletzungen des Kindes harmlose Ursachen hatten.[659] Der Arzt hat sich in dieser Konstellation somit Umstände vorgestellt, bei deren Vorliegen die Offenbarung zumindest gemäß § 4 Abs. 3 S. 1 KKG gerechtfertigt wäre. Die irrtümliche Annahme rechtfertigender Umstände wird als Erlaubnistatbestandsirrtum bezeichnet.[660] Die rechtliche Würdigung des Erlaubnistatbestandsirrtums ist traditionell umstritten.[661] Die Rechtsprechung und die h. M. vertreten die sogenannte *eingeschränkte Schuldtheorie* und wenden auf den Erlaubnistatbestandsirrtum den Rechtsgedanken des § 16 Abs. 1 StGB an.[662] Die irrige Annahme rechtfertigender Umstände führt nach dieser Ansicht zwar nicht zum Ausschluss des Vorsatzes, sondern zum Entfallen von dessen Rechtswidrigkeit, sodass letztlich durch einen solchen Irrtum kein vorsätzliches Unrecht verwirklicht worden ist.[663] Nach der eingeschränkten Schuldtheorie kommt allerdings eine Bestrafung wegen eines Fahrlässigkeitsdelikts in Betracht, vgl. § 16 Abs. 1 S. 2 StGB.[664] Für die Verletzung der ärztlichen Schweigepflicht spielt eine Fahrlässigkeitsstrafbarkeit jedoch keine Rolle, da eine fahrlässige Verletzung von Privatgeheimnissen nicht existiert (vgl. § 15 StGB).

Ein zum Ausschluss des Vorsatzunrechts führender Erlaubnistatbestandsirrtum läge etwa auch dann vor, wenn der Arzt irrig annimmt, dass der Patient in die Weitergabe des Geheimnisses eingewilligt habe.[665]

---

659 NK-StGB-*Kargl,* § 203 Rn. 49.

660 *Frister,* AT, Kap. 14 Rn. 29.

661 Vgl. ausführlich zum Erlaubnistatbestandsirrtum NK-StGB-*Paeffgen,* Vorbemerkungen zu §§ 32 ff. Rn. 103 ff.

662 *BGHSt* 3, 105 (106 f.); *Frister,* AT, Kap. 14 Rn. 29; Sch/Sch/*Cramer/Sternberg-Lieben,* § 16 Rn. 14 ff. m. w. N. Nach der sogenannten rechtsfolgenverweisenden Schuldtheorie entfällt hingegen die Vorsatzschuld; vgl hierzu *BGH* NStZ 2012, 272 (273), „Hells-Angels-Fall".

663 *Frister,* AT, Kap. 14 Rn. 30.

664 *Frister,* AT, Kap. 14 Rn. 30.

665 LK/*Schünemann,* § 203 Rn. 89. Dies müssen diejenigen Autoren anders beurteilen, die die Zustimmung des Patienten als ein tatbestandsausschließendes Einverständnis einordnen. Die Vertreter dieser Ansicht müssten in diesen Fällen § 16 Abs. 1 StGB direkt anwenden. So z. B. MK/*Cierniak/Pohlit,* StGB, § 203 Rn. 54 f.; Sch/Sch/*Lenckner/Eisele,* § 203 Rn. 71.

II. Erlaubnisirrtum

Der Erlaubnistatbestandsirrtum ist vom sogenannten Erlaubnisirrtum[666] abzugrenzen. Der Erlaubnisirrtum ist dadurch gekennzeichnet, dass der Täter aufgrund eines Rechtsirrtums seine Tat für gerechtfertigt hält.[667] Ein nach § 17 StGB zu behandelnder Erlaubnisirrtum liegt einerseits dann vor, wenn sich der Täter einen rechtlich nicht existenten Rechtfertigungsgrund vorstellt[668] oder andererseits die Grenzen eines Rechtfertigungsgrundes verkennt[669].[670] Der Täter, der einem Erlaubnisirrtum unterliegt, handelt ohne Unrechtsbewusstsein.

Offenbart beispielsweise der Arzt dem Jugendamt, dass ein Kind von seinen Eltern ungesund ernährt wird,[671] in dem Glauben, hierzu aufgrund von § 4 Abs. 3 S. 1 KKG berechtigt zu sein, so unterläge er einem Erlaubnisirrtum mit den Folgen des § 17 StGB. Das Gleiche würde z. B. auch dann gelten, wenn der Arzt glaubt, dass die vereinzelt gebliebene körperliche Misshandlung – ohne Wiederholungsgefahr[672] – eine Kindeswohlgefährdung i. S. v. § 4 Abs. 3 S. 1 KKG darstellt.[673] Ein Erlaubnisirrtum läge auch dann vor, wenn der Arzt über die Erforderlichkeit der Einschaltung des Jugendamtes irrt.[674] Glaubt der Arzt, dass er auch der Strafverfolgungsbehörde die Kindesmisshandlung offenbaren darf, obwohl dies – wie auf S. 109 ff. herausgearbeitet – nicht zulässig ist, so läge ebenfalls ein nach § 17 StGB zu beurteilender Erlaubnisirrtum vor.

Stellt sich im Nachhinein heraus, dass beispielsweise die oben genannte vereinzelt gebliebene körperliche Misshandlung eine harmlose Ursache hatte, so läge

666 Auch als indirekter Verbotsirrtum bezeichnet, vgl. *Frister,* AT, Kap. 14 Rn. 35; Sch/Sch/*Sternberg-Lieben,* § 17 Rn. 10.

667 BeckOK/*Heuchemer,* StGB, § 17 Rn. 31; *Frister,* AT, Kap. 14 Rn. 35; Sch/Sch/*Sternberg-Lieben,* § 17 Rn. 10.

668 Zum Teil als Bestandsirrtum bezeichnet, vgl. BeckOK/*Heuchemer,* StGB, § 17 Rn. 32.

669 Zum Teil als Erlaubnisgrenzirrtum bezeichnet, vgl. BeckOK/*Heuchemer,* StGB, § 17 Rn. 33.

670 *Frister,* AT, Kap. 14 Rn. 35.

671 Die ungesunde Ernährung stellt nicht per se eine Kindeswohlgefährdung i. S. v. § 4 Abs. 3 S. 1 KKG dar, vgl. hierzu MK/*Olzen,* BGB, § 1666 Rn. 51.

672 Eine in der Vergangenheit begangene Schädigung hat allerdings Indizfunktion für zukünftige Schädigungen, vgl. hierzu Staudinger/*Coester,* § 1666 Rn. 82.

673 Vgl. hierzu Staudinger/*Coester,* § 1666 Rn. 82 f.; BeckOK/*Veit,* BGB, § 1666 Rn. 14.

674 Sofern die Einschätzung auch nicht vom Beurteilungsspielraum gedeckt war.

ebenfalls ein nach § 17 StGB zu behandelnder Erlaubnisirrtum und kein Erlaubnistatbestandsirrtum vor.[675]

Für diese Fallkonstellationen ist maßgeblich, ob der Irrtum unvermeidbar war. Sofern der Irrtum unvermeidbar war, entfällt gemäß § 17 S. 1 StGB die Schuld. Nach § 17 S. 2 StGB i. V. m. § 49 Abs. 1 StGB besteht jedoch im Falle der Vermeidbarkeit die Möglichkeit der Strafmilderung. Nach der Rechtsprechung[676] wird die Unvermeidbarkeit des Verbotsirrtums bejaht, wenn der Täter trotz der ihm nach den Umständen des Falles, seiner Persönlichkeit sowie seines Lebens- und Berufskreises zuzumutenden Anspannung des Gewissens die Einsicht in das Unrechtmäßige seines Handelns nicht zu gewinnen vermochte. Das setzt wiederum voraus, dass er alle geistigen Erkenntniskräfte eingesetzt und etwa aufkommende Zweifel durch Nachdenken oder erforderlichenfalls durch Einholung von Rat beseitigt hat.[677]

Ein nach § 17 StGB zu beurteilender (direkter) Verbotsirrtum läge hingegen dann vor, wenn ein Arzt die Grenzen der ärztlichen Schweigepflicht aufgrund einer Fehlbewertung verkennt.[678] Glaubt der Arzt beispielsweise, dass er Geheimnisse einem Kollegen schon deshalb mitteilen darf, weil auch dieser schweigepflichtig ist, so würde dies einen Verbotsirrtum i. S. v. § 17 StGB darstellen.[679]

---

675 Zum Teil auch *Doppelirrtum* genannt, vgl. Sch/Sch/*Sternberg-Lieben,* § 17 Rn. 11.

676 *BGHSt* 2, 194 (201); 20, 18 (20 f.); *BGH* NStZ 2000, 307 (309).

677 *BGHSt* 2, 194 (201); 20, 18 (20 f.); *BGH* NStZ 2000, 307 (309). Kritisch zu dieser Definition *Frister,* AT, 19. Kap. Rn. 7 ff.

678 NK-StGB-*Kargl,* § 203 Rn. 49.

679 Vgl. auch *BayObLG* NStZ 1995, 187; NK-StGB-*Kargl,* § 203 Rn. 49; Sch/Sch/*Lenckner/Eisele,* § 203 Rn. 71.

Fünftes Kapitel: Befugnis des Jugendamtes zur Weitergabe der Informationen an weitere Stellen

Sofern das Jugendamt eine Anzeige wegen (vermuteter) Kindesmisshandlung erhält, hat es den aus dem Wächteramt nach Art. 6 Abs. 2 S. 2 GG abgeleiteten Auftrag, Kinder und Jugendliche zu schützen (vgl. auch § 1 Abs. 3 SGB VIII). Dazu kann auch die Informationsweitergabe an weitere Stellen zählen. Im folgenden Abschnitt der Bearbeitung wird der problematischen Frage nachgegangen, ob und unter welchen Voraussetzungen das Jugendamt Daten bezüglich der Kindesmisshandlung an andere Stellen weiterleiten darf, wenn die Informationen den ärztlichen Bereich verlassen haben. In einem ersten Schritt werden hierzu die Befugnistatbestände zur Informationsweitergabe durch das Jugendamt an andere Stellen dargestellt. In einem zweiten Schritt wird untersucht, ob der Informationsweitergabe Übermittlungsschranken entgegenstehen könnten. Sofern eine Übermittlungsschranke besteht, führt dies dazu, dass neben den Voraussetzungen des Befugnistatbestandes zusätzliche Voraussetzungen erfüllt sein müssen, um die Informationsweitergabe zu rechtfertigen.

Wie dargelegt darf der Arzt die Informationen gemäß § 4 Abs. 3 S. 1 KKG zur Abwendung der *Kindeswohlgefährdung* an das Jugendamt weiterleiten. Durch die Anknüpfung an den Begriff *Kindeswohlgefährdung* ergibt sich, dass die Informationsweitergabe des Arztes an das Jugendamt *präventiven* Charakter hat.[680] Daher wird auch zu untersuchen sein, ob das Jugendamt die zu präventiven Zwecken erhaltenen Informationen an andere Stellen auch zu repressiven Zwecken weiterleiten darf.

Unter F. wird die Befugnis der Polizei, des Familiengerichts und der Staatsanwaltschaft zur Weitergabe der Informationen an öffentliche Stellen, insbesondere das Jugendamt, dargestellt.

---

680 Siehe zum präventiven Charakter des Begriffs „Kindeswohlgefährdung" S. 80 ff.

A. Befugnis des Jugendamtes zur Weitergabe der Informationen an das Familiengericht

Zunächst stellt sich die Frage, ob das Jugendamt befugt ist, die Daten bezüglich der Kindesmisshandlung an das Familiengericht weiterzuleiten. Gemäß § 8a Abs. 2 S. 1 SGB VIII muss das Jugendamt das Familiengericht anrufen, sofern es dessen Tätigwerden für erforderlich hält. Das ist dann der Fall, wenn die Gefährdung des Kindeswohls nur durch das Familiengericht abgewendet werden kann, z. B. weil das Sorgerecht eingeschränkt werden muss.

Die Anrufungsverpflichtung des Jugendamtes aus § 8a Abs. 2 S. 1 SGB VIII stellt jedoch keinen eigenständigen datenschutzrechtlichen Befugnistatbestand i. S. v. § 203 Abs. 1 StGB und auch keine Verpflichtung zur Durchbrechung der Schweigepflicht dar.[681] Sie ist eine Aufgabe des Jugendamtes.[682] Eine Rechtfertigung der Informationsweitergabe an das Familiengericht kommt allerdings nach § 65 Abs. 1 SGB VIII respektive § 69 Abs. 1 SGB X i. V. m. § 8a Abs. 2 S. 1 SGB VIII in Betracht.[683] Dies hängt von der Frage ab, wie das Jugendamt oder der Mitarbeiter des Jugendamtes von den Sozialdaten[684] Kenntnis erlangt hat. Sofern dem Mitarbeiter des Jugendamtes[685] die Sozialdaten zum Zweck persönlicher und erzieherischer Hilfe *anvertraut*[686] worden sind, kommt eine Befugnis zur Informationsweitergabe ausschließlich nach § 65 Abs. 1 SGB VIII in Betracht. Ein *Anvertrauen* liegt jedoch nicht vor, wenn der Arzt weiß,[687] dass der Mitarbeiter die ihm mitgeteilten Daten im Rahmen seiner Aufgaben Dritten, z. B. dem

681 Wiesner/*Wiesner*, SGB VIII, § 8a Rn. 46; MK/*Tillmanns*, BGB, § 8a SGB VIII Rn. 11; BeckOK/*Winkler*, SGB VIII, § 8a Rn. 27.

682 Wiesner/*Wiesner*, SGB VIII, § 8a Rn. 46.

683 Wiesner/*Wiesner*, SGB VIII, § 8a Rn. 46; BeckOK/*Winkler*, SGB VIII, § 8a Rn. 27.

684 Gemäß § 67 Abs. 1 S. 1 SGB X sind Sozialdaten Einzelangaben über persönliche und sachliche Verhältnisse einer bestimmten oder bestimmbaren natürlichen Person (Betroffener), die in einer von § 35 SGB I genannten Stelle im Hinblick auf ihre Aufgaben nach diesem Gesetzbuch erhoben, verarbeitet oder genutzt werden.

685 Befugt zur Informationsweitergabe ist ausschließlich der Mitarbeiter und nicht der Sozialleistungsträger, vgl. Wiesner/*Mörsberger*, SGB VIII, § 65 Rn. 6.

686 Der Begriff „anvertrauen“ ist wie bei § 203 Abs. 1 StGB auszulegen; siehe S. 37 ff.

687 Dies wird in der Regel der Fall sein.

Familiengericht, mitzuteilen hat.[688] Sofern kein Anvertrauensakt vorliegt, richtet sich die Zulässigkeit einer Informationsweitergabe nach § 69 Abs. 1 Nr. 1 2. Alt. SGB X i. V. m. § 8a Abs. 2 S. 1 SGB VIII.[689] Nach § 69 Abs. 1 Nr. 1 2. Alt. SGB X ist eine Übermittlung von Sozialdaten zulässig, soweit sie für die Erfüllung einer gesetzlichen Aufgabe der übermittelnden Stelle nach diesem Gesetzbuch erforderlich ist. Unter *gesetzliche Aufgabe nach diesem Gesetzbuch* ist jede Aufgabe zu verstehen, die sich nicht nur aus dem SGB X, sondern aus SGB insgesamt, ergibt.[690] Die Anrufungsverpflichtung nach § 8a Abs. 2 S. 1 SGB VIII stellt eine gesetzliche Aufgabe des Jugendamtes i. S. v. § 69 Abs. 1 Nr. 1 Alt. 2 SGB X dar.[691] Im Übrigen ergeben sich die Aufgaben des Jugendamtes aus § 2 SGB VIII. Gemäß § 2 Abs. 3 i. V. m. § 50 SGB VIII ist auch die Mitwirkung in familiengerichtlichen Verfahren Aufgabe des Jugendamtes. Um diese Aufgaben wahrzunehmen, darf das Jugendamt folglich die Daten bezüglich der Kindesmisshandlung auch an das Familiengericht übermitteln.

Da die Anrufungsverpflichtung des Jugendamtes jeweils an den Begriff *Kindeswohlgefährdung* anknüpft, steht auch fest, dass die Informationsweitergabe an das Familiengericht zu *präventiven* Zwecken zulässig ist.

B. Befugnis des Jugendamtes zur Weitergabe der Informationen an die Polizeibehörden

Nach § 8a Abs. 3 S. 2 SGB VIII muss das Jugendamt die Polizei einschalten, wenn deren Tätigwerden zur Abwendung der *Kindeswohlgefährdung* notwendig ist.[692] Die Befugnis zur Informationsweitergabe zu diesem *präventiven Zweck* ergibt sich

---

688 *Kunkel,* LPK-SGB VIII, § 65 Rn. 8; § 61 Rn. 194; Wiesner/*Wiesner,* SGB VIII, § 8a Rn. 48.

689 *Kunkel,* LPK-SGB VIII, § 61 Rn. 194; Wiesner/*Wiesner,* SGB VIII, § 8a Rn. 48.

690 von Wulffen/*Bieresborn,* SGB X, § 69 Rn. 13; Erbs/Kohlhaas/*Wache,* Strafrechtliche Nebengesetze, § 69 SGB X Rn. 3.

691 Wiesner/*Wiesner,* SGB VIII, § 8a Rn. 48.

692 *F. Kaufmann* nennt das Beispiel, dass beim Jugendamt glaubwürdige Informationen eingehen, wonach ein Kind sich allein in einer verschlossenen Wohnung aufhält, welches seit mehreren Tagen nicht von seinen Eltern versorgt wird. Es gehöre zu den gesetzlichen Aufgaben des Jugendamtes gemäß § 69 Abs. 1 Nr. 1 SGB X, die Polizei einzuschalten, damit diese gewaltsam Zutritt zu dem Kind erhalten können. Das Jugendamt wäre zur gewaltsamen Öffnung der Wohnung nicht befugt, vgl. *F. Kaufmann,* ZfJ 1990, 1 (6).

ebenfalls aus § 69 Abs. 1 Nr. 1 2. Alt. SGB X i. V. m. § 8a Abs. 3 S. 2 SGB VIII, weil gesetzliche Aufgabe des Jugendamtes auch die Einschaltung der Polizei ist.[693]

C. Zulässigkeit der Informationsweitergabe des Jugendamtes an die Strafverfolgungsbehörden zu Strafverfolgungszwecken

Fraglich ist hingegen, ob das Jugendamt die zu präventiven Zwecken erlangten Informationen auch an die Strafverfolgungsbehörden zu Strafverfolgungszwecken weitergeben darf.

Sobald die Staatsanwaltschaft durch eine Anzeige oder auf anderem Wege von dem Verdacht einer Straftat Kenntnis erhält, hat sie zu ihrer Entschließung darüber, ob die öffentliche Klage zu erheben ist, den Sachverhalt zu erforschen (§ 160 Abs. 1 StPO). Gemäß § 163 Abs. 1 S. 1 StPO haben auch die Behörden und Beamten des Polizeidienstes Straftaten zu erforschen. Sowohl die Staatsanwaltschaft als auch die Behörden und Beamten des Polizeidienstes sind befugt, von allen Behörden Auskunft zu verlangen.[694] Diese Auskunftsrechte können auch mit dem Schutz des Sozialgeheimnisses kollidieren. § 35 Abs. 3 SGB I bestimmt, dass das Sozialgeheimnis grundsätzlich auch justizfest ist. Die Datenweitergabe wäre daher nur dann zulässig, wenn eine Befugnis nach SGB X in Betracht käme.[695] Dies ergibt sich aus dem in § 67d SGB X normierten Übermittlungsgrundsatz, wonach eine Übermittlung von Sozialdaten nur zulässig ist, soweit eine gesetzliche Übermittlungsbefugnis nach den §§ 68 bis 77 SGB X oder nach einer anderen Rechtsvorschrift in diesem Gesetzbuch vorliegt. Als Übermittlungsbefugnisse kommen sowohl §§ 68, 69 Abs. 1 Nr. 1 und Nr. 2 als auch §§ 71 und 73 SGB X in Betracht.

Klarzustellen ist, dass § 65 SGB VIII als Befugnisnorm keine Relevanz für solche Konstellationen entfaltet, in denen ein Arzt dem Jugendamt die Daten bezüglich der Kindesmisshandlung weitergeleitet hat. § 65 SGB VIII ist nur dann anwendbar, wenn dem Jugendamt die Daten *anvertraut* worden sind. Ein Anvertrauen liegt in der Regel zwischen Arzt und Jugendamt jedoch nicht vor.[696]

---

693 *Kunkel,* LPK-SGB VIII, § 61 Rn. 194; Wiesner/*Mörsberger,* SGB VIII, Anh. 4.3. - § 69 SGB X Rn. 2.

694 Diese Befugnis ergibt sich für die Staatsanwaltschaft aus § 161 Abs. 1 S. 1 StPO und für Behörden und Beamten des Polizeidienstes aus § 163 Abs. 1 S. 2 StPO.

695 *Kunkel,* LPK-SGB VIII, § 61 Rn. 170; *ders.,* StV 2002, 333.

696 *Kunkel,* LPK-SGB VIII, § 65 Rn. 8; § 61 Rn. 194; Wiesner/*Wiesner,* SGB VIII, § 8a Rn. 48.

I. Übermittlungsbefugnis gemäß § 68 Abs. 1 S. 1 SGB X

Die Übermittlungsbefugnis des Jugendamtes nach § 68 Abs. 1 S. 1 SGB X setzt zuvorderst ein Amtshilfeersuchen der in dieser Norm genannten Behörden voraus. Das Jugendamt kann aber aus eigener Initiative nicht die Daten an die Strafverfolgungsbehörden übermitteln. Überdies können nur Standarddaten, wie der Name und die Adresse übermittelt werden, aber nicht die Daten zur Straftat selbst.[697] Daher scheidet § 68 Abs. 1 S. 1 SGB X als Befugnis zur Informationsweitergabe aus.

II. Übermittlungsbefugnis gemäß § 69 SGB X

Schließlich könnte sich eine Übermittlungsbefugnis des Jugendamtes aus § 69 Abs. 1 Nr. 1 2. Alt. SGB X oder aus § 69 Abs. 1 Nr. 2 SGB X ergeben.

1. Übermittlungsbefugnis gemäß § 69 Abs. 1 Nr. 1 SGB X

Nach § 69 Abs. 1 Nr. 1 2. Alt. SGB X könnte die Erstattung einer Strafanzeige zulässig sein, wenn sie für das Jugendamt erforderlich wäre, damit es eine Aufgabe nach dem SGB VIII erfüllen kann.[698] Zum Teil wird vertreten, dass die Bekämpfung von Kindesmisshandlungen nicht zu den originären Aufgaben des Jugendamtes zählt und daher die Datenweitergabe bezüglich Kindesmisshandlung nicht nach § 69 Abs. 1 Nr. 1 2. Alt. SGB X an die Strafverfolgungsbehörden gerechtfertigt sein kann.[699] Dieses Ergebnis folgt aus einer engen Interpretation des Begriffs „Aufgabe des Jugendamtes". Die Erstattung einer Strafanzeige wegen einer Straftat an einem Kind sei nicht in dem abschließenden Aufgabenkatalog des Jugendamtes i. S. v. § 2 SGB VIII genannt, sodass auch § 69 Abs. 1 Nr. 1 2. Alt. SGB X nicht als Übermittlungstatbestand in Betracht komme.[700]

Dem lässt sich jedoch entgegenhalten, dass aus § 1 Abs. 3 Nr. 3 SGB VIII die Pflicht des Jugendamts folgt, Kinder und Jugendliche vor Gefahren für ihr Wohl zu schützen.[701] Überdies verlangt § 69 Abs. 1 Nr. 1 2. Alt SGB X für die Rechtmäßigkeit der Informationsweitergabe keine Aufgabe, Strafanzeige zu erstatten,

---

697 *Kunkel,* LPK-SGB VIII, § 61 Rn. 142; *ders.,* StV 2002, 333.
698 *Kunkel,* StV 2002, 333.
699 *Kunkel,* StV 2002, 333.
700 *Kunkel,* StV 2002, 333.
701 *F. Kaufmann,* ZfJ 1990, 1 (5 f.); *Ollmann,* ZfJ 1998, 354 (355 ff.); *Rauschert,* ZfJ 1989, 477 (479 ff.); *Renelt,* ZFSH/SGB 2002, 579 (581).

sondern eine Aufgabe, zu deren Erfüllung die Erstattung einer Strafanzeige notwendig ist. Auch wenn die Erstattung einer Strafanzeige wegen einer Straftat an einem Kind nicht im Katalog des § 2 SGB VIII aufgelistet ist und die Strafverfolgung nicht zu den originären Aufgaben des Jugendamtes zählt,[702] kann die Erstattung einer Strafanzeige notwendig sein, um dem misshandelten Kind vor weiteren schädlichen Einflüssen zu schützen, so z. B., wenn der Täter in Untersuchungshaft genommen wird.[703] Darüber hinaus kann die Strafanzeige wegen der an dem Kind begangenen Straftat die Bereitschaft zur Annahme einer Leistung fördern, z. B. die Annahme einer Hilfe zur Erziehung gemäß §§ 22 ff. SGB VIII beim Personensorgeberechtigten.[704]

Es lässt sich somit festhalten, dass aus § 69 Abs. 1 Nr. 1 2. Alt. SGB X die Befugnis des Jugendamtes folgen kann, Strafanzeige wegen einer Straftat an einem Kind zu erstatten, sofern im konkreten Fall die Strafanzeige zum Schutz des Kindes notwendig ist und damit präventiven Zwecken dient.

2. Übermittlungsbefugnis gemäß § 69 Abs. 1 Nr. 2 SGB X

Eine Befugnis zur Übermittlung von Daten bezüglich der Kindesmisshandlung könnte sich überdies aus § 69 Abs. 1 Nr. 2 SGB X ergeben. Danach dürfen Daten für die Durchführung eines mit der Erfüllung einer Aufgabe nach Nummer 1 zusammenhängenden gerichtlichen Verfahrens einschließlich eines Strafverfahrens[705] übermittelt werden. Der Zusammenhang besteht, wenn mit einer Aufgabenwahrnehmung nach dem SGB gerichtliche Verfahren erforderlich geworden sind.[706] Der Unterschied zwischen einer Übermittlung nach § 69 Abs. 1 Nr. 1 2. Alt. SGB X und § 69 Abs. 1 Nr. 2 SGB X ist verfahrensrechtlicher Natur. Sofern die Staatsanwaltschaft gegen den Betroffenen noch kein Ermittlungsverfahren eingeleitet oder Anklage erhoben hat, beurteilt sich die Übermittlungsbefugnis im Rahmen der Erstattung einer Strafanzeige, der Stellung des Strafantrages oder einer sonstigen Mitteilung an die Strafverfolgungsbehörden nach § 69 Abs. 1

702 *F. Kaufmann,* ZfJ 1990, 1 (5); Münder/Meysen/Trenczek- *Meysen,* Frankfurter Kommentar SGB VIII, § 8a Rn. 65; Wiesner/*Mörsberger,* SGB VIII, Anh. 4.1. Rn. 25.

703 *F. Kaufmann,* ZfJ 1990, 1 (6); *Ollmann,* ZfJ 1998, 354 (357); *Proksch,* Sozialdatenschutz, 98.

704 *Kunkel,* LPK-SGB VIII, § 61 Rn. 124.

705 Zum Strafverfahren gehört auch das strafrechtliche Ermittlungsverfahren, vgl. hierzu Krahmer/*Höfer,* Sozialdatenschutz nach SGB I und X, § 69 SGB X Rn. 6; *Kunkel,* LPK-SGB VIII, § 61 Rn. 125; *Renelt,* ZFSH/SGB 2002, 579 (584 sowie Fn. 34).

706 Wiesner/*Mörsberger,* SGB VIII, Anh. 4.3. - § 69 SGB X Rn. 5.

Nr. 1 2. Alt. SGB X. Ansonsten richtet sich die Befugnis des Jugendamtes zur Weitergabe der Daten nach § 69 Abs. 1 Nr. 2 SGB X. Daher ist das Jugendamt – wie vor Durchführung des gerichtlichen Verfahrens i. S. v. § 69 Abs. 1 Nr. 1 2. Alt. SGB X – befugt, Sozialdaten betreuter Kinder in Fällen von Kindesmisshandlungen an die Strafverfolgungsbehörden weiterzuleiten.[707] Es gehört nämlich zu den Aufgaben des Jugendamtes, Gefahren für das Kindeswohl zu bekämpfen.

Daher kann sich eine Befugnis des Jugendamtes zur Strafanzeige auch aus § 69 Abs. 1 Nr. 2 SGB X ergeben.

III. Übermittlungsbefugnis gemäß § 71 Abs. 1 S. 1 Nr. 1 SGB X

Eine Befugnis zur Übermittlung der Daten nach § 71 Abs. 1 S. 1 Nr. 1 SGB X kommt im Ergebnis nicht in Betracht. Eine Übermittlung von Sozialdaten ist gemäß § 71 Abs. 1 S. 1 Nr. 1 SGB X zulässig, um die Anzeigepflicht nach § 138 StGB zu erfüllen. Die einschlägigen Straftatbestände im Falle der Kindesmisshandlung sind jedoch keine Verbrechen i. S. v. § 138 StGB.[708]

IV. Übermittlungsbefugnis gemäß § 73 SGB X

Eine Übermittlungsbefugnis könnte sich schließlich aus § 73 SGB X ergeben. § 73 SGB X ermöglicht die Durchbrechung des Sozialgeheimnisses zugunsten des Strafanspruchs des Staates.[709] Nach § 73 Abs. 1 SGB X ist eine Übermittlung von Sozialdaten zulässig, soweit es zur Durchführung eines Strafverfahrens wegen eines Verbrechens[710] oder wegen einer sonstigen Straftat von erheblicher Bedeutung[711] erforderlich ist. Bei anderen Vergehen können gemäß § 73 Abs. 2 SGB X nur Daten i. S. v § 72 Abs. 1 S. 2 SGB X übermittelt werden, also z. B. der Name

707 *Renelt,* ZFSH/SGB 2002, 579 (581 f.).

708 Siehe S. 13 f.

709 Krahmer/*Höfer,* Sozialdatenschutz nach SGB I und X, § 73 SGB X Rn. 2; Wiesner/*Mörsberger,* SGB VIII, Anh. 4.3. - § 73 SGB X Rn. 1.

710 Verbrechen sind gemäß § 12 Abs. 1 StGB rechtswidrige Taten, die im Mindestmaß mit Freiheitsstrafe von einem Jahr oder darüber bedroht sind.

711 Der Begriff der Straftat von erheblicher Bedeutung ist nicht gesetzlich definiert. Er wird jedoch in unterschiedlichen strafprozessualen Normen verwendet, z. B. in §§ 98a Abs. 1, 110a StPO.

und die Adresse des potenziellen Täters. Der Unterschied zwischen § 69 Abs. 1 Nr. 2 SGB X und § 73 SGB X liegt in der Entscheidungskompetenz hinsichtlich der Einschaltung der Justiz.[712] Die Entscheidung über die Datenübermittlung liegt im Falle des § 69 Abs. 1 Nr. 2 SGB X beim Sozialleistungsträger, während nach § 73 SGB X die Entscheidungskompetenz – unabhängig von der Interessenlage des Sozialleistungsträgers – bei der Justiz liegt.[713]

Die an Kindern begangenen Misshandlungen stellen in der Regel Verbrechen oder aber Vergehen von erheblicher Bedeutung i. S. d. § 73 Abs. 1 SGB X dar.[714] Für die Übermittlung der Daten ist aber nach § 73 Abs. 3 SGB X stets eine richterliche Anordnung erforderlich. Dadurch wird auch zugleich deutlich, dass das Jugendamt nicht initiativ durch eine Strafanzeige tätig werden kann. Bevor das Gericht die Übermittlung der Daten anordnet, hat es zudem stets zu prüfen, ob die Voraussetzungen des § 76 Abs. 1 SGB X vorliegen (vgl. hierzu die Ausführungen unter D.).

V. Zwischenergebnis

Es ist festzuhalten, dass eine Übermittlung von Daten durch das Jugendamt an die Strafverfolgungsbehörden im Falle der Kindesmisshandlung grundsätzlich nach § 69 Abs. 1 Nr. 1 2. Alt., Nr. 2 SGB X und § 73 SGB X befugt sein kann. Eine Datenübermittlung nach § 68 Abs. 1 S. 1 SGB X scheidet demgegenüber aus, weil nur Standarddaten, wie der Name und die Adresse, übermittelt werden können, aber nicht die Daten zur Straftat selbst. Eine Datenübermittlung nach § 71 Abs. 1 S. 1 Nr. 1 SGB X kommt nicht in Betracht, weil die an Kindern begangenen Straftaten keine Straftaten i. S. v. § 138 StGB darstellen.

D. Schranke der Informationsweitergabe gemäß § 76 Abs. 1 SGB X

Für alle denkbaren Übermittlungstatbestände des SGB VIII und SGB X ist allerdings die Schranke des § 76 Abs. 1 SGB X zu beachten. Danach ist die Übermittlung

---

712 *Kunkel,* LPK-SGB VIII, § 61 Rn. 171; Wiesner/*Mörsberger,* SGB VIII, Anh. 4.3. - § 69 SGB X Rn. 5; *Renelt,* ZFSH/SGB 2002, 579 (582).

713 *Kunkel,* LPK-SGB VIII, § 61 Rn. 171; Wiesner/*Mörsberger,* SGB VIII, Anh. 4.3. - § 69 SGB X Rn. 5; *Renelt,* ZFSH/SGB 2002, 579 (582).

714 Siehe zu den einschlägigen Straftatbeständen im Falle von Kindesmisshandlungen S. 13 f.

von Sozialdaten, die einer in § 35 SGB I genannten Stelle von einem Arzt [...] zugänglich gemacht worden sind, nur unter den Voraussetzungen zulässig, unter denen diese Person selbst übermittlungsbefugt wäre. Das bedeutet, dass das Jugendamt die Daten nur dann übermitteln darf, wenn zusätzlich zu einer Befugnis nach den §§ 61 ff. SGB VIII bzw. §§ 68 ff. SGB X eine weitere fiktive strafrechtliche Offenbarungsbefugnis für das Privatgeheimnis bestünde.[715] § 76 SGB X verlängert somit das Privatgeheimnis in das SGB hinein und bezweckt die Sicherstellung besonders schutzwürdiger Daten, die dem Jugendamt durch einen Arzt zugänglich gemacht worden sind.[716] Zum Teil wird vertreten, dass § 76 SGB X lex specialis zu den gesetzlichen Übermittlungstatbeständen sei.[717] Dies hätte jedoch zur Folge, dass bei nur fiktiver strafrechtlicher Übermittlungsbefugnis Daten unter Umständen leichter übermittelt werden können als nach sozialrechtlicher Legitimation. Strafrechtlich kann beispielsweise bereits eine konkludente oder mutmaßliche Einwilligung genügen, während sozialrechtlich die Einwilligung gemäß § 67b Abs. 2 SGB X schriftlich erklärt werden muss.[718] Auch der Gesetzgeber geht davon aus, dass § 76 SGB X eine Einschränkung zu den gesetzlichen Übermittlungstatbeständen und kein eigenständiger Übermittlungstatbestand sei.[719] Des Weiteren spricht gegen die Ansicht von *Mörsberger*, dass die Überschrift des § 76 SGB X „Einschränkung der Übermittlungstatbestände bei besonders schutzwürdigen Sozialdaten" lautet und nicht etwa „Übermittlung bei besonders schutzwürdigen Sozialdaten".[720]

I. Rechtmäßige Erstübermittlung

Problematisch ist zunächst, ob für eine Zweitübermittlung Voraussetzung ist, dass auch die Erstübermittlung vom Arzt zum Jugendamt rechtmäßig erfolgt sein muss. Denkbar wäre z. B., dass der Arzt das in § 4 Abs. 3 i. V. m. Abs. 1 KKG vorgesehene

---

715 von Wulffen/*Bieresborn,* SGB X, § 76 Rn. 2; Borchert/Hase/Walz/*Borchert,* GK-SGB X 2, § 76 Rn. 46; Krahmer/*Krahmer,* Sozialdatenschutz nach SGB I und X, § 76 SGB X Rn. 2; 5 ff.; *Kunkel,* LPK-SGB VIII, § 61 Rn. 198; *Proksch,* Sozialdatenschutz, 119; *Rasmussen,* NZS 1998, 67 (70); *Renelt,* ZFSH/SGB 2002, 579 (584); Erbs/Kohlhaas/*Wache,* Strafrechtliche Nebengesetze, § 76 SGB X Rn. 1.

716 von Wulffen/*Bieresborn,* SGB X, § 76 Rn. 4; *Kunkel,* LPK-SGB VIII, § 61 Rn. 14, 198; Wiesner/*Mörsberger,* SGB VIII, Anh. 4.3. - § 76 SGB X Rn. 1; *Rasmussen,* NZS 1998, 67 (69 f.); *Renelt,* ZFSH/SGB 2002, 579 (584).

717 Wiesner/*Mörsberger,* SGB VIII, Anh. 4.3. - § 76 SGB X Rn. 1 f.

718 *Kunkel,* LPK-SGB VIII, § 61 Rn. 198.

719 *BT-Ds.* 8/4022, S. 87 zu der bis zum 1.7.1994 geltenden Fassung.

720 Vgl. auch die Überschriften der Übermittlungstatbestände gemäß §§ 68–75 SGB X.

Erörterungsgespräch nicht durchgeführt hat, obwohl es trotz der bestehenden Kindeswohlgefährdung notwendig gewesen wäre. Die Informationsweitergabe an das Jugendamt wäre in diesem Fall rechtswidrig. Ein gesetzliches Verwertungsverbot besteht – anders als in § 78 Abs. 1 S. 1 SGB X – hierfür nicht.[721] Es würde jedoch der Ratio des § 76 SGB X widersprechen, wenn die dem Jugendamt unbefugt übermittelten Daten von diesem an weitere Stellen weitergeleitet werden dürften, da das verwirklichte Unrecht durch die Zweitübermittlung vertieft würde. Es wäre eine unerträgliche Vorstellung, wenn die Rechtsordnung dazu beitrüge, dass ein rechtswidriger Zustand nicht nur aufrechterhalten wird, sondern sogar durch die Datenübermittlung perpetuiert werden würde. Zudem kann wegen des Grundsatzes der Einheit der Rechtsordnung ein strafbares Verhalten nicht zugleich rechtmäßig i. S. einer anderen Norm sein.[722] Daher ist festzuhalten, dass aus der rechtswidrigen Erstübermittlung eine Übermittlungssperre für die Zweitübermittlung des Jugendamtes an andere Stellen folgt.

II. Rechtmäßige Zweitübermittlung

Neben der rechtmäßigen Erstübermittlung ist ferner Voraussetzung, dass die Zweitübermittlung rechtmäßig ist. Das bedeutet, dass dem Jugendamt neben einem sozialrechtlichen Übermittlungstatbestand auch ein fiktiver strafrechtlicher Rechtfertigungsgrund i. S. v. § 203 StGB zustehen muss.[723] Damit soll sichergestellt werden, dass die Daten genauso geschützt werden, als wenn sie sich noch beim Arzt befänden.[724] Mit der Verwendung des Wortes „wäre" in § 76 Abs. 1 SGB X hat der Gesetzgeber zum Ausdruck gebracht, dass es nicht auf den Zeitpunkt der Übermittlung der Daten durch den Arzt an das Jugendamt ankommt, sondern die Entscheidung ist vom Jugendamt in dem Zeitpunkt zu fällen, in dem es selbst vor der Frage steht, ob die Daten an Dritte befugt übermittelt werden dürfen.[725] Deshalb ist die Frage zu beantworten, ob das Jugendamt nunmehr unter denselben

721 Borchert/Hase/Walz/*Borchert,* GK-SGB X 2, § 76 Rn. 13. Siehe auch zum Problem, ob ein Beweisverwertungsverbot besteht, wenn ein nach § 53 StPO Zeugnisverweigerungsberechtigter aussagt und die Aussage gegen die von § 203 StGB erfasste Verschwiegenheitspflicht verstößt, *Rössner,* 30 Probleme aus dem Strafprozessrecht, 92 ff. m. w. N. zu den vertretenen Ansichten.

722 *Kunkel,* LPK-SGB VIII, § 61 Rn. 197.

723 *LG Hamburg* NStZ 1993, 401 (402); *Kunkel,* LPK-SGB VIII, § 61 Rn. 198.

724 *Dölling*, NStZ 1993, 402 (402 f.).

725 *Rasmussen,* NZS 1998, 67 (70); *Fanselow,* in: Jahn u.a., SGB X, § 76 Rn. 8.

Voraussetzungen befugt wäre, Dritten – in Betracht kommen insbesondere das Familiengericht, die zur Gefahrenabwehr zuständigen Polizeibehörden oder die Strafverfolgungsbehörden – die Kindesmisshandlung zu offenbaren.

Vor Inkrafttreten des KKG wurde in der Regel der rechtfertigende Notstand in direkter[726] oder analoger Anwendung[727] als einschlägiger fiktiver strafrechtlicher Rechtfertigungsgrund genannt, der im Falle einer Kindesmisshandlung dem Jugendamt die Befugnis einräumen sollte, die Daten an Dritte, also z. B. das Familiengericht oder die Polizei, zu übermitteln. Durch die Verankerung der Befugnisnorm für Ärzte in § 4 Abs. 3 S. 1 KKG ist die Anwendbarkeit des rechtfertigenden Notstandes gemäß § 34 StGB sehr zweifelhaft. Da die Übermittlungsschranke des § 76 Abs. 1 SGB X konkret verlangt, dass die Weitergabe der Daten nur zulässig ist, unter denen *diese Person selbst übermittlungsbefugt wäre*, gewinnt die Befugnisnorm gemäß § 4 Abs. 3 S. 1 KKG auch an dieser Stelle Bedeutung. Der Arzt ist – wie auf S. 107 ff. herausgearbeitet – im Ausnahmefall[728] analog § 4 Abs. 3 S. 1 KKG befugt, das Familiengericht und die Polizeibehörden zu informieren. § 4 Abs. 3 S. 1 KKG analog setzt mithin gewichtige Anhaltspunkte für eine Kindeswohlgefährdung voraus, die mit den eigenen zur Verfügung stehenden Mitteln nicht abgewendet werden kann.[729] Daher setzt auch die Weitergabe der Daten durch das Jugendamt an das Familiengericht oder die Polizei nunmehr voraus, dass es eine bestehende Kindeswohlgefährdung mit den eigenen zur Verfügung stehenden Mitteln nicht abwenden kann, so etwa, wenn eine von den Eltern ausgehende akute Lebensgefahr für das Kind bestünde.[730] Da § 4 Abs. 3 S. 1 KKG an

---

726 *F. Kaufmann,* ZfJ 1990, 1 (8); Krahmer/*Krahmer,* Sozialdatenschutz nach SGB I und X, § 76 SGB X Rn. 16; *Kunkel,* StV 2002, 333 (334); *Ollmann,* ZfJ 1998, 354 (359); *Renelt,* ZFSH/SGB 2002, 579 (584). Zum Teil wird die Anwendbarkeit des rechtfertigenden Notstandes mit dem Hinweis verneint, dass der im Strafrecht geltende rechtfertigende Notstand mangels Normenklarheit keinen Eingriff in das Recht auf informationelle Selbstbestimmung rechtfertigen könne. Insbesondere könne er auch nicht staatliche Maßnahmen aus dem Bereich des öffentlichen Rechts rechtfertigen, denn für staatliches Verhalten bestünden gesetzlich geregelte Verfahren über die Möglichkeiten der Behörden, zum Schutz wichtiger Rechtsgüter, einzuschreiten, vgl. hierzu Borchert/Hase/Walz/*Borchert,* GK-SGB X 2, § 76 Rn. 56 f.; *Rasmussen,* NZS 1998, 67 (71).

727 *Kunkel,* LPK-SGB VIII, § 61 Rn. 193 ff.; 201; *ders.,* NDV 1992, 87 (88).

728 Die Ausnahmefälle stellen Situationen dar, in denen die Einschaltung des Jugendamtes beispielsweise wegen einer bestehenden Eilbedürftigkeit keinen Erfolg verspricht, vgl. hierzu bereits S. 107 ff.

729 Vgl. ausführlich zu den Voraussetzungen des § 4 Abs. 3 S. 1 KKG S. 74 ff.

730 Das Jugendamt müsste grundsätzlich auch die weiteren Voraussetzungen des § 4 Abs. 3 i. V. m. Abs. 1 KKG analog einhalten, wozu auch zählt, dass das Jugendamt

den Begriff *Kindeswohlgefährdung* anknüpft, steht auch fest, dass die Informationsweitergabe an das Familiengericht und der Polizei zu *präventiven* Zwecken zulässig ist.

Fraglich ist jedoch, ob auch die Strafverfolgungsbehörden als Adressaten der Zweitübermittlung in Betracht kommen können. § 4 Abs. 3 S. 1 KKG (analog) berechtigt Ärzte, ihre Schweigepflicht zu brechen, wenn gewichtige Anhaltspunkte für eine *Kindeswohlgefährdung* bestehen. Diese Norm verfolgt ausschließlich präventive Zwecke, sodass die Datenweitergabe an die Strafverfolgungsbehörden nicht auf Grundlage des § 4 Abs. 3 S. 1 KKG (analog) gestützt werden kann. Diese Befugnis folgt auch nicht aus § 34 StGB, weil die ärztliche Schweigepflicht nicht zugunsten des Strafverfolgungsinteresses und damit zu *repressiven Zwecken* durchbrochen werden kann.[731]

Resümierend ist bis zu diesem Punkt festzuhalten, dass das Jugendamt aufgrund des sozialrechtlichen Übermittlungstatbestandes gemäß § 69 Abs. 1 Nr. 1 2. Alt, Nr. 2 SGB X und der fiktiven strafrechtlichen Übermittlungsbefugnis analog § 4 Abs. 3 S. 1 KKG befugt ist, das Familiengericht und die zur Gefahrenabwehr zuständigen Polizeibehörden zu informieren. Das Jugendamt ist jedoch nicht befugt, die Strafverfolgungsbehörden zu informieren, sofern es die Daten von einem Arzt erhalten hat. Einer Informationsweitergabe steht insoweit die Übermittlungsschranke gemäß § 76 Abs. 1 SGB X entgegen.

III. Rechtmäßige Drittübermittlung

Sofern die Daten vom Jugendamt an andere Personen oder Stellen weitergeleitet worden sind, die nicht zu den Personen und Stellen i. S. v. § 35 SGB I gehören, bestimmt § 78 SGB X einen verlängerten Datenschutz in doppelter Weise. Entsprechend dem Zweckbindungsgrundsatz dürfen die Empfänger dieser Daten diese nur zu dem Zweck verarbeiten oder nutzen, zu dem sie ihnen befugt übermittelt worden sind (§ 78 Abs. 1 S. 1 SGB X). Außerdem müssen die Empfänger die Daten in demselben Umfang geheim halten, wie es die in § 35 SGB I genannten Stellen (§ 78 Abs. 1 S. 2 SGB X) tun müssen.

Eine nicht nur für den Falltypus der Kindesmisshandlung bedeutende Ausnahme von diesem Zweckbindungsgrundsatz hat der Gesetzgeber in § 78 Abs. 1 S. 5 SGB

die Situation mit dem Kind oder Jugendlichen und den Personensorgeberechtigten erörtern soll.

731 Siehe S. 110 ff.

X geschaffen.[732] Danach dürfen Polizeibehörden, Staatsanwaltschaften, Gerichte oder Behörden der Gefahrenabwehr übermittelte Daten unabhängig vom Zweck der Übermittlung sowohl für Zwecke der Gefahrenabwehr als auch für Zwecke der Strafverfolgung und der Strafvollstreckung verarbeiten und nutzen. Daraus folgt, dass beispielsweise die vom Jugendamt zur Gefahrenabwehr übermittelten Daten an die Polizei oder das Familiengericht von diesen auch zu Strafverfolgungszwekken verarbeitet und genutzt werden dürfen. Für die „Übermittlungskette" bedeutet dies, dass die befugte Erstübermittlung durch den Arzt an das Jugendamt letztlich dazu führen kann, dass die Daten auch zur Strafverfolgung genutzt werden können, obwohl nach den oben herausgearbeiteten Ergebnissen[733] die dem Jugendamt vom Arzt zugänglich gemachten Daten bezüglich der Kindesmisshandlung nicht an die Strafverfolgungsbehörden weitergeleitet werden dürfen. Diese Ausnahme vom Zweckbindungsgrundsatz hat in der Literatur Kritik erfahren.[734] Es läge die Befürchtung nahe, dass vorschnell Strafverfolgungsbehörden eingeschaltet werden, obwohl Strafe in der Kinder- und Jugendhilfe nur im Ausnahmefall geeignet sei.[735] So sei denkbar, dass ein mit einem Kindesmisshandlungsfall befasster unerfahrener Familienrichter,[736] der persönlich davon überzeugt sei, dass im Bereich der Misshandlung nur Strafe das richtige Mittel zur Hilfe sei, die Strafverfolgungsbehörden voreilig einschalte und dies letztlich sogar zu einer Verschlechterung der Konfliktlage führe.[737] Speziell für den Fall, dass die Erstübermittlung zwischen Arzt und Jugendamt stattgefunden habe, bedeute dies in der Konsequenz, dass der Arzt sich an der Strafverfolgung zumindest mittelbar beteiligen

---

732 In § 78 SGB X sind auch weitere Ausnahmen vom Zweckbindungsgrundsatz verankert. Vgl. zu den weiteren Ausnahmen Krahmer/*Krahmer*, Sozialdatenschutz nach SGB I und X, § 78 SGB X Rn. 9 ff. Die Ausnahmen gelten jedoch wiederum nicht für anvertraute Daten i. S. v. § 65 Abs. 1 S. 1 SGB VIII. Diese unterliegen der strengen Zweckbindung gemäß § 65 Abs. 1 S. 2 SGB VIII. Danach dürfen anvertraute Sozialdaten vom Empfänger nur zu dem Zweck weitergegeben werden, zu dem er diese befugt erhalten hat. Ein „Anvertrauen" i. S. v. § 65 Abs. 1 S. 1 SGB VIII wird in der Regel im Rahmen der Erstübermittlung (Arzt-Jugendamt) nicht vorliegen.

733 Siehe S. 136 ff.

734 *Kunkel*, LPK-SGB VIII, § 61 Rn. 239; Wiesner/*Mörsberger*, SGB VIII, Anh. 4.3. - § 78 SGB X Rn. 5.

735 Wiesner/*Mörsberger*, SGB VIII, Anh. 4.3. - § 78 SGB X Rn. 5.

736 Der erfahrene Familienrichter werde nach Ansicht von Mörsberger von der Einschaltung der Strafverfolgungsbehörden in der Regel keinen Gebrauch machen, da er um die praktischen Folgen wisse, vgl. Wiesner/*Mörsberger*, SGB VIII, Anh. 4.3. - § 78 SGB X Rn. 5.

737 Wiesner/*Mörsberger*, SGB VIII, Anh. 4.3. - § 78 SGB X Rn. 5.

würde. Dies würde allerdings gegen das auf S. 110 ff. dargestellte Ergebnis sprechen, dass die ärztliche Schweigepflicht nicht zugunsten des staatlichen Strafverfolgungsinteresses durchbrochen werden darf. Das wäre jedoch der Fall, wenn in letzter Konsequenz die Polizei oder das Familiengericht ohne Rücksicht auf die Intention, die mit deren Einschaltung verbunden war,[738] die Strafjustiz informieren würde.[739] Dieses Ergebnis ist rechtlich jedoch hinzunehmen und könnte nur durch eine gesetzgeberische Änderung dieser Ausnahme vom Zweckbindungsgrundsatz erreicht werden.[740]

Anders als in § 76 SGB X ist in § 78 Abs. 1 S. 1 SGB X jedoch mittelbar ein Verwertungsverbot normiert.[741] Voraussetzung für eine Drittübermittlung ist, dass der Dritte die Daten *befugt* erhalten hat.[742] Falls die Zweitübermittlung unbefugt erfolgt ist, so dürfen die Daten nicht weitergegeben werden. Das Familiengericht darf beispielsweise die vom Jugendamt übermittelten Daten bezüglich der Kindesmisshandlung nicht an die Strafverfolgungsbehörden weiterleiten, wenn die Voraussetzungen eines sozialrechtlichen Übermittlungstatbestandes und/oder der fiktiven strafrechtlichen Übermittlungsbefugnis nicht vorlagen.

IV. Zwischenergebnis

Die Schranke des § 76 Abs. 1 SGB X schränkt den Informationsfluss zwischen Arzt, Jugendamt und weiteren öffentlichen Stellen insoweit ein, als das Jugendamt die vom Arzt rechtmäßig erhaltenen Daten ausschließlich an Stellen weiterleiten darf, die für die Abwehr der Kindeswohlgefährdung zuständig sind. Dazu zählen insbesondere das Familiengericht und auch die Polizei. Das Jugendamt kann die Daten in Ermangelung einer fiktiven strafrechtlichen Befugnisnorm jedoch nicht an die Strafverfolgungsbehörden weiterleiten. Sofern allerdings eine befugte Zweitübermittlung stattgefunden hat – beispielsweise zwischen dem Jugendamt und dem Familiengericht – kann das Familiengericht die Daten aufgrund der Ausnahmeregelung gemäß § 78 Abs. 1 S. 5 SGB X auch den

738 Die Einschaltung erfolgte aus Gründen der Gefahrenabwehr; siehe S. 133 ff.

739 Wiesner/*Mörsberger*, SGB VIII, Anh. 4.3. - § 78 SGB X Rn. 5.

740 *Kunkel*, LPK-SGB VIII, § 61 Rn. 239; Wiesner/*Mörsberger*, SGB VIII, Anh. 4.3. - § 78 SGB X Rn. 5.

741 Krahmer/*Krahmer*, Sozialdatenschutz nach SGB I und X, § 78 SGB X Rn. 2, 6; *Kunkel*, LPK-SGB VIII, § 61 Rn. 243.

742 Zum Teil auch „Domino-Theorie" genannt, vgl. *Kunkel*, LPK-SGB VIII, § 61 Rn. 243

Strafverfolgungsbehörden zu Strafverfolgungszwecken weiterleiten. Dies gilt gleichsam für die zu präventiven Zwecken erfolgte Datenübermittlung vom Jugendamt an die Polizeibehörden. Diese können die Daten auch zum Zwecke der Strafverfolgung nutzen.

E. Fazit zur Befugnis des Jugendamtes zur Weitergabe der Informationen an weitere Stellen

Das Jugendamt ist befugt, die vom Arzt erhaltenen Daten dem Familiengericht und der Polizei weiterzuleiten. Es ist jedoch nicht befugt, die Daten den Strafverfolgungsbehörden zu Strafverfolgungszwecken weiterzuleiten, wenn es die Daten von einem Arzt erhalten hat.

F. Befugnis der Polizei, des Familiengerichts und der Staatsanwaltschaft zur Weitergabe der Informationen an öffentliche Stellen – insbesondere das Jugendamt

Eine Übermittlung personenbezogener Informationen durch die Polizei an öffentliche Stellen (z. B. das Jugendamt) erfolgt in NRW nach § 28 Abs. 1 PolG NRW, soweit die Kenntnis dieser Informationen zur Erfüllung der Aufgaben notwendig erscheint oder zur Abwehr einer Gefahr erforderlich ist (sog. Gefährdungsmitteilung). Die Befugnis der Staatsanwaltschaft, die erlangten Informationen bezüglich der Kindesmisshandlung an öffentliche Stellen weiterzuleiten, folgt nicht aus Nr. 35 Mitteilung in Strafsachen (MiStra). Die MiStra stellt eine Verwaltungsanordnung und kein Gesetz im formellen Sinn dar.[743] Durch §§ 12 Abs. 5, 13 ff. EGGVG ist die MiStra als konkretisierende Verwaltungsvorschrift nunmehr gedeckt.[744] Die Befugnis der Staatsanwaltschaft, Informationen bezüglich der Kindesmisshandlung an öffentliche Stellen weiterzuleiten, insbesondere an Jugendamt und Familiengericht, folgt daher aus §§ 13 Abs. 2, 17 Nr. 1 EGGVG i. V. m. Nr. 35

743 *Fleig,* NJW 1991, 1016 (1017); NK-StGB-*Kargl,* § 203 Rn. 75 ff.; LK/*Schünemann,* § 203 Rn. 151.

744 NK-StGB-*Kargl,* § 203 Rn. 75 ff.; Sch/Sch/*Lenckner/Eisele,* § 203 Rn. 53b; LK/*Schünemann,* § 203 Rn. 151.

MiStra.[745] Danach ist die Übermittlung personenbezogener Daten zulässig, wenn die Kenntnis der Daten aus der Sicht der übermittelnden Stelle zur Abwehr einer schwerwiegenden Beeinträchtigung der Rechte einer anderen Person (Nr. 4) oder zur Abwehr einer erheblichen Gefährdung Minderjähriger erforderlich ist (Nr. 5). Unter den gleichen Voraussetzungen kann das Familiengericht die Staatsanwaltschaft, die Polizei oder das Jugendamt informieren. Überdies kann das Familiengericht die erlangten Informationen auch nach § 17 Nr. 1 EGGVG der Polizei und der Staatsanwaltschaft weiterleiten, soweit dies zur Verfolgung von Straftaten oder Ordnungswidrigkeiten erforderlich ist.

745 Siehe auch Nr. 235 Abs. 2 RiStBV, wonach bei einer Kindesmisshandlung das besondere öffentliche Interesse an der Strafverfolgung (§ 230 Abs. 1 S. 1 StGB) grundsätzlich zu bejahen ist. Sind sozialpädagogische, familientherapeutische oder andere unterstützende Maßnahmen eingeleitet worden und erscheinen diese Erfolg versprechend, kann ein öffentliches Interesse an der Strafverfolgung entfallen (Nr. 235 Abs. 3 RiStBV).

Sechstes Kapitel: Strafbarkeitsrisiken des Arztes bei „Nichtanzeige" der (vermuteten) Kindesmisshandlung

Eine weitere rechtliche Problematik ergibt sich aus den möglicherweise bestehenden Strafbarkeitsrisiken des Arztes, wenn er eine Kindesmisshandlung trotz eines bestehenden begründeten Verdachts nicht anzeigt und das Kind weiterhin misshandelt wird. In Betracht könnte eine Strafbarkeit wegen Nichtanzeige geplanter Straftaten gemäß § 138 StGB, wegen Strafvereitelung durch Unterlassen gemäß §§ 258 Abs. 1, 13 Abs. 1 StGB, wegen unterlassener Hilfeleistung gemäß § 323c StGB, wegen vorsätzlicher Körperverletzung durch Unterlassen gemäß §§ 223, 13 Abs. 1 StGB respektive wegen Beihilfe durch Unterlassen zur Körperverletzung gemäß §§ 223, 13 Abs. 1, 27 Abs. 1 StGB[746] oder aber wegen fahrlässiger Körperverletzung durch Unterlassen gemäß §§ 229, 13 Abs. 1 StGB kommen. Sofern es zum Tode des Kindes kommt, wäre zudem an eine Strafbarkeit wegen fahrlässiger Tötung durch Unterlassen gemäß §§ 222, 13 Abs. 1 StGB zu denken.

A. Strafvereitelung durch Unterlassen gemäß §§ 258 Abs. 1, 13 Abs. 1 StGB

Der Arzt, der eine Misshandlung nicht anzeigt, könnte sich wegen Strafvereitelung durch Unterlassen gemäß §§ 258 Abs. 1, 13 Abs. 1 StGB strafbar machen. Für eine Strafbarkeit wegen Strafvereitelung durch Unterlassen gemäß §§ 258 Abs. 1, 13 Abs. 1 StGB ist das Vorliegen einer Garantenpflicht erforderlich, die sich konkret auf das Rechtsgut der Strafvereitelung beziehen muss, mithin auf die staatliche Strafrechtspflege.[747] Eine Garantenpflicht trifft nach Ansicht des Bundesgerichtshofs jedoch nur solche Personen, denen das Recht die Aufgabe

---

746 Ob der Täter wegen vorsätzlicher Körperverletzung durch Unterlassen gemäß §§ 223, 13 Abs. 1 StGB oder wegen Beihilfe durch Unterlassen zur Körperverletzung gemäß §§ 223, 13 Abs. 1, 27 Abs. 1 StGB zu bestrafen ist, hängt davon ab, welche Ansicht man zur Abgrenzung zwischen Täterschaft und Teilnahme bei unechten Unterlassungsdelikten vertritt, vgl. zu dieser Kontroverse *Frister,* AT, Kap. 26 Rn. 38 ff.; *Joecks,* Studienkommentar StGB, § 13 Rn. 81 ff.

747 *BGHSt* 43, 82 (84); MK/*Cramer/Pascal,* StGB, § 258 Rn. 16, *Lackner/Kühl,* StGB, § 258 Rn. 1.

zuweist, Belange der Strafrechtspflege wahrzunehmen oder zumindest zu fördern.[748] Das ist derjenige, der von Rechts wegen dazu berufen ist, an der Strafverfolgung mitzuwirken, also in irgendeiner Weise dafür zu sorgen oder dazu beizutragen hat, dass Straftäter nach Maßgabe des geltenden Rechts ihrer Bestrafung oder sonstigen strafrechtlichen Maßnahmen i. S. v. § 11 Abs. 1 Nr. 8 StGB zugeführt werden.[749] Für einen Arzt wird man diese Voraussetzungen nicht bejahen können, da ihn keine Schutzpflicht zugunsten des Bestandes und der Funktionsfähigkeit der Rechtsordnung trifft.[750] Im Übrigen trifft ihn höchstens eine Zeugnispflicht im Strafverfahren gemäß § 53 Abs. 2 S. 1 StPO – sofern er von seiner Verschwiegenheitspflicht entbunden ist – oder aber eine Begutachtungspflicht gemäß § 75 StPO, wobei diese Pflichten nach deutscher Rechtstradition lediglich eine allgemeine Staatsbürgerpflicht darstellen.[751]

Eine Strafbarkeit des Arztes wegen Strafvereitelung durch Unterlassen gemäß §§ 258 Abs. 1, 13 Abs. 1 StGB kommt somit nicht in Betracht.

B. Strafbarkeit des Arztes wegen Verwirklichung von Körperverletzungsdelikten und Tötungsdelikten durch die Nichtanzeige

Durch die Nichtanzeige der Kindesmisshandlung könnte allerdings eine Strafbarkeit des behandelnden Arztes wegen der Verwirklichung von Körperverletzungsdelikten in Betracht kommen. Denkbare Delikte sind, je nachdem, welche Ansicht man zur Abgrenzung zwischen Täterschaft und Teilnahme bei unechten Unterlassungsdelikten vertritt,[752] die vorsätzliche Körperverletzung durch Unterlassen gemäß §§ 223 Abs. 1, 13 Abs. 1 StGB oder aber Beihilfe durch Unterlassen zur Körperverletzung gemäß §§ 223 Abs. 1, 27 Abs. 1, 13 Abs. 1 StGB. Zu erwägen wäre auch eine Strafbarkeit wegen fahrlässiger Körperverletzung durch Unterlassen gemäß §§ 229, 13 Abs. 1 StGB oder aber, wenn es sogar zum Tod des Kindes kommt, wegen fahrlässiger Tötung durch Unterlassen gemäß §§ 222, 13 Abs. 1 StGB.

---

748 *BGHSt* 43, 82 (84 f.).

749 *BGHSt* 43, 82 (84 f.); MK/*Cramer/Pascal,* StGB, § 258 Rn. 16.

750 *Fischer,* § 258 Rn. 14; *Schmelz,* Blutentnahme, in: *Schneider/Frister,* Alkohol und Schuldfähigkeit, 98 ff.; LK/*Walter,* § 258 Rn. 106.

751 *BVerfGE* 76, 363 (384); MK/*Cramer/Pascal,* StGB, § 258 Rn. 22.

752 Vgl. zu dieser Kontroverse *Frister,* AT, Kap. 26 Rn. 38 ff.; *Joecks,* Studienkommentar StGB, § 13 Rn. 81 ff.

I. Garantenstellung

Für die vorgenannten Delikte ist aber stets das Bestehen einer Garantenstellung erforderlich.[753] Es kommt somit entscheidend darauf an, ob der behandelnde Arzt rechtlich i. S. v. § 13 Abs. 1 StGB zum Schutz des kindlichen Lebens und seiner körperlichen Unversehrtheit in der Weise verpflichtet ist, dass er die Kindesmisshandlung offenbaren muss.

1. Garantenstellung kraft tatsächlicher Übernahme – Arztvertrag

Zunächst stellt sich die Frage, ob sich aus der Übernahme der ärztlichen Behandlung des Kindes die Pflicht des Arztes ergeben kann, im Falle von Kindesmisshandlungen seine Verschwiegenheitspflicht zugunsten des Kindesschutzes zu brechen. Entscheidend für die Beantwortung dieser Frage sind die Reichweite und die Grenzen ärztlicher Einstandspflichten.

a) Inhalt und Grenzen der ärztlichen Einstandspflichten

Die Garantenstellung aus Vertrag wird in der Strafrechtsliteratur durch die Kategorie der tatsächlichen Übernahme ersetzt, wobei anzumerken ist, dass die zivilrechtlich wirksame Begründung des Arztvertrages nicht maßgeblich ist.[754] Sofern eine Garantenstellung besteht, folgt aus ihr die sogenannte Garantenpflicht, also die Pflicht, bestimmte Rechtsgüter zu schützen.[755] Der Arzt schuldet seinem Patienten[756] grundsätzlich die zum Wohl des Patienten erforderlichen Maßnahmen

---

753 Ist das Kind innerhalb der Familie in seiner sexuellen Integrität gefährdet, ist auch eine Strafbarkeit wegen sexuellem Missbrauchs an einem Schutzbefohlenen bzw. sexuellem Missbrauchs von Kindern durch Unterlassen respektive wegen Beihilfe durch Unterlassen gemäß §§ 174, 176 i. V. m. §§ 13, 27 StGB nicht mehr gänzlich ausgeschlossen. Diese Gedankenspiele zeigen deutlich auf, welche Strafbarkeitsrisiken für Ärzte bestehen, sofern man eine Garantenstellung bejahen würde, vgl. hierzu auch *Beulke/Swoboda,* Beschützergarant Jugendamt, in: *Dölling u.a.,* FS-Gössel, 73 (75).

754 *Frister,* AT, Kap. 22 Rn. 45; *Laufs/Katzenmeier/Lipp,* Arztrecht, IV Rn. 4; *Roxin,* AT II, § 32 Rn. 53; SK-StGB/*Rudolphi/Stein,* § 13 Rn. 62; Sch/Sch/*Stree/Bosch,* § 13 Rn. 28.

755 BeckOK/*Heuchemer,* StGB, § 13 Rn. 33; *Wessels/Beulke,* AT, Rn. 715. Zum Teil wird die Unterscheidung von Garantenstellung und Garantenpflicht für überflüssig gehalten und daher vorgeschlagen, dieses Begriffspaar durch den Begriff Garantie zu ersetzen. So *Bohnert,* ZStW 117 (2005), 290 (302).

756 Der minderjährige Patient ist entweder direkter Vertragspartner des Arztes oder zumindest als Dritter in den Schutzbereich des Vertrages zwischen dem Arzt und den Personensorgeberechtigten einbezogen. Siehe S. 173 f.

nach den Regeln der ärztlichen Kunst.[757] Ob darüber hinaus die Pflicht des Arztes besteht, seine Schweigepflicht zugunsten des Kinderschutzes zu brechen, ist hingegen fraglich.

Eine nicht von der Hand zu weisende Ähnlichkeit zu diesem Falltypus weist eine in der Rechtsprechung und Literatur kontrovers diskutierte Fallkonstellation im Rahmen der sogenannten „AIDS-Fälle"[758] auf. Es wird diskutiert, ob der Arzt seine Schweigepflicht brechen darf oder sogar muss, wenn sein Patient sich mit HIV infiziert hat und eine Ansteckungsgefahr für Dritte besteht und der Gefährdete ebenfalls in Behandlung des den HIV infizierten Patienten behandelnden Arztes ist. Es ist zu untersuchen, ob die hierzu ergangene Rechtsprechung auf Fälle von Kindesmisshandlungen übertragbar ist.

aa) Die Ansicht der Rechtsprechung

Eine aus dem Arztvertrag abgeleitete Offenbarungspflicht bei einer HIV-Infektion hat erstmals das *OLG Frankfurt* in einem PKH-Beschluss aus dem Jahre 1999[759] bejaht, welchem verkürzt folgender Sachverhalt zugrunde lag: Der beklagte Arzt stellte bei seinem Patienten eine HIV-Infektion fest. Auf ausdrücklichen Wunsch des Patienten machte der Arzt der Klägerin, der Lebensgefährtin des Patienten, die ebenfalls bei ihm in Behandlung war, von der Infektion keine Mitteilung. Später infizierte sich die Klägerin ebenfalls mit HIV, wobei nicht festgestellt werden konnte, ob die Infektion vor oder erst nach der ärztlichen Untersuchung des Patienten erfolgt war.[760] Nach Ansicht des *OLG Frankfurt* war

---

757 *Ratzel/Luxenburger,* Handbuch Medizinrecht, § 10 Rn. 1. Vgl. auch § 1 Abs. 2 der jeweiligen Berufsordnung und § 28 Abs. 1 S. 1 SGB V, die den Umfang ärztlicher Leistungen umschreiben.

758 Vgl. *OLG Frankfurt* NJW 2000, 875 ff. Anzumerken ist an dieser Stelle, dass sich diese Fundstelle auf einen PKH-Beschluss des *OLG Frankfurt* bezieht. Das Urteil des *OLG Frankfurt* zu diesem Fall datiert vom 5.10.1999 und ist im Wesentlichen mit dem PKH-Beschluss identisch. Dieses Urteil ist abgedruckt in MedR 2000, 196 ff. Vgl. ferner *LG Hamburg* NJW 1989, 1551 ff.; *Bender,* VersR 2000, 322 f.; 1445; *Deutsch,* VersR 2001, 1471 ff.; *Engländer,* MedR 2001, 143 f.; *Parzeller/Bratzke,* DÄBl. 2000, A 2364 ff.; *Schlund,* JR 2000, 376 f.; *Spickhoff,* NJW 2000, 848 f.; *Vogels,* MDR 1999, 1445 f.; *Wolfslast,* NStZ 2001, 151 f.

759 *OLG Frankfurt* NJW 2000, 875 ff.

760 Der Antrag auf Gewährung von Prozesskostenhilfe und die Berufung hatten allerdings wegen nicht nachweisbarer haftungsbegründender Kausalität der unterbliebenen Information des Arztes für die Infektion der Antragstellerin bzw. Berufungsklägerin keinen Erfolg, *OLG Frankfurt* NJW 2000, 875 (876 f.) respektive *OLG Frankfurt* MedR 2000, 196 (198).

die ärztliche Schweigepflicht in diesem Fall in erheblichem Maße dadurch eingeschränkt, dass die Voraussetzungen des rechtfertigenden Notstandes gegeben waren und der Arzt gehalten war, die Klägerin auch gegen den Willen des Patienten über die bestehende Gefahr aufzuklären.[761]

Diese Entscheidung hätte keine allzu große Bedeutung erlangt, wenn das Gericht lediglich ein Offenbarungs*recht* des Arztes zur Durchbrechung seiner Schweigepflicht bejaht hätte. Was die Besonderheit dieses Falles ausmacht, ist die vom *OLG Frankfurt* konstruierte zivilrechtliche Offenbarungs*pflicht* zum Wohle der Klägerin. Nach Ansicht des *OLG Frankfurt* müsse auch das Bestehen einer Rechtspflicht des Arztes zur Offenbarung der drohenden Gefahr für die Klägerin bejaht werden.[762] Da die Klägerin ebenfalls in Behandlung beim Antragsgegner war, folge aus dem Arztvertrag die Pflicht, die Schweigepflicht zu brechen.[763] In dem in gleicher Sache ergangenen Urteil leitete das *OLG Frankfurt* die Offenbarungspflicht jedoch aus § 34 StGB ab. Nach seiner Auffassung sei der Schutz des Lebens und der Gesundheit eines konkret von einer Ansteckung bedrohten Patienten vorrangig gegenüber allen anderen in Betracht kommenden Rechtsgütern, sodass nach § 34 StGB die Schweigepflicht nicht nur durchbrochen werden dürfe, sondern sogar *müsse*.[764]

bb) Eine Offenbarungspflicht bejahende Auffassung

Die Entscheidung des *OLG Frankfurt* hat in der Literatur teilweise Zustimmung erfahren. Die Vertreter dieser Auffassung machen geltend, dass aus dem Arztvertrag, der zwischen dem Arzt und dem ansteckungsgefährdeten Dritten bestehe, die vertragliche Nebenpflicht folge, diesen zu informieren.[765] Dies gelte umso mehr, wenn der Arzt bei seinem (infizierten) Patienten die Erkenntnis gewonnen habe,

---

761 *OLG Frankfurt* NJW 2000, 875.

762 *OLG Frankfurt* NJW 2000, 875 (876).

763 *OLG Frankfurt* NJW 2000, 875 (876).

764 *OLG Frankfurt* MedR 2000, 196 (197).

765 *Deutsch,* VersR 2001, 1471 (1474); *Schlund,* JR 2000, 376; *Spickhoff,* NJW 2000, 848; *Vogels,* MDR 1999, 1445. Anders wäre die Frage nach einer Offenbarungspflicht zu beurteilen, wenn der Dritte nicht Patient des den Infizierten behandelnden Arztes wäre. In dieser Konstellation wird eine Offenbarungspflicht mangels Garantenstellung verneint. Siehe z. B. *Schlund,* JR 2000, 376; *Corinth,* Ärztliche Schweigepflicht und kollidierende Gesundheitsinteressen Dritter, 88 ff. Diese Konstellation soll an dieser Stelle nicht weiter untersucht werden, da das misshandelte Kind entweder selbst Vertragspartner des Arztes ist oder zumindest als Dritter in den Vertrag zwischen dem Arzt und den Personensorgeberechtigten einbezogen ist. Siehe hierzu S. 173 f.

dass dieser nicht das Bild eines mit seiner Erkrankung verantwortlich umgehenden Menschen vermittelt.[766] Diese Nebenpflicht sei vom enormen Interesse des ansteckungsgefährdeten Dritten und seiner evidenten Informationsbedürftigkeit im Hinblick auf die Gefahr einer lebensbedrohlichen Infektion getragen.[767] Die Kollision mit der strafbewehrten ärztlichen Schweigepflicht wird nach dieser Ansicht mit einer Anwendung des § 34 StGB aufgelöst. Die gegenüber dem infizierten Patienten bestehende Schweigepflicht stehe der Nebenpflicht dann nämlich nicht entgegen, wenn die Voraussetzungen des § 34 StGB vorlägen.[768] In den Fällen, in denen der Arzt nach § 34 StGB gerechtfertigt wäre, folgt zudem die „Pflicht zum Bruch der ärztlichen Schweigepflicht", da die Abwägung der kollidierenden Rechtsgüter zugunsten der Rechtsgüter Leben und Gesundheit des ansteckungsgefährdeten Dritten erfolgen müsse.[769]

cc) Eine Offenbarungspflicht verneinende Auffassung

Demgegenüber vertreten Teile der Literatur die Auffassung, dass aus dem Arztvertrag keine zivilrechtliche Offenbarungspflicht abgeleitet werden könne.[770] Die Übernahme der ärztlichen Behandlung begründe grundsätzlich die Pflicht des Arztes Gefahren für die Gesundheit des Patienten abzuwenden.[771] Daraus folge aber noch keine absolute Einstandspflicht für das Wohl des Patienten, da dem Arzt nicht zugemutet werden könne, im umfassenden Sinn Gesundheitsgefahren und -schädigungen abzuwehren.[772] Vielmehr setze der Arztvertrag selbst der Garantenstellung des Arztes Grenzen; der Arzt müsse daher nur solche Gefahren von seinem Patienten abwehren, die sich unmittelbar aus dem Behandlungsverhältnis ergeben, d. h. die im Kern in diesem Verhältnis wurzeln.[773] Vor außerhalb des Behandlungsverhältnisses bestehende Gefahren müsse der Arzt hingegen nicht als Garant einstehen.[774]

---

766 *Schlund,* JR 2000, 376

767 *Spickhoff,* NJW 2000, 848.

768 *Spickhoff,* NJW 2000, 848.

769 *Spickhoff,* NJW 2000, 848.

770 *Bender,* VersR 2000, 322 (322 f.); *Engländer,* MedR 2001, 143 (143 f.); *Parzeller/Bratzke,* DÄBl. 2000, A 2364 ff.; *Wolfslast,* NStZ 2001, 151 (151 f.).

771 *Wolfslast,* NStZ 2001, 151.

772 *Engländer,* MedR 2001, 143 (144); *Wolfslast,* NStZ 2001, 151 (151 f.).

773 *Wolfslast,* NStZ 2001, 151 (152). *Wolfslast* nennt als Beispiel den über starke Brustschmerzen und Atemnot klagenden Patienten, der sich gerade wegen dieser Symptome in ärztliche Behandlung begeben hat. In diesem Fall habe der Arzt als Garant für das Wohl des Patienten einzustehen und somit eine Handlungspflicht.

774 *Wolfslast,* NStZ 2001, 151 (152).

dd) Stellungnahme

Eine aus dem Arztvertrag oder aus § 34 StGB abgeleitete Pflicht des Arztes, seine Schweigepflicht im Falle von Kindesmisshandlungen zu brechen, ist in Gänze abzulehnen. Will man die Pflicht aus dem strafrechtlichen Rechtfertigungsgrund des rechtfertigenden Notstandes gemäß § 34 StGB ableiten, so wird man diesen Versuch mit dem Normcharakter des § 34 StGB ablehnen müssen. § 34 StGB ist eine Befugnis- bzw. Erlaubnisnorm, die dem Einzelnen bei Vorliegen der Voraussetzungen ein *Recht* einräumt, aber keine *Pflicht* zum Handeln auferlegt.[775] Wenn die Voraussetzungen des § 34 StGB vorliegen und damit im strafrechtlichen Sinne ein *Recht* zum Eingriff in fremde Rechtsgüter besteht, muss konsequenterweise auch im Zivilrecht „nur" ein *Recht* zur Durchbrechung der ärztlichen Schweigepflicht bestehen. Auch aus dem Arztvertrag lässt sich damit jedenfalls keine Garantenpflicht i. S. d. § 13 StGB zum Bruch der Schweigepflicht ableiten. Wie schon insbesondere *Engländer* und *Wolfslast* richtigerweise erkannt haben, begründet der Arztvertrag keine absolute Einstandspflicht.[776] Die Garantenstellung des Arztes ist darauf beschränkt, dass dieser seine professionelle Aufgabe wahrnimmt.[777] Die Pflicht des Arztes erstreckt sich auf die Gesundung des Patienten.[778] Dies ergibt sich bereits aus den jeweiligen Berufsordnungen, welche die Kernaufgabe der Ärzte dahingehend umschreiben, dass sie Leben zu erhalten, die Gesundheit zu schützen und wiederherzustellen, Leiden zu lindern, Sterbenden Beistand zu leisten und an der Erhaltung der natürlichen Lebensgrundlagen im Hinblick auf ihre Bedeutung für die Gesundheit der Menschen mitzuwirken haben.[779] Weiterreichende Pflichten lassen sich dem Arztvertrag nicht entnehmen.

(1) Vergleich mit anderen Berufsgruppen, denen Schutzpflichten obliegen

Eine Offenbarungspflicht des Arztes könnte darüber hinaus mit einer vergleichenden Analyse von Berufsgruppen abgelehnt werden, die als Garanten zum Schutze Dritter und insbesondere für gefährdete Kinder einstehen müssen.

---

775 *Engländer*, MedR 2001, 143; *Bergmann/Pauge/Steinmeyer*, Gesamtes Medizinrecht, §§ 203 ff. Rn. 13; LK/*Schünemann*, § 203 Rn. 144.

776 *Engländer*, MedR 2001, 143 (144); *Wolfslast*, NStZ 2001, 151 (151 f.).

777 So auch *Engländer*, MedR 2001, 143 (144).

778 *Engländer*, MedR 2001, 143 (144); *Wolfslast*, NStZ 2001, 151 (151 f.).

779 Vgl. exemplarisch § 1 Abs. 2 BO für die nordrheinischen Ärztinnen und Ärzte.

(a) Vergleich mit Mitarbeitern der Kinder- und Jugendhilfe

Gegen die Anerkennung einer Offenbarungspflicht könnte ein Vergleich mit dem Aufgabenbereich der Kinder- und Jugendhilfe bei familiärer Kindeswohlgefährdung sprechen. Es ist nahezu unbestritten, dass Mitarbeiter von Jugendämtern und Sozialdiensten sowie die von ihnen beauftragten Mitarbeiter von Trägern der freien Jugendhilfe als Beschützergaranten dafür einzustehen haben, dass von ihnen betreute Kinder nicht durch vorhersehbare Misshandlungen geschädigt werden.[780] Diese Einstandspflicht beinhaltet auch die Pflicht zur Strafanzeige, wenn mit der Anzeige einer schon begangenen Straftat an einem Kind mit an Sicherheit grenzender Wahrscheinlichkeit auch weitere Straftaten an dem Kind verhindert werden.[781] Anders als beim behandelnden Arzt des misshandelten Kindes ist es jedoch originäre Aufgabe der Mitarbeiter des Jugendamtes, für das Wohl des Kindes in einem umfassenden Sinn einzustehen. Dies folgt bereits aus dem verfassungsrechtlich verankerten staatlichen Wächteramt, welches den Staat verpflichtet, bei einer Kindeswohlgefährdung zu intervenieren. Dieses wird insbesondere durch den Schutzauftrag des Jugendamtes nach § 8a SGB VIII und den besonderen Befugnissen nach §§ 8a, 42 SGB VIII konkretisiert.[782] Diese Normen begründen zum ganz überwiegenden Teil Handlungspflichten für die Fachkräfte des Jugendamtes, mit welchen auch eine Garantenstellung zur Verhinderung von körperlichen Misshandlungen oder anderer Rechtsverletzungen des Kindes oder Jugendlichen einhergeht.[783]

(b) Vergleich mit Polizeibeamten

Die Polizei hat im Falle von Kindesmisshandlungen eine Doppelfunktion. Zum einen trifft sie nach der Rechtsprechung und der h. M. eine Beschützergarantenpflicht zum Schutz der Kinder vor Straftaten kraft ihrer öffentlich-rechtlichen Pflichtenstellung,[784] sofern sie sachlich und örtlich für das betreffende Rechtsgut

780 *OLG Düsseldorf* NStZ-RR 2001, 199 (200); *Bringewat,* Tod eines Kindes, 35 ff., insbesondere 58 ff.; BeckOK/*Eschelbach,* StGB, § 222 Rn. 7; *Kunkel,* StV 2002, 333 (334); *Ollmann,* ZfJ 1999, 195 (196); Sch/Sch/*Stree/Bosch,* § 13 Rn. 52; Wiesner/*Wiesner,* SGB VIII, § 8a Rn. 65 ff. Vgl. zu Gegenansicht *Bohnert,* ZStW 117 (2005), 290 ff.

781 *Kunkel,* StV 2002, 333 (335).

782 Wiesner/*Wiesner,* SGB VIII, § 1 Rn. 23.

783 Wiesner/*Wiesner,* SGB VIII, § 8a Rn. 67.

784 In NRW ergibt sich der gesetzliche Auftrag zur Gefahrenabwehr aus § 1 Abs. 1 PolG NRW.

zuständig ist und die Gefährdungslage während der Dienstzeit auftritt.[785] Dies resultiert einerseits aus dem Umstand, dass die Kinder Träger subjektiver Rechte gegen den Staat sind und somit einen Anspruch darauf haben, dass die Polizei zum Schutze seiner Rechtsgüter eingreift, und andererseits daraus, dass dem Staat wirksamere Mittel zur Gefahrenabwehr zustehen.[786] Überdies ist die Polizei nach dem Legalitätsprinzip verpflichtet, ein Ermittlungsverfahren einzuleiten, sobald sie Kenntnis von einer Straftat erhält, und alle Spuren zu sichern, um eine beweiskräftige Strafverfolgung sicherzustellen.[787]

(2) Zwischenergebnis

Der Vergleich zu den vorgenannten Berufsgruppen hat aufgezeigt, dass die Annahme einer Offenbarungspflicht den Aufgabenbereich der Ärzte in die Nähe des Aufgabenbereiches von Mitarbeitern der Jugendämter und Sozialdienste sowie der Polizei bringen würde. Diesen Berufsgruppen hat der Gesetzgeber jedoch ausdrücklich diese Aufgabe zugewiesen und ihnen auch die notwendigen rechtlichen Instrumente[788] zum Schutze des Kindes zur Verfügung gestellt. Solch weitreichende Pflichten lassen sich aber nicht aus der Übernahme der Behandlung des Kindes herleiten.

b) Fazit

Die vorhergehenden Aussagen haben eines gezeigt: Der Arztvertrag bzw. die tatsächliche Übernahme der Behandlung des Kindes begründet noch keine Offenbarungspflicht. Durch die Übernahme der Behandlung wird der Arzt verpflichtet, Leben zu erhalten, die Gesundheit zu schützen und wiederherzustellen sowie Leiden zu lindern.[789] Es besteht somit keine aus dem Arztvertrag abzuleitende Pflicht für Ärzte, Kindesmisshandlungen dem Jugendamt oder der Polizei zu melden.

---

785 *BGHSt* 38, 388 (390 f.); *BGH* NStZ 2000, 147; *Fischer,* § 13 Rn. 30; *Freund,* AT, § 6 Rn. 93; *Frister,* AT, Kap. 22 Rn. 44; LK/*Jescheck,* § 13 Rn. 30 f.; *Kindhäuser,* AT, § 36 Rn. 83; *Köhler,* AT, 228; *Otto,* AT, § 9 Rn. 67 ff.; *Stratenwerth/Kuhlen,* AT, § 13 Rn. 17; *Wessels/Beulke,* AT, Rn. 721. Diese Beschützergarantenstellung der Polizei wird aber von einer beachtlichen Mindermeinung bestritten, vgl. *Grünwald,* ZStW 70 (1958), 412 (425 ff.); *Herzberg,* Die Unterlassung im Strafrecht, 356; *Mitsch,* NStZ 1993, 383 (384); SK-StGB/*Rudolphi/Stein,* § 13 Rn. 36, 54b ff.; *Schünemann,* ZStW 96 (1984), 287 (311); *ders.,* GA 1985, 341 (380).

786 *BGHSt* 38, 388 (390).

787 *Müller,* FPR 2009, 561. Siehe zum Spannungsverhältnis von Gefahrabwehrauftrag und Strafverfolgungsauftrag der Polizei im Falle von Kindesmisshandlungen S. 108.

788 Z. B. die Inobhutnahme des Kindes gemäß § 42 SGB VIII.

789 Vgl. auch § 1 Abs. 2 MBOÄ.

2. Garantenstellung aus § 4 Abs. 1 KKG?

a) Pflicht aus § 4 Abs. 1 KKG?

Eine mögliche Garantenstellung könnte sich jedoch aus § 4 KKG ergeben. Zwar wird man die Garantenstellung nicht aus der eigentlichen Befugnisnorm in § 4 Abs. 3 S. 1 KKG ableiten können, weil diese Norm dem Arzt ein Recht zur Durchbrechung der Schweigepflicht einräumt, aber keine Pflicht auferlegt. Schon näher liegt der Gedanke einer Garantenstellung, die aus § 4 Abs. 1 KKG resultieren könnte. Nach dieser Norm *sollen* Ärzte im Falle einer (vermuteten) Kindeswohlgefährdung die Situation mit dem Kind oder Jugendlichen und den Personensorgeberechtigten erörtern und, soweit erforderlich, bei den Personensorgeberechtigten auf die Inanspruchnahme von Hilfen hinwirken. Man könnte den Begriff *sollen* in der Weise verstehen, dass der behandelnde Arzt die Situation mit den betroffenen Personen erörtern *muss* und gegebenenfalls auf die Inanspruchnahme von Hilfen hinwirken *muss*, sofern nicht Umstände eine Ausnahme von dieser Regel zulassen.[790] Diese Vorschrift würde somit eine Rechtspflicht des Arztes, gegen Kindeswohlgefährdungen einzuschreiten, beinhalten. Zwar reicht diese Verpflichtung selbstverständlich nicht soweit, dass der behandelnde Arzt seine Schweigepflicht brechen müsste. Wenn allerdings der Arzt dieser Pflicht nicht nachkommt – aus welchen Gründen mag dahinstehen – und das Kind erneut misshandelt wird, so stellt sich die Frage, ob der Arzt sich durch das Unterlassen der Erörterung der Situation mit den Betroffenen wegen der Verwirklichung von beispielsweise Körperverletzungsdelikten strafbar gemacht haben könnte.[791]

Dies ergibt sich aus folgender Überlegung: Sofern der Arzt seiner Pflicht nach § 4 Abs. 1 KKG nachkommt und das Kind trotz alledem erneut misshandelt wird, so würde keine Strafbarkeit in Betracht kommen, wenn der Arzt das Jugendamt nicht informiert, da insoweit der Arzt die Misshandlung gemäß § 4 Abs. 3 S. 1 KKG melden *darf,* aber nicht *muss*. Kommt er der Pflicht nach § 4 Abs. 1 KKG nicht nach und schweigt er auch gegenüber dem Jugendamt, so wäre eine Strafbarkeit wegen der Verwirklichung von Körperverletzungstatbeständen im Falle einer erneuten Misshandlung nicht gänzlich ausgeschlossen.

---

790 So *Kreße/Rabe,* NJW 2009, 1789 (1790 f.); *Duttge,* ZRP 2009, 159, die jeweils zum ersten Entwurf des BKiSchG (*BT-Ds*. 16/12429) Bezug nehmen. Die Ausnahme wäre dann gegeben, wenn der Schutz des Kindes durch das Erörterungsgespräch in Frage gestellt würde, vgl. § 4 Abs. 1 letzter Hs. KKG.

791 Mit Tendenz für eine Garantenpflicht *Kreße/Rabe,* NJW 2009, 1789 (1791).

Ein anderes Ergebnis erhielte man nur dann, wenn man in § 4 Abs. 1 KKG bereits keine *Pflicht* sehen würde, sondern lediglich ein *Recht*. Wenn der Gesetzgeber nämlich wollte, dass der behandelnde Arzt das Erörterungsgespräch führen *muss*, so hätte er § 4 Abs. 1 KKG anstatt als „Soll-Vorschrift" als „Muss-Vorschrift" ausgestalten können. Den Gesetzesmaterialien ist allerdings zu entnehmen, dass der Gesetzgeber das Vorgehen nach § 4 Abs. 1 KKG als Pflicht der Ärzte statuieren wollte. Es handele sich nach der Begründung der Bundesregierung um eine Pflicht zur Information der Eltern.[792] Diese Pflicht sei ein Bestandteil der Aufklärungspflicht der näher spezifizierten Berufsgruppen gegenüber den Eltern und zugleich die Voraussetzung dafür, dass die Eltern selbst in die Lage versetzt werden, im Rahmen ihrer Elternverantwortung wirksame Maßnahmen zur Abwehr einer Kindeswohlgefährdung zu ergreifen.[793]

Es ist daher festzuhalten, dass aus § 4 Abs. 1 KKG die intendierte Pflicht des Arztes besteht, gegen Kindeswohlgefährdungen einzuschreiten.

b) Reichweite der Pflicht aus § 4 Abs. 1 KKG

Fraglich ist jedoch, ob aus dieser Pflicht zugleich eine Garantenpflicht i. S. v. § 13 Abs. 1 StGB folgt. Dass die Pflicht des Arztes zur Durchführung des Erörterungsgesprächs im Gesetz normiert ist, begründet noch keine strafrechtlich relevante Garantenpflicht i. S. v. § 13 Abs. 1 StGB.[794] Entscheidend ist, ob der Arzt auch rechtlich dafür einzustehen hat, dass ein strafrechtlich missbilligter Erfolg nicht eintritt. Wie bereits dargelegt, hat der Arzt kraft tatsächlicher Übernahme der Behandlung des Kindes als Beschützergarant dafür einzustehen, dass er seine professionelle Aufgabe wahrnimmt, also die Gesundung des Patienten. Darüber hinaus hat der Gesetzgeber durch die gesetzliche Verankerung der Pflicht zur Durchführung des Erörterungsgespräches ausschließlich erreichen wollen, dass die Eltern selbst in die Lage versetzt werden, im Rahmen ihrer Elternverantwortung wirksame Maßnahmen zur Abwehr einer Kindeswohlgefährdung zu ergreifen.[795] Weitergehende strafrechtlich relevante Pflichten i. S. v. § 13 Abs. 1 StGB lassen sich aus der Durchführung des Aufklärungsgespräches nicht herleiten.

---

792 *BT-Ds.* 17/6256, S. 19.

793 *BT-Ds.* 17/6256, S. 19.

794 Vgl. zur früher vertretenen Rechtsquellenlehre NK-StGB-*Wohlers/Gaede,* § 13 Rn. 30 f. m. w. N.

795 *BT-Ds.* 17/6256, S. 19.

c) Fazit zu einer möglichen Garantenstellung aus § 4 Abs. 1 KKG

Resümierend ist festzuhalten, dass aus der in § 4 Abs. 1 KKG normierten Pflicht zur Durchführung eines Erörterungsgespräches keine strafrechtlich relevante Garantenpflicht i. S. v. § 13 Abs. 1 StGB folgt.

II. Ergebnis zu einer Strafbarkeit des Arztes wegen Verwirklichung von Körperverletzungsdelikten durch die Nichtanzeige

Eine Strafbarkeit des Arztes wegen der Verwirklichung von Körperverletzungsdelikten durch die Nichtanzeige der Kindesmisshandlung kommt nicht in Betracht. Der Arzt ist Beschützergarant kraft tatsächlicher Übernahme der Behandlung des Kindes. Daraus folgt einerseits die Pflicht, das Kind nach den Regeln der ärztlichen Kunst zu behandeln und andererseits die Pflicht, im Falle einer (vermuteten) Kindeswohlgefährdung die Situation mit den Betroffenen zu erörtern. Aus der Übernahme der Behandlung folgt allerdings nicht die Pflicht, die Schweigepflicht zu brechen. Auch aus der in § 4 Abs. 1 KKG normierten Pflicht zur Durchführung des Erörterungsgespräches folgt keine Garantenpflicht i. S. v. § 13 Abs. 1 StGB.

C. Nichtanzeige geplanter Straftaten gemäß § 138 StGB

Eine gesetzlich geregelte Anzeigepflicht – nicht nur für Ärzte, sondern für jedermann – enthält der Straftatbestand des § 138 StGB. Anders als bei Nicht-Berufsgeheimnisträgern kann die Pflicht zur Anzeige aus § 138 StGB selbstverständlich mit der ärztlichen Verschwiegenheitspflicht kollidieren. Der Gesetzgeber hat die Kollisionslage zwischen der Pflicht zur Verschwiegenheit einerseits und der Pflicht zur Anzeige bestimmter Straftaten durch die Einführung des Rechtfertigungsgrundes in § 139 Abs. 3 S. 2 StGB zugunsten der Schweigepflicht gelöst.[796] Nach § 139

796 *Fischer,* § 139 Rn. 2; LK/*Hanack,* § 139 Rn. 13; MK/*Hohmann,* StGB, § 139 Rn. 15; *Lackner/Kühl,* StGB, § 139 Rn. 2. Nach einer anderen Ansicht stellt § 139 Abs. 3 StGB keinen Rechtfertigungsgrund dar, sondern einen Tatbestandsausschlussgrund, so NK-StGB-*Ostendorf,* § 139 Rn. 16; Sch/Sch/*Sternberg-Lieben,* § 139 Rn. 2.

Abs. 3 S. 2 i. V. m. S. 1 StGB ist ein Arzt nicht verpflichtet, etwas anzuzeigen, was ihm in seiner Eigenschaft als Arzt anvertraut worden ist, wenn er sich ernsthaft bemüht hat, den Täter von der Tat abzuhalten oder den Erfolg abzuwenden.

Voraussetzung für eine strafbewehrte unterlassene Anzeige ist das Vorliegen einer Katalogtat i. S. d. § 138 StGB. Die im Zusammenhang mit der Kindesmisshandlung verwirklichten Straftatbestände[797] finden sich allerdings nicht im abschließenden Katalog des § 138 StGB wieder. Von der ursprünglich im Entwurf eines Gesetzes zur Änderung der Vorschriften über die Straftaten gegen die sexuelle Selbstbestimmung und zur Änderung anderer Vorschriften[798] vorgeschlagenen weiteren Ausdehnung der Katalogtatbestände des § 138 StGB um den sexuellen Missbrauch von Kindern in den Fällen der §§ 176 Abs. 1 bis 3, 176a, 176b StGB, die sexuelle Nötigung und Vergewaltigung gemäß §§ 177, 178 StGB sowie den sexuellen Missbrauch widerstandsunfähiger Personen in den Fällen des § 179 StGB hat der Gesetzgeber auf Beschlussempfehlung des Rechtsausschusses hin Abstand genommen.[799]

Lediglich für den mehr als unwahrscheinlichen Fall, dass der Arzt von einem Elternteil erfährt, dass der Ehegatte das Kind töten will, besteht eine Anzeigepflicht des Arztes gemäß § 138 Abs. 1 StGB.[800] In diesen Fällen würde auch nicht der Rechtfertigungsgrund des § 139 Abs. 3 S. 2 i. V. m. S. 1 StGB greifen, da bei Mord und Totschlag eine Straflosigkeit der Nichtanzeige geplanter Straftaten nicht in Betracht kommt.

D. Unterlassene Hilfeleistung gemäß § 323c StGB

Die Nichtanzeige der Kindesmisshandlung könnte jedoch eine Strafbarkeit des Arztes wegen unterlassener Hilfeleistung gemäß § 323c StGB begründen. Bei

---

797 Siehe hierzu S. 13 f.

798 *BT-Ds.* 15/350, S. 2, 5, 9 f.

799 *BT-Ds.* 15/1311, S. 23. Der Runde Tisch „Sexueller Kindesmissbrauch in Abhängigkeits- und Machtverhältnissen in privaten und öffentlichen Einrichtungen und im familiären Bereich" hatte ausführlich die Frage diskutiert, ob eine allgemeine strafbewehrte Anzeigepflicht für Straftaten des sexuellen Missbrauchs von Kindern und Jugendlichen eingeführt werden sollte und sich im Ergebnis gegen eine Anzeigepflicht ausgesprochen, vgl. hierzu Abschlussbericht des Runden Tisches „Sexueller Kindesmissbrauch in Abhängigkeits- und Machtverhältnissen in privaten und öffentlichen Einrichtungen und im familiären Bereich" vom 30.11.2011, S. 26 f.

800 *Eichelbrönner*, Schweigepflicht, 108; *Weddehage*, das Krankenhaus 1997, 231 (233).

positiver Beantwortung dieser Frage würde eine aus § 323c StGB resultierende Anzeigepflicht für Ärzte bestehen.[801]

I. Allgemeines zu § 323c StGB

§ 323c StGB ist ein echtes Unterlassungsdelikt, ohne Notwendigkeit einer Garantenstellung, welches das Unterlassen der Hilfeleistung unter Strafe stellt und nicht das Unterlassen der Erfolgsabwendung.[802] Die Norm folgt dabei dem Gedanken mitmenschlicher Solidarität, sodass jedermann zur Gefahrenabwehr berufen ist, der nach seinen Fähigkeiten und Hilfsmitteln ohne eigene Gefahr oder anderweitige Pflichtverletzung wirksam helfen kann.[803] Hervorzuheben ist, dass die Vorschrift keine besondere Arztpflicht aufstellt, die die Berufspflichten erweitert.[804] Fraglich ist, ob sich aus dieser Norm die Pflicht des Arztes ergeben kann, seine Verschwiegenheitspflicht zum Schutz des minderjährigen Patienten zu brechen.[805] Vorwegzunehmen ist hier, dass eine Hilfeleistungspflicht nicht besteht, wenn der

---

801 *Eichelbrönner*, Schweigepflicht, 130.

802 *Frister/Lindemann/Peters*, Arztstrafrecht, Kap. 1 Rn. 166; NK-StGB-*Wohlers/Gaede*, § 323c Rn. 3.

803 *BGHSt* 2, 296; *Frister/Lindemann/Peters*, Arztstrafrecht, Kap. 1 Rn. 166.

804 *BGHSt* 2, 296 (296 f.); Sch/Sch/*Sternberg-Lieben/Hecker*, § 323c Rn. 24.

805 Der Bundesgerichtshof musste den Konflikt zwischen ärztlicher Schweigepflicht und Hilfeleistungspflicht i. S. v. § 323c StGB lösen und hat diesen Konflikt zugunsten der Hilfeleistungspflicht in einem Fall entschieden, bei dem es um den Verdacht einer Eileiterschwangerschaft ging und damit akute Lebensgefahr bei einer 21-jährigen Patientin bestand. Der Bundesgerichtshof bejahte zunächst einen Unglücksfall. Auf die flehentliche Bitte der Patientin, der Mutter nichts von der Schwangerschaft zu sagen, hielt sich der Arzt an seine Schweigepflicht. Es kam zur einer Eileiterruptur, an deren Folgen die Patientin wenig später verstarb. Nach Ansicht des Bundesgerichtshofs hatte der Arzt die Hilfeleistung in Gestalt der Information der Mutter pflichtwidrig unterlassen. Im Verhältnis zur Mutter der Patientin trat die Schweigepflicht nach Ansicht des Bundesgerichtshofs ebenfalls zurück, weil auch ihre Unterrichtung ein erforderliches und angemessenes Mittel zur Rettung der Patientin sei, vgl. *BGH* NStZ 1983, 313 f. Die Entscheidung hat allerdings im Hinblick auf das nicht ausreichend berücksichtigte Selbstbestimmungsrecht der Patientin auch Kritik erfahren, vgl. *Geiger*, JZ 1983, 153; *Kreuzer*, JR 198–, 294 (295 f.); *Laufs/Katzenmeier/Lipps*, Arztrecht, IV Rn. 18, *Ulrich*, MedR 198–, 137 (138).

Hilfebedürftige auf die Hilfe verzichtet.[806] Deshalb können die oben herausgearbeiteten Grundsätze[807] zur aufgedrängten Informationsweitergabe auf § 323c StGB übertragen werden, sodass der Verzicht des einsichtsfähigen Hilfebedürftigen grundsätzlich beachtlich ist.[808]

II. Unglücksfall

Voraussetzung für eine Strafbarkeit nach § 323c StGB ist zunächst das Vorliegen eines *Unglücksfalls*. Dieser wird definiert als nicht notwendigerweise von außen her auf das verletzte Gut einwirkendes, aber jedenfalls plötzlich eintretendes Ereignis, das eine erhebliche Gefahr für Personen oder Sachen mit sich bringt oder zu bringen droht.[809] Es stellt sich die Frage, ob die begangene Misshandlung an dem Kind oder aber eine bevorstehende Misshandlung einen Unglücksfall i. S. v. § 323 c StGB darstellen kann. In der Rechtsprechung und in der Literatur ist anerkannt, dass ein die Hilfspflicht auslösender Unglücksfall auch die Straftat eines Dritten sein kann, sofern ein erheblicher Schaden droht.[810] Die von der Rechtsprechung entschiedenen Fälle unterscheiden sich allerdings insoweit vom Falltypus der Kindesmisshandlung, als der Unglücksfall noch in Anwesenheit des Hilfeleistungspflichtigen eintrat. Das Definitionsmerkmal *plötzlich eintretendes Ereignis* im Falle der Kindesmisshandlung ist somit fraglich. Unproblematisch dürfte die Feststellung sein, dass ein bereits eingetretener Schaden und somit die in der Vergangenheit liegenden Misshandlungen keinen Unglücksfall mehr

---

806 *BGH* NStZ 1983, 117 (118); Sch/Sch/*Sternberg-Lieben/Hecker,* § 323c Rn. 25.

807 Siehe S. 93 ff.

808 Nach der h. M. ist das von § 323c StGB geschützte Rechtsgut nur die durch den Unglücksfall in Gefahr geratenen bzw. von gemeiner Gefahr oder Not betroffenen Individualrechtsgüter des Opfers. So *OLG Düsseldorf* NJW 2004, 3640 (3640 f.); *Frister/Lindemann/Peters,* Arztstrafrecht, Kap. 1 Rn. 167; MK/*Freund,* StGB, § 323c Rn. 1 ff.; *Lackner/Kühl,* StGB, § 323c Rn. 1; Sch/Sch/*Sternberg-Lieben/Hecker,* § 323c Rn. 1. Würde man der Ansicht folgen, die von § 323c StGB ausschließlich Allgemeininteressen geschützt wissen will, würde ein Verzicht mangels Disponibilität von Universalrechtsgütern ausscheiden. In diesem Sinne *Laufs/Kern,* Handbuch Arztrecht, § 141 Rn. 6; *Otto,* Strafrecht BT, § 67 Rn. 1.

809 *BGHSt* 2, 150 (150 f.); 6, 147 (152); NStZ 1983, 313; *Bockelmann,* Strafrecht des Arztes, 20; *Lackner/Kühl,* StGB, § 323c Rn. 2.

810 *RGSt* 71, 187 (189); *BGHSt* 3, 65 (66); 30, 391 (397); *OLG Düsseldorf* NJW 1983, 767 (768); *Lackner/Kühl,* StGB, § 323c Rn. 2; Sch/Sch/*Sternberg-Lieben/Hecker,* § 323c Rn. 7.

darstellen können.[811] Der eingetretene Schaden führt jedoch nicht eo ipso zu einem Ausschluss der Hilfeleistungspflicht. Wenn weitere Schäden drohen,[812] kann die Hilfeleistungspflicht durch das Bestehen der Wiederholungsgefahr wieder aufleben und demzufolge das infrage stehende Begriffsmerkmal erfüllen.[813] Denn für den Tatbestand der unterlassenen Hilfeleistung sind die noch bestehenden Schädigungsabwendungsmöglichkeiten entscheidend.[814] Daher kann das Teildefiniens des *plötzlich eintretenden Ereignisses* nicht einer Auslegung zugänglich gemacht werden, die dieses Merkmal mit einem Moment der totalen Überraschung für das Opfer oder den Täter verbindet.[815] Somit können auch solche schädigende Ereignisse eine Hilfspflicht i. S. v. § 323c StGB auslösen, die jederzeit eintreten können.[816] Maßgeblich für die Bestimmung des Merkmals *plötzlich eintretendes Ereignis* ist deshalb, ob ein sofortiges Eingreifen zur Abwendung der drohenden Gefahr erforderlich ist.[817]

Auf den ersten Blick könnte die Kindesmisshandlung einen *Unglücksfall* darstellen. Will man nämlich das Tatbestandsmerkmal *Unglücksfall* in der Weise verstehen, dass auch jederzeit eintretende schädigende Ereignisse erfasst werden, die noch abgewendet werden können, so könnte – ähnlich wie bei der Dauergefahr i. S. v. § 34 StGB – eine dauerhafte Gefahr für das Wohl des Kindes angenommen werden. Empirische Untersuchungen haben nämlich ergeben, dass Misshandlungen an Kindern wiederholt begangen werden.[818]

---

811 MK/*Freund,* StGB, § 323c Rn. 19.

812 MK/*Freund,* StGB, § 323c Rn. 20; Sch/Sch/*Sternberg-Lieben/Hecker,* § 323c Rn. 9.

813 Ob die Beurteilungsgrundlage ex ante oder ex post beurteilt werden muss, ist umstritten, siehe ausführlich MK/*Freund,* StGB, § 323c Rn. 29 ff.

814 MK/*Freund,* StGB, § 323c Rn. 20.

815 Auch nach Ansicht des Bundesgerichtshofs darf der Ausdruck des Plötzlichen, Unerwarteten nicht zu eng verstanden werden, *BGHSt* 6, 147 (152); MK/*Freund,* StGB, § 323c Rn. 23; Sch/Sch/*Sternberg-Lieben/Hecker,* § 323c Rn. 6; anders hingegen SK-StGB/*Stein/Rudolphi,* § 323c Rn. 5b, die in der Begrenzung des Merkmales „plötzlich" eine Gefahr der Ausweitung von Hilfspflichten sehen.

816 MK/*Freund,* StGB, § 323c Rn. 23.

817 MK/*Freund,* StGB, § 323c Rn. 23.

818 Siehe hierzu oben S. 112 sowie *Dickmeis,* ZfJ 1995, 474 (479); *Eichelbrönner,* Schweigepflicht, 181 f.; *Eisenberg,* Kriminologie, S. 891; *Fischer,* § 203 Rn. 47; *Günter/Agris,* Der Arzt und sein Recht 1992, 4 (8); *Huster/Rux,* NVWBl. 2008, 455 (455 f.); NK-StGB-*Kargl,* § 203 Rn. 66; *Müller/Lamberty/de Paz Martinez,* JAmt 2012, 68 ff. Vgl. auch *Müller,* FPR 2009, 561 (562).

III. Konkurrenzverhältnis zu §§ 138, 139 StGB

Eine solch weite Interpretation des Begriffs *Unglücksfall* würde sich allerdings gegen die gesetzgeberische Wertung setzen, dass nur in bestimmten Ausnahmefällen die Nichtanzeige einer Straftat unter Strafe gestellt werden soll. Es entstünde ein Widerspruch zu den in §§ 138, 139 StGB verankerten gesetzlichen Wertungen zur Kollision von Schweigepflicht und Anzeigepflicht. Der Gesetzgeber hat der Schweigepflicht einen besonders hohen Stellenwert zugeordnet und bringt dies im Rahmen von § 139 StGB dadurch zum Ausdruck, dass die Schweigepflicht nur bei den bevorstehenden besonders schweren Straftaten i. S. v. § 139 Abs. 3 S. 1 Nr. 1–3 StGB zurücktritt. Ließe man eine Strafbarkeit des Arztes wegen unterlassener Hilfeleistung im Falle einer Kindesmisshandlung zu, so würde dieses Regel-Ausnahme-Prinzip unterlaufen und dem Arzt eine aus § 323c StGB resultierende Anzeigepflicht auferlegt.[819] Den §§ 138, 139 StGB ist aber die Wertung zu entnehmen, dass ausschließlich die Nichtanzeige der in diesen Normen genannten Katalogstraftaten unter Strafe gestellt wird. Für den Falltypus der Kindesmisshandlung werden, wie bereits auf S. 13 dargestellt, grundsätzlich keine Katalogstraftaten in Betracht kommen. Über die „Hintertür" des Straftatbestandes der unterlassenen Hilfeleistung würde man die Schwelle der Anzeigepflicht des § 138 StGB letztlich heruntersetzen, sodass etwa auch die Körperverletzung gemäß § 223 StGB eine strafbewehrte Anzeigepflicht nach § 323c StGB des Arztes begründen würde. Sofern dem Arzt selbst bei den schweren Katalogstraftaten des § 138 StGB das Recht eingeräumt wird, zu schweigen, so muss dies konsequenterweise erst recht auch für minder schwere Straftaten gelten.[820]

Des Weiteren kann als Argument gegen die Annahme einer Anzeigepflicht des Arztes gemäß § 323c StGB die aus § 4 KKG abzuleitende Wertung herangezogen werden, dass der Arzt erst dann das Jugendamt informieren darf, wenn die Kindeswohlgefährdung nicht mit den eigenen zur Verfügung stehenden Mitteln angewendet werden kann.[821] Selbst wenn er also eine Kindeswohlgefährdung diagnostiziert hat, folgt daraus noch nicht zugleich die Befugnis, das Jugendamt zu informieren. Das in § 4 Abs. 3 S. 1 KKG geregelte abgestufte Verfahren würde in letzter Konsequenz durch eine strafbewehrte Anzeigepflicht über den „Umweg" des § 323c StGB umgangen werden. Zudem würde aus § 323c StGB eine *Pflicht* zur Anzeige

---

819 *Eichelbrönner,* Schweigepflicht, 131 ff.

820 *Eichelbrönner,* Schweigepflicht, 133.

821 *BT-Ds.* 17/6256, S. 19 f.; *Meysen/Eschelbach,* Bundeskinderschutzgesetz, Kapitel 3 Rn. 89.

folgen. Der Gesetzgeber hat sich mit § 4 Abs. 3 S. 1 KKG jedoch bewusst gegen eine Anzeigepflicht ausgesprochen.[822]

Damit ist festzuhalten, dass auch aus § 323c StGB keine Pflicht des Arztes folgt, eine Kindesmisshandlung anzuzeigen.

IV. Verbleibendes Strafbarkeitsrisiko gemäß § 323c StGB

Fraglich ist jedoch, ob eine Strafbarkeit nach § 323c StGB in Betracht kommen kann, wenn der Arzt eine andere mögliche Hilfe, wie z. B. die Erörterung der Situation mit den Eltern, unterlässt. In dieser Konstellation würde keine Konkurrenzsituation zu §§ 138, 139 StGB entstehen, weil nicht die Hilfeleistung durch Anzeige der Kindesmisshandlung in Rede steht. Maßgeblich zur Beantwortung dieser Frage ist die Bestimmung des Tatbestandsmerkmals *Unglücksfall.* Auch wenn für das plötzlich eintretende Ereignis kein Moment der totalen Überraschung für das Opfer oder den Täter erforderlich ist, bedeutet das nicht zugleich, dass alle zukünftig drohenden Gefahren als Unglücksfälle einzuordnen sind. Entscheidend ist vielmehr, ob es sich um eine Situation handelt, die ein sofortiges Eingreifen zur Abwendung der drohenden Gefahr erfordert.[823] Sofern der Arzt im Rahmen der Untersuchung Misshandlungsspuren feststellt, ist der Schaden bereits eingetreten, der keine Hilfspflicht i. S. v. § 323c StGB auslöst. Die Hilfspflicht könnte allerdings durch die bestehende Wiederholungsgefahr im Falle von Kindesmisshandlungen begründet werden.[824] Problematisch ist jedoch, dass der drohende Schaden für das Kind im konkreten Fall, also die Misshandlung, auch erst nach Monaten, Jahren oder auch gar nicht eintreten könnte. In diesem Fall könnte nicht mehr von einem *plötzlich eintretenden Ereignis* gesprochen werden. Anders wäre die Strafbarkeit zu beurteilen, wenn Arzt sicher weiß, dass das Kind in naher Zukunft erneut misshandelt wird, z. B. für den unwahrscheinlichen Fall, dass der misshandelnde Elternteil dem Arzt mitteilt, dass er sein Kind erneut misshandeln wird. In dieser Konstellation kann ein Unglücksfall angenommen werden. Die mögliche Hilfe – in Gestalt des Erörterungsgespräches – müsste auch erforderlich und auch zumutbar sein. Um Widersprüche zu § 4 KKG zu vermeiden, ist im Rahmen des Merkmals *erforderlich* zu prüfen, ob das Erörterungsgespräch nicht ausnahmsweise gemäß § 4 Abs. 1 a. E. KKG[825] entbehrlich war.

---

822 Siehe S. 102 f.

823 MK/*Freund*, StGB, § 323c Rn. 23.

824 Siehe S. 112.

825 Vgl. zu Entbehrlichkeit S. 87 f.

V. Ergebnis zur Strafbarkeit des Arztes wegen unterlassener Hilfeleistung gemäß § 323c StGB

Es bleibt festzuhalten, dass eine Strafbarkeit des Arztes wegen unterlassener Hilfeleistung gemäß § 323c StGB nicht in Betracht kommt, wenn er eine Kindesmisshandlung nicht anzeigt. Die Bejahung einer Strafbarkeit nach § 323c StGB wegen der unterlassenen Anzeige würde sich gegen die sich aus §§ 138, 139 StGB und § 4 KKG ergebenden Wertungen setzen. Grundsätzlich kommt auch keine Strafbarkeit nach § 323c StGB in Betracht, wenn er beispielsweise kein Gespräch mit den Eltern führt. Lediglich für den sehr unwahrscheinlichen Fall, dass der Arzt sichere Kenntnis von einer bevorstehenden Misshandlung hat und untätig bleibt, könnte eine Strafbarkeit wegen unterlassener Hilfeleistung gemäß § 323c StGB begründen.

E. Ergebnis zu den Strafbarkeitsrisiken des Arztes durch die Nichtanzeige

Eine Strafbarkeit des Arztes wegen Strafvereitelung durch Unterlassen gemäß §§ 258 Abs. 1, 13 Abs. 1 StGB, wegen der Verwirklichung von Körperverletzungstatbeständen durch Unterlassen gemäß §§ 223 ff., 13 Abs. 1 StGB sowie wegen Nichtanzeige geplanter Straftaten gemäß §§ 138, 139 StGB kommt nicht in Betracht. Im Ausnahmefall besteht allerdings ein Strafbarkeitsrisiko des Arztes gemäß § 323c StGB wegen unterlassener Hilfeleistung.

Siebentes Kapitel: Rechtliche Risiken bei Falschanzeige der Kindesmisshandlung

Im folgenden Kapitel werden die straf-, zivil-, berufs-, approbations-, vertragsarzt- und arbeitsrechtlichen Risiken des Arztes dargestellt, die eine Falschanzeige hervorrufen könnte.

A. Strafrechtliche Risiken gemäß §§ 185 ff. StGB bei Falschanzeige der Kindesmisshandlung

Zuvorderst werden die strafrechtlichen Risiken einer Falschanzeige dargestellt. Die Offenbarung der Kindesmisshandlung könnte einen Beleidigungstatbestand nach den §§ 185 ff. StGB verwirklichen, sofern sich nachträglich herausstellt, dass die Verletzungen des Kindes harmlose Ursachen hatten. Hervorzuheben ist, dass das wesentliche Risiko der Falschanzeige der Kindesmisshandlung in der bereits eingehend erörterten Strafbarkeit wegen Verletzung von Privatgeheimnissen gemäß § 203 Abs. 1 StGB besteht.[826] Im folgenden Kapitel werden daher nur noch die sonstigen strafrechtlichen Risiken erörtert.

I. Beleidigung gemäß § 185 StGB

Äußert der Arzt seine Vermutung gegenüber dem verdächtigten Elternteil, könnte er eine Beleidigung gemäß § 185 StGB begangen haben. Der Tatbestand des § 185 StGB setzt eine „Beleidigung" voraus, worunter der Angriff auf die Ehre eines anderen durch die Kundgabe von Nicht-, Gering- oder Missachtung zu verstehen ist.[827] Von § 185 StGB werden zum einen unwahre Tatsachenbehauptungen gegenüber dem Betroffenen als auch negative Werturteile erfasst.[828] Die Unwahrheit der Tatsachenbehauptung muss nachgewiesen sein und der Vorsatz des Täters muss sich hierauf auch beziehen.[829] Sofern der Arzt beispielsweise den Eltern gegenüber

826 Siehe S. 23 ff.
827 *BGHSt* 1, 288 (289); 16, 58 (63); Sch/Sch/*Lenckner*/*Eisele*, § 185 Rn. 1.
828 *Fischer*, § 185 Rn. 5.
829 *Fischer*, § 185 Rn. 17.

sagt, dass sie ihr Kind misshandelt haben, wäre der Anwendungsbereich des § 185 StGB nur eröffnet, wenn die Aussage erwiesen unwahr ist und der Arzt diesbezüglich auch Vorsatz hatte. Eine solche Situation dürfte eher fernliegend sein. Der Arzt wird in der Regel jedoch den verdächtigten Elternteil in seiner sittlichen, sozialen oder personalen Geltung treffen wollen, sondern auf der Suche nach der Krankheitsursache des Kindes aufklärend wirken, sodass keine Strafbarkeit wegen Beleidigung gemäß § 185 StGB in Betracht kommen wird.[830] Anders fällt jedoch die rechtliche Würdigung aus, wenn der Arzt den Betroffenen beispielsweise als „Kinderschänder" bezeichnet hat. Selbst wenn der Betroffene tatsächlich sein Kind misshandelt hat, käme u. U. eine Strafbarkeit wegen Formalbeleidigung nach § 192 StGB in Betracht.

II. Üble Nachrede gemäß § 186 StGB

Die Falschanzeige könnte den Tatbestand der üblen Nachrede gemäß § 186 StGB verwirklichen. Die Behauptung eines Arztes gegenüber dem Jugendamt oder sonstigen Stellen, dass das Kind von einem seiner Elternteile oder den Eltern misshandelt worden ist, stellt eine Tatsachenbehauptung und kein Werturteil dar, denn ihr Wahrheitsgehalt ist dem Beweis zugänglich.[831] Sie ist zudem geeignet, den betroffenen Elternteil verächtlich zu machen oder in der öffentlichen Meinung herabzuwürdigen.[832] Da an dieser Stelle der Bearbeitung die Strafbarkeitsrisiken des Arztes dargestellt werden, wenn sich der Verdacht der Kindesmisshandlung als unbegründet herausgestellt hat, wäre zudem die objektive Bedingung der Strafbarkeit – die Unwahrheit der Tatsache[833] – ebenfalls erfüllt.

1. Beleidigungsfreie Sphäre?

Fraglich könnte deshalb nur sein, ob für bestimmte Fallkonstellationen eine Strafbarkeit wegen der Anerkennung einer beleidigungsfreien Sphäre für den Falltypus

830 *OLG München,* NJW 1993, 2998 (2999).

831 *OLG München,* NJW 1993, 2998 (2999); *AG Rosenheim*, FamFR 2012, 45; *DIJuF,* JAmt 2012, 150 (151).

832 Vgl. zu den Tatbestandsvoraussetzungen „verächtlich machen" und in der „öffentlichen Meinung herabzuwürdigen", *Fischer,* § 186 Rn. 4; NK-StGB-*Zaczyk,* § 186 Rn. 5 ff.

833 Der Vorsatz des Täters muss sich nicht auf die objektive Bedingung der Strafbarkeit beziehen, vgl. *Dölling/Duttge/Rössner,* § 186 Rn. 13.

der Kindesmisshandlung entfällt. Sofern die Äußerung im Rahmen eines vertraulichen, der ärztlichen Verschwiegenheitspflicht unterliegenden Gesprächskreises getätigt worden ist, an welchem beispielsweise nur der nicht verdächtigte Ehegatte beteiligt ist, wird diskutiert, ob durch die Anerkennung einer beleidigungsfreien Sphäre eine Strafbarkeit wegen übler Nachrede ausscheidet. Die beleidigungsfreie Sphäre ist dadurch gekennzeichnet, dass ehrverletzende Äußerungen über Dritte in engen Vertrauensbeziehungen nicht von den §§ 185 f. StGB[834] erfasst werden.[835] Grund hierfür ist, dass der Einzelne die Möglichkeit haben muss, seine Emotionen frei auszudrücken, geheime Wünsche oder Ängste zu offenbaren und das eigene Urteil über Verhältnisse oder Personen freimütig kundzugeben.[836] Zum Teil wird vertreten, dass in der oben dargestellten Konstellation durch die Anerkennung einer *beleidigungsfreien Sphäre* eine Strafbarkeit wegen übler Nachrede nicht in Betracht kommt.[837] Als Argument wird angeführt, dass auch dem Arzt die Möglichkeit eingeräumt werden muss, offen über seine Vermutung zu sprechen, um dadurch Klarheit nach einer von ihm vermuteten Krankheitsursache zu finden.[838] Dieser Ansicht kann insofern zugestimmt werden, dass auch bei der Inanspruchnahme von Ärzten die Möglichkeit bestehen muss, dass der Patient seinen Emotionen freien Lauf lassen kann.[839] Dies gilt umso mehr, als dieses Vertrauensverhältnis durch die ärztliche Schweigepflicht abgesichert ist.[840] Aus dem Vorstehenden ergibt sich zugleich die Antwort auf die Frage, welche Reichweite die beleidigungsfreie Sphäre im Arzt-Patienten-Verhältnis hat. Sie gilt nämlich nur einseitig bei Äußerungen des Patienten. Umgekehrt besteht schon mangels einer vergleichbaren Vertraulichkeitsgewähr kein straffreies Vertrauensverhältnis.[841] Daher ist festzuhalten, dass für die eingangs dargestellte Fallkonstellation keine beleidigungsfreie Sphäre anzuerkennen ist.

---

834 Dies gilt nach der h. M. nicht für die Verleumdung gemäß § 187 StGB, vgl. Sch/Sch/*Lenckner/Eisele,* Vorbemerkungen zu den §§ 185 ff. Rn. 9b; BeckOK/*Valerius,* StGB, § 185 Rn. 34; NK-StGB-*Zaczyk,* Vorbemerkungen zu den §§ 185 bis 200 Rn. 37 ff. jeweils m. w. N. auch zu der Mindermeinung.

835 *BVerfG* NJW 2007, 1194 (1195); 2010, 2937 (2939).

836 *BVerfG* NJW 2007, 1194 (1195); 2010, 2937 (2939).

837 *OLG München,* NJW 1993, 2998 ff.

838 *OLG München,* NJW 1993, 2998 (3000).

839 Sch/Sch/*Lenckner/Eisele,* Vorbemerkungen zu den §§ 185 ff. Rn. 9b; *Rengier,* BT II, § 28 Rn. 28; BeckOK/*Valerius,* StGB, § 185 Rn. 34 f.; NK-StGB-*Zaczyk,* Vorbemerkungen zu den §§ 185 bis 200 Rn. 40.

840 Sch/Sch/*Lenckner/Eisele,* Vorbemerkungen zu den §§ 185 ff. Rn. 9b.

841 Sch/Sch/*Lenckner/Eisele,* Vorbemerkungen zu den §§ 185 ff. Rn. 9b; *Rengier,* BT II, § 28 Rn. 28.

2. Rechtfertigung

Fraglich ist jedoch, ob der Arzt durch die Informationsweitergabe gerechtfertigt ist. Neben § 4 Abs. 3 KKG kommt grundsätzlich auch der Rechtfertigungsgrund der Wahrnehmung berechtigter Interessen gemäß § 193 StGB[842] in Betracht. § 4 Abs. 3 KKG ist allerdings auch gegenüber § 193 StGB lex specialis, sodass eine Rechtfertigung in Betracht kommt, sofern die Voraussetzungen des § 4 Abs. 3 KKG erfüllt sind. Da an dieser Stelle jedoch die Konstellation untersucht wird, in der sich die Kindeswohlgefährdung im Nachhinein als unbegründet erwiesen hat, kommt eine Rechtfertigung jedoch nur unter Berücksichtigung der Irrtumsregeln in Betracht.[843]

III. Verleumdung gemäß § 187 StGB

Eine Strafbarkeit des Arztes wegen Verleumdung gemäß § 187 StGB kommt in der Praxis nicht in Betracht, weil sie voraussetzen würde, dass der Arzt die vermeintliche Kindesmisshandlung *wider besseres Wissens* behauptet oder verbreitet.

IV. Ergebnis zu den Beleidigungsdelikten gemäß §§ 185 ff. StGB

Resümierend ist festzuhalten, dass der Arzt durch die Fehldiagnose „Kindesmisshandlung“ im Regelfall kein Beleidigungsdelikt nach den §§ 185 ff. StGB verwirklicht haben wird.

B. Zivilrechtliche Risiken einer Falschanzeige

Sofern sich im Nachhinein der Verdacht der Kindesmisshandlung als unbegründet erweist, so stellt sich auch die Frage, ob zivilrechtliche Schadensersatzansprüche in Betracht kommen. Verletzt der Arzt seine Schweigepflicht, in dem er die vermeintliche Kindesmisshandlung offenbart, so kommen zivilrechtliche Ansprüche zum einen aus dem Arztvertrag und zum anderen aus Delikt in Betracht.

---

842 § 193 StGB ist nach der h. M. als Rechtfertigungsgrund einzuordnen. Vgl. hierzu MK/*Joecks,* StGB, § 193 Rn. 1 m. w. N. auch zu den Mindermeinungen.

843 Siehe S. 128 ff.

I. Passivlegitimation

Gegen den niedergelassenen Arzt, der die vermeintliche Kindesmisshandlung offenbart hat, kommen vertragliche Ansprüche aus § 280 Abs. 1 S. 1 BGB[844] und deliktische Ansprüche aus § 823 Abs. 1 BGB,[845] § 823 Abs. 2 BGB i. V. m. §§ 185 ff., 203 Abs. 1 StGB in Betracht,[846] Gegen den im Krankenhaus angestellten Arzt, der die Kindesmisshandlung angezeigt hat, kommen in der Regel nur die oben genannten deliktischen Schadensersatzansprüche in Betracht.[847] Gegen den Krankenhausträger wird sich ein Schadensersatzanspruch wegen des Fehlverhaltens des Arztes grundsätzlich aus § 280 Abs. 1 S. 1 BGB[848] sowie § 831 Abs. 1 S. 1 BGB ergeben.

II. Aktivlegitimation

Die Behandlung minderjähriger Patienten wirft stets die Frage auf, wer Partei des Arztvertrages wird.

1. Der Minderjährige als Vertragsschließender

Der Minderjährige kann – wenn er das siebte Lebensjahr noch nicht vollendet hat – keinen wirksamen Arztvertrag abschließen. Das ergibt sich aus §§ 104 Nr. 1, 105 Abs. 1 BGB. Demgegenüber kann ein Minderjähriger, der das siebte, aber nicht das achtzehnte Lebensjahr vollendet hat, unter den Voraussetzungen der §§ 106 ff.

---

844 In einer Gemeinschaftspraxis haften die anderen Ärzte für vertragliche Pflichtverletzungen gesamtschuldnerisch. Dies gilt nicht für die Praxisgemeinschaft. Siehe zu weiteren Sonderkonstellation, *Laufs/Kern,* Handbuch Arztrecht, § 115 Rn. 13 ff.

845 Die ärztliche Schweigepflicht lässt sich aus dem allgemeinen Persönlichkeitsrecht des Patienten ableiten und stellt daher ein sonstiges Recht i S. v. § 823 Abs. 1 BGB dar. Die Fehldiagnose „Kindesmisshandlung" kann auch das allgemeine Persönlichkeitsrecht des verdächtigten Elternteils verletzen, welche Schadensersatzansprüche begründen kann, vgl. *OLG München,* NJW 1993, 2998 (2999); *LG Hamburg,* NJW 1998, 85.

846 Gegen den beamteten Arzt wird sich ein Anspruch aus § 839 Abs. 1 BGB i. V. m. Art. 34 S. 1 GG ergeben.

847 Dies wäre anders zu beurteilen, wenn ein gespaltener Krankenhausaufnahmevertrag oder ein totaler Krankenhausaufnahmevertrag mit Arztzusatzvertrag abgeschlossen wurde, vgl. hierzu *Laufs/Kern,* Handbuch Arztrecht, § 115 Rn. 42 ff.

848 Die ärztliche Schweigepflicht ist vertragliche Nebenpflicht; siehe S. 19 f.

BGB wirksam einen Arztvertrag abschließen. Sofern die Einwilligung seines gesetzlichen Vertreters vorliegt, wird der beschränkt geschäftsfähige Minderjährige Vertragspartner des Arztes.[849] Darüber hinaus kann er auch dann Vertragspartner des Arztes werden, wenn sein gesetzlicher Vertreter den Vertrag nachträglich gemäß § 108 Abs. 1 BGB genehmigt. Zudem kann der beschränkt geschäftsfähige Minderjährige auch unter den Voraussetzungen des § 110 BGB Partei des Arztvertrages werden.[850] Dafür ist Voraussetzung, dass der Minderjährige ohne Zustimmung seines gesetzlichen Vertreters den Arztvertrag schließt und die vertragsgemäßen Leistungen mit Mitteln bewirkt, die ihm zu diesem Zweck oder zur freien Verfügung überlassen worden sind.[851]

2. Die gesetzlichen Vertreter als Vertragsschließende

In der Regel wird jedoch der Minderjährige nicht allein den Arzt aufsuchen, sondern gemeinschaftlich mit seinem gesetzlichen Vertreter. In diesem Fall gibt der gesetzliche Vertreter im Zweifel eine eigene Willenserklärung ab, gerichtet auf Abschluss eines Arztvertrages zwischen ihm selbst und dem Arzt. Der Minderjährige wird sodann als Dritter i. S. v. § 328 BGB zwar berechtigt, aber nicht

---

849 *Laufs/Katzenmeier/Lipps,* Arztrecht, III Rn. 19. Unterschiedlich wird die Frage beantwortet, ob ein gesetzlich krankenversicherter beschränkt geschäftsfähiger Minderjähriger einen Arztvertrag wirksam abschließen kann, wenn er ohne die Zustimmung seiner gesetzlichen Vertreter eine Willenserklärung zum Abschluss eines Arztvertrages abgibt. Zum Teil wird die Ansicht vertreten, dass dieser Minderjährige einen Arztvertrag wirksam abschließen könne, weil ihm hieraus kein unmittelbarer Nachteil i. S. v. § 107 BGB erwachse. Gegen den Minderjährigen bestünde keine Zahlungspflicht und selbst ein etwaiger Misserfolg der Behandlung wäre lediglich ein mittelbarer, nicht rechtlicher Nachteil und daher unbeachtlich. So *Deutsch/Spickhoff,* Medizinrecht, Rn. 97; *Laufs/Kern,* Handbuch Arztrecht, § 39 Rn. 24. Dieser Ansicht wird zu Recht entgegengehalten, dass dem gesetzlich Krankenversicherten Mitwirkungspflichten im Hinblick auf die Bereitstellung des Honorars durch den Sozialversicherungsträger sowie Mitteilungspflichten gegenüber dem behandelnden Arzt oblägen. Die Berechtigung des Minderjährigen zum Abschluss eines Arztvertrages folge daher nicht daraus, dass der Arztvertrag lediglich rechtlich vorteilhaft sei, sondern aus § 36 Abs. 1 S. 1 SGB I. Nach dieser Norm kann der gesetzlich krankenversicherte Minderjährige, der das 15. Lebensjahr vollendet hat, Sozialleistungen entgegennehmen. So *Bender,* MedR 1997, 7 (8) sowie *Laufs/Katzenmeier/Lipps,* Arztrecht, III Rn. 19.

850 *Laufs/Katzenmeier/Lipps,* Arztrecht, III Rn. 19; *Laufs/Kern,* Handbuch Arztrecht, § 39 Rn. 24; MK/*Schmitt,* BGB, § 110 Rn. 5.

851 MK/*Schmitt,* BGB, § 110 Rn. 5.

verpflichtet.[852] Der gesetzliche Vertreter kann allerdings den Arztvertrag auch im Namen des Minderjährigen abschließen.[853] Denkbar wäre es auch, dass der Minderjährige die Willenserklärung seiner gesetzlichen Vertreter zum Abschluss des Arztvertrages als Bote abgibt.[854]

3. Zwischenergebnis

Es bleibt festzuhalten, dass grundsätzlich ein Arztvertrag (zugunsten Dritter) zwischen dem Arzt und dem gesetzlichen Vertreter des Minderjährigen zustande kommt, aus welchem der Minderjährige Ansprüche herleiten kann. Der Minderjährige wird allerdings aus diesem Vertrag nicht verpflichtet. In seltenen Fällen wird der Minderjährige selbst Vertragspartner des Arztes. Im Falle der Falschanzeige kann somit der Minderjährige stets gegen den betroffenen Arzt Schadensersatzansprüche herleiten. Die gesetzlichen Vertreter können ebenfalls Schadensersatzansprüche geltend machen, sofern sie den Arztvertrag im eigenen Namen abgeschlossen haben.

III. Pflichtverletzung

Sofern ein Arzt die Fehldiagnose „Kindesmisshandlung" stellt, kann dies zum einen die Verletzung einer Hauptleistungspflicht und zum anderen die Verletzung einer Nebenpflicht begründen. Der rechtswidrige Bruch der Schweigepflicht stellt in diesen Konstellationen eine Nebenpflichtverletzung dar. Darüber hinaus kann die Fehldiagnose „Kindesmisshandlung" einen Diagnoseirrtum und damit die Verletzung einer Hauptleistungspflicht darstellen. Allerdings sind Diagnoseirrtümer aufgrund des dem Arzt zustehenden weiten Beurteilungs- und Wertungsspielraums nur mit Zurückhaltung als schadensauslösender Behandlungsfehler einzuordnen.[855] Da ärztliche Diagnosen oft mit Unsicherheiten behaftet sind, muss nach Ansicht des Bundesgerichtshofs „die Schwelle zum Behandlungsfehler, von welcher ab ein Diagnoseirrtum als schwerer Verstoß gegen die Regeln der

852 *BGHZ* 89, 263 (266); *Laufs/Katzenmeier/Lipps,* Arztrecht, III Rn. 15.
853 *Laufs/Kern,* Handbuch Arztrecht, § 39 Rn. 26.
854 MK/*Müller-Glöge*, BGB, § 611 Rn. 88.
855 *BGH* VersR 1981, 1033 (1034); NJW 1989, 774 (775); 2003, 2827 (2827 f.); *OLG München,* NJW 1993, 2998 (2999) speziell für die Fehldiagnose „Kindesmisshandlung"; *Laufs/Kern,* Handbuch Arztrecht, § 110 Rn. 14; *Spickhoff,* NJW 2010, 1718 (1719).

ärztlichen Kunst zu beurteilen ist, der dann zu einer Belastung mit dem Risiko der Unaufklärbarkeit des weiteren Ursachenverlaufs führen kann, hoch angesetzt werden".[856] Diese Schwelle sah beispielsweise das LG München in einem Fall als überschritten an, in welchem ein in der Facharztausbildung befindlicher Arzt die Fehldiagnose „Verdacht auf Kindesmisshandlung" stellte.[857] Aufgrund der Fehldiagnose waren die Eltern kurzzeitig psychiatrisch untergebracht und es wurden ihnen ihre Kinder entzogen. Das Gericht verurteilte den Krankenhausträger zur Zahlung eines Schmerzensgeldes in Höhe von jeweils 5.000 € an die betroffenen Eltern und in Höhe von 10.000 € an das Kind. Nach Ansicht des Gerichts stellte die Fehldiagnose „Verdacht auf Kindesmisshandlung" einen Verstoß gegen die ärztliche Sorgfalt dar.[858] Die Verletzungen des Kindes konnten nach Ansicht des LG München in dem zu entscheidenden Fall weder für sich noch in der Gesamtschau aller Umstände eine Kindesmisshandlung belegen.[859] Zudem sei der Facharztstandard nicht gewahrt worden. Bei einem mehrtätigen stationären Aufenthalt des betroffenen Kindes, der dem schwerwiegenden Verdacht der Kindesmisshandlung nachgehen soll, sei zu fordern, dass auch ein Facharzt das betroffene Kind persönlich untersucht.[860]

Das OLG München hat in einem ähnlichen Fall hingegen die Fehldiagnose „Kindesmisshandlung" wegen des weiten ärztlichen Beurteilungs- und Wertungsspielraum noch nicht als Behandlungsfehler angesehen.[861] Die Schwelle zum Behandlungsfehler sei noch nicht überschritten, weil die Einbeziehung der Diagnose „sexueller Missbrauch" des minderjährigen Patienten eine mögliche Ursache der Unterbauchschmerzen sein konnte und damit auch innerhalb des ärztlichen Diagnoserahmens lag.[862]

IV. Resümee

Die Entscheidungen zeigen, dass durchaus auch zivilrechtliche Schadensersatzansprüche aus der Falschanzeige resultieren können. Eine pauschale Betrachtungsweise

856 *BGH* VersR 1981, 1033 (1034); *Laufs/Kern,* Handbuch Arztrecht, § 110 Rn. 14.
857 *LG München,* FamRZ 2009, 1629 (1629 f.).
858 *LG München,* FamRZ 2009, 1629. Siehe auch *Parzeller/Dettmeyer, Bratzke, Flaig, Zedler,* Rechtsmedizin 2010, 147 (152).
859 *LG München,* FamRZ 2009, 1629 (1630).
860 *LG München,* FamRZ 2009, 1629 (1630).
861 *OLG München,* NJW 1993, 2998 (2999).
862 *OLG München,* NJW 1993, 2998 (2999).

dergestalt, dass die Falschanzeige unter keinen Umständen Schadensersatzansprüche begründet, verbietet sich daher. Es ist in jedem Einzelfall zu prüfen, ob der Diagnoseirrtum sich noch innerhalb des ärztlichen Beurteilungs- und Wertungsspielraums befindet, oder ob die Grenzen zum schadensauslösenden Behandlungsfehler bereits überschritten sind.

C. Berufs-, approbations-, vertragsarzt- und arbeitsrechtliche Risiken einer Falschanzeige

Neben den straf- und zivilrechtlichen Konsequenzen, die mit einer Falschanzeige einhergehen können, können sich darüber hinaus auch berufs-, approbations-, vertragsarzt- oder arbeitsrechtliche Verfahren an das strafrechtlich relevante Verhalten anknüpfen.[863]

I. Berufsverbot

Eine weitere strafrechtliche Konsequenz ärztlichen Fehlverhaltens ist das in § 70 Abs. 1 StGB normierte Berufsverbot. Wegen der essenziellen Bedeutung der ärztlichen Schweigepflicht kann die vorsätzliche unbefugte Offenbarung von Patientengeheimnissen eine grobe Verletzung einer mit dem Beruf des Arztes verbundenen Pflicht darstellen, weshalb gegen den Arzt ein Berufsverbot gemäß § 70 Abs. 1 StGB bzw. – vor Verurteilung – gemäß § 132 StPO angeordnet werden kann.[864] Die Anordnung des Berufsverbots wird in der Regel nicht in Betracht kommen, wenn der Arzt eine in Wirklichkeit nicht bestehende Kindesmisshandlung offenbart. Voraussetzung für die Anordnung des Berufsverbots ist schließlich, dass die Gesamtwürdigung des Täters und der Tat die Gefahr erkennen lässt, dass er bei weiterer Ausübung des Berufs [...] erhebliche rechtswidrige Taten der bezeichneten Art begehen wird. Für die Anordnung des Berufsverbots muss die Wahrscheinlichkeit – und nicht bloß die Wiederholungsmöglichkeit – bestehen, dass der Arzt bei weiterer Ausübung des Berufs die Schweigepflicht erneut verletzen wird.[865]

---

863 *Frister/Lindemann/Peters,* Arztstrafrecht, 4. Kap. Rn. 1.

864 *Laufs/Kern,* Handbuch Arztrecht, § 145 Rn. 16; Sch/Sch/*Stree/Kinzig,* § 70 Rn. 7.

865 NK-StGB-*Pollähne,* § 70 Rn. 20; Sch/Sch/*Stree/Kinzig,* § 70 Rn. 7.

II. Berufsrechtliche Folgen

Anknüpfungspunkt für die Einleitung eines berufsgerichtlichen Verfahrens ist die Verletzung von Berufspflichten, die eine berufsunwürdige Handlung begründen.[866] Zu den Berufspflichten gehört selbstverständlich auch die Schweigepflicht der Ärzte.[867] Verletzt der Arzt die Schweigepflicht, kommen in dem berufsgerichtlichen Verfahren eine Warnung, ein Verweis, die Entziehung des passiven Wahlrechts, ein Geldbuße bis zu 50.000 € oder die Feststellung der Unwürdigkeit der zur Ausübung des Berufes in Betracht.[868]

1. Konkurrenz zum Strafverfahren

Problematisch ist, in welchem Verhältnis das berufsgerichtliche Verfahren zum Strafverfahren steht. Da die Kumulation von straf- und außerstrafrechtlichen Verfahren den von Verfassungs wegen zu berücksichtigenden Verhältnismäßigkeitsgrundsatz tangieren kann, beinhalten die das berufsgerichtliche Verfahren regelnden Kammer- und Heilberufsgesetze bestimmte Schutzmechanismen gegen eine Mehrfachsanktionierung.[869] Ein bereits eingeleitetes berufsgerichtliches Verfahren muss ausgesetzt werden, sofern die öffentliche Klage im strafrechtlichen Verfahren erhoben ist oder wird.[870] Sofern der Arzt wegen der Verletzung von Privatgeheimnissen gemäß § 203 Abs. 1 StGB zu einer Geld- oder Freiheitsstrafe verurteilt worden ist – gleiches gilt bei Erlass eines Strafbefehls –, kommt eine zusätzliche berufsrechtliche Sanktionierung nur dann in Betracht, wenn ein „berufsrechtlicher Überhang" besteht.[871] Nach *Ulsenheimer* soll das auch für die Einstellung des Strafverfahrens gemäß §§ 153 f. StPO gelten.[872] Dies ist jedoch zumindest bezüglich der Einstellung des Verfahrens gemäß § 153 StPO nicht überzeugend, weil eine Einstellung nach § 153 StPO für den Täter folgenlos bleibt. Der berufsrechtliche Überhang besteht dann, wenn die Kriminalstrafe nicht als ausreichend

866 Vgl. § 59 Abs. 1 HeilBerG NRW.

867 Vgl. 9 MBOÄ; § 9 BO für die nordrheinischen Ärztinnen und Ärzte; *Laufs/Kern*, Handbuch Arztrecht, § 14 Rn. 10, 15.

868 So der Maßnahmenkatalog gemäß § 60 Abs. 1 HeilBerG NRW.

869 *Frister/Lindemann/Peters,* Arztstrafrecht, 4. Kap. Rn. 3.

870 § 76 Abs. 1 HeilBerG NRW.

871 *Frister/Lindemann/Peters,* Arztstrafrecht, 4. Kap. Rn. 3; *Narr,* Ärztliches Berufsrecht, Rn. B 79; *Quaas/Zuck,* Medizinrecht, § 12 Rn. 96 f.; *Ulsenheimer,* Arztstrafrecht, Rn. 514.

872 *Ulsenheimer,* Arztstrafrecht, Rn. 514.

angesehen wird, um das Ansehen der Ärzteschaft zu wahren und den Beschuldigten zur Anhaltung seiner Berufspflichten anzuhalten.[873] Es ist daher in jedem Einzelfall zu prüfen, ob ein solcher Überhang noch besteht und ob man durch das Berufsrecht eine besondere Missbilligung wegen der Verletzung der Berufspflicht zum Ausdruck bringen will.[874] Einen berufsrechtlichen Überhang wird man allerdings für die Falschanzeige einer Kindesmisshandlung in der Regel nicht bejahen können. Es besteht in der Regel kein Bedürfnis, einen Arzt zusätzlich zu einer strafgerichtlichen Verurteilung oder einem Erlass eines Strafbefehls berufsrechtlich zu sanktionieren, wenn er die vermeintliche Kindesmisshandlung offenbart. Die Anzeige der vermeintlichen Kindesmisshandlung nimmt dem Arzt auch in den Augen der Bevölkerung nicht das zur Ausübung seines Berufes erforderliche Ansehen und Vertrauen.[875] Schließlich wird grundsätzlich das Ziel des Arztes sein, dem Kind durch die Informationsweitergabe zu helfen.

Anders ist jedoch Situation zu würdigen, wenn der Arzt beispielsweise durch offenkundige Falschanzeigen die ärztliche Schweigepflicht verletzt. In diesen Fällen ist es nicht fernliegend, einen berufsrechtlichen Überhang anzunehmen.

2. Bindungswirkung des Strafurteils und fahrlässiger Verstoß gegen die ärztliche Schweigepflicht

Grundsätzlich sind Feststellungen im strafgerichtlichen Urteil für das berufsgerichtliche Verfahren bindend.[876] Wird der Arzt im Strafverfahren freigesprochen, kann wegen des Sachverhaltes, der Gegenstand der strafgerichtlichen Untersuchung war, ein berufsgerichtliches Verfahren nur dann eröffnet oder fortgesetzt

---

873 *Frister/Lindemann/Peters,* Arztstrafrecht, 4. Kap. Rn. 3; *Laufs/Kern,* Handbuch Arztrecht, § 14 Rn. 25; *Quaas/Zuck,* Medizinrecht, § 12 Rn. 97.

874 *BVerfGE* 27, 180 (187); *Laufs/Kern,* Handbuch Arztrecht, § 14 Rn. 25. Ein berufsrechtlicher Überhang wird in der Praxis bei erheblichen Abrechnungsmanipulationen bejaht, vgl. *Frister/Lindemann/Peters,* Arztstrafrecht, 4. Kap. Rn. 14.

875 *Teubner,* Verteidigungsstrategien in Arztstrafverfahren, in: *AG Medizinrecht im DAV/IMR (Hrsg.),* 2. Düsseldorfer Medizinstrafrechtstag – Brennpunkte des Arztstrafrechts, 65 (73); *Ulsenheimer,* Arztstrafrecht, Rn. 515. Nach *Roxin/Schroth,* Medizinstrafrecht, 226 f. ist eine berufsrechtliche Sanktion zur „Wahrung des Ansehens der Ärzteschaft“ nur dann zu erwarten, wenn kein oder nicht rechtzeitig Strafantrag i. S. v. § 205 StGB gestellt wurde. Daraus kann man den Schluss ziehen, dass kein berufsgerichtlicher Überhang nach *Roxin/Schroth* besteht, wenn der Arzt strafgerichtlich verurteilt worden ist.

876 Vgl. § 76 Abs. 3 HeilBerG NRW.

werden, wenn dieser Sachverhalt, ohne den Tatbestand eines Strafgesetzes zu erfüllen, ein Berufsvergehen enthält.[877]

Das Verhalten des Arztes ist allerdings nicht nur nach strafrechtlichen, sondern auch nach berufsrechtlichen Maßstäben zu messen, weil der Arzt auch den Regeln seiner Berufsordnung unterliegt.[878] Es gibt einen breiten Bereich von Verhaltensweisen, die strafrechtlich nicht relevant, jedoch als Berufsvergehen zu qualifizieren sind. Das gilt auch für die ärztliche Schweigepflicht. Strafrechtlich wird nur ein vorsätzlicher Verstoß gegen die ärztliche Schweigepflicht sanktioniert. Berufsrechtlich ist allerdings auch ein fahrlässiger Verstoß gegen die ärztliche Schweigepflicht[879] als Berufsvergehen einzuordnen. Folglich kann auch ein berufsgerichtliches Verfahren durchgeführt werden, wenn der Arzt beispielsweise die Patientenakte eines möglicherweise misshandelten Kindes in der Kantine liegen lässt und somit die Kenntniserlangung des Akteninhalts durch Dritte ermöglicht. Zu denken wäre auch an den Arzt, der auf dem Krankenhausflur mit einem Kollegen über einen Verdachtsfall diskutiert und hierdurch zufällig anwesende Krankenhausbesucher die Möglichkeit zum Mithören ermöglicht.

3. Ergebnis zu den berufsrechtlichen Folgen

Es ist festzuhalten, dass auch berufsrechtliche Konsequenzen durch die Falschanzeige in Betracht kommen können. Neben einer strafrechtlichen Sanktionierung kommen aufgrund des sogenannten berufsrechtlichen Überhangs berufsrechtliche Konsequenzen nur dann in Betracht, wenn der Arzt beispielsweise durch offenkundige Falschanzeigen die ärztliche Schweigepflicht verletzt. Obwohl ein fahrlässiger Verstoß gegen die ärztliche Schweigepflicht nicht strafrechtlich sanktioniert werden kann, kommt bei fahrlässigen Verstößen gegen die ärztliche Schweigepflicht jedoch eine berufsgerichtliche Ahndung in Betracht.

III. Widerruf und Ruhen der Approbation

Grundsätzlich kann das ärztliche Fehlverhalten nach einem rechtskräftigen Urteil bzw. Strafbefehl zum Widerruf oder zum Ruhen der Approbation führen, wenn sich hieraus zugleich die Berufsunwürdigkeit oder Unzuverlässigkeit des Arztes

877 Vgl. § 76 Abs. 2 HeilBerG NRW.
878 *Gerichtshof f. d. Heilberufe Nds.*, MedR 2007, 454 (455).
879 *Spickhoff*, Medizinrecht, MBO, § 9 Rn. 2. Siehe auch S. 19.

i. S. v. §§ 5 Abs. 2 i. V. m. 3 Abs. 1 S. 1 Nr. 2 BÄO, § 6 Abs. 1 Nr. 1 BÄO ergibt. *Unwürdigkeit* liegt vor, wenn der Arzt durch sein Verhalten nicht mehr das für die Berufsausübung unabdingbar nötige Ansehen und Vertrauen bei der Bevölkerung besitzt.[880] *Unzuverlässig* ist der Arzt, der nicht die Gewähr für die zukünftige gewissenhafte Pflichterfüllung bietet.[881] Beide Rücknahmegründe wird man allerdings für den Arzt, der durch die Falschanzeige dem Kind helfen wollte, grundsätzlich nicht annehmen können. Sofern der Arzt allerdings durch wiederholte offenkundige Falschanzeige seine ärztliche Schweigepflicht verletzt, wäre die Bejahung eines Aufhebungsgrundes nicht per se ausgeschlossen.

IV. Vertragsarztrechtliche Risiken

1. Entzug und Ruhen der Vertragsarztzulassung

Strafrechtlich relevantes Fehlverhalten des Vertragsarztes kann darüber hinaus die Anordnung des Ruhens oder sogar den Entzug der Zulassung zur Folge haben, vgl. § 27 S. 1 Ärzte-ZV i. V. m. § 95 Abs. 6 SGB V. Dafür ist Voraussetzung, dass der Arzt seine vertragsärztlichen Pflichten gröblich verletzt.[882] Es wird verlangt, dass der Arzt nicht mehr geeignet erscheint, an der vertragsärztlichen Versorgung teilzunehmen.[883] Ungeeignetheit liegt in der Regel dann vor, wenn die gesetzliche Ordnung der vertragsärztlichen Versorgung durch das Verhalten des Vertragsarztes in erheblichem Maße verletzt wird und das Vertrauensverhältnis zu den gesetzlichen Krankenkassen und den Versicherten tief greifend und nachhaltig gestört ist.[884] Die Annahme der Ungeeignetheit des Vertragsarztes, der eine Kindesmisshandlung anzeigt, wird man in der Regel nicht bejahen können. Auch das wird man anders zu beurteilen haben, wenn der Arzt durch wiederholte offenkundige Falschanzeige seine ärztliche Schweigepflicht verletzt.

---

880 *BVerwG* NJW 1991, 1557; 1993, 806; *Laufs/Kern,* Handbuch Arztrecht, § 8 Rn. 6.

881 *BVerwG* NJW 1991, 1557; *Frister/Lindemann/Peters,* Arztstrafrecht, 4. Kap. Rn. 19; *Laufs/Kern,* Handbuch Arztrecht, § 8 Rn. 8. Die Unzuverlässigkeit wurde z. B. bei erheblichen und langjährigen Abrechnungsmanipulationen bejaht, vgl. *BVerwGE* 105, 214 (220).

882 Eine Übersicht über die wichtigsten vertragsärztlichen Pflichten findet sich bei *Quaas/Zuck,* Medizinrecht, § 23 Rn. 11 ff.

883 *BVerfGE* 69, 233 (244); *Ulsenheimer,* Arztstrafrecht, Rn. 520.

884 *BVerfGE* 69, 233 (244).

2. Disziplinarverfahren

Ein Disziplinarverfahren nach § 81 Abs. 5 SGB V i. V. m. den jeweiligen Disziplinarordnungen[885] wird im Hinblick auf den Verhältnismäßigkeitsgrundsatz nur dann in Betracht kommen, wenn ein spezifisch vertragsärztliches Sicherstellungsbedürfnis und folglich auch ein *disziplinarischer Überhang* besteht.[886] Zur Vermeidung einer kumulativen straf- und disziplinarrechtlichen Sanktionierung ordnen einige Bundesländer die Subsidiarität des Disziplinarverfahrens gegenüber dem strafrechtlichen Verfahren an.[887] Den disziplinarischen Überhang wird man in der Regel nur für den oben umschriebenen Fall der wiederholten offenkundigen Falschanzeige annehmen können.

V. Arbeitsrechtliche Risiken

Der Verstoß gegen die ärztliche Schweigepflicht kann zudem arbeitsrechtliche Risiken hervorrufen. Diese können in Form von Abmahnungen, Suspendierung vom Dienst oder Kündigung auftreten.[888]

VI. Fazit zu den berufs-, approbations-, vertragsarzt- und arbeitsrechtlichen Risiken einer Falschanzeige

Es bleibt festzuhalten, dass durch die Falschanzeige der Kindesmisshandlung auch berufs-, approbations-, vertragsarzt- und arbeitsrechtliche Konsequenzen im Ausnahmefall in Betracht kommen können.

885 Eine Rechtsprechungsübersicht findet sich bei *Ehlers,* Disziplinarrecht, Kap. 7

886 *Ehlers,* Disziplinarrecht, Kap. 1, Rn. 235; *Ulsenheimer,* Arztstrafrecht, Rn. 521.

887 Vgl. § 76 Abs. 4 HeilBerG NRW; § 74 Abs. 4 HeilBerG Brandenburg; § 70 Abs. 1 HeilBG RP; § 57 Abs. 1, 7 HBKG SH.

888 *Teubner,* Verteidigungsstrategien in Arztstrafverfahren, in: *AG Medizinrecht im DAV/IMR (Hrsg.),* 2. Düsseldorfer Medizinstrafrechtstag – Brennpunkte des Arztstrafrechts, 65 (78).

Achtes Kapitel: Schlussbetrachtung

Das Thema Kindesmisshandlung ist in der Öffentlichkeit und den Medien Gegenstand heftiger und ständiger Diskussionen. Ein Bereich, in dem die Kindesmisshandlung die Beteiligten vor erhebliche Schwierigkeiten stellen, ist der (kinder-) ärztliche Bereich. Häufig sind Ärzte mit Fallkonstellationen konfrontiert, in denen sie sich nicht sicher sein können, ob sie einen Verdachtsfall anzeigen dürfen oder sogar müssen. Das Ziel der vorliegenden Dissertation bestand deshalb darin, den Konflikt zwischen der ärztlichen Schweigepflicht und Kindesmisshandlungsverdachtsfällen in seinen Einzelheiten zu beleuchten. Eine gewichtige Rolle nimmt die durch das BKiSchG eingeführte Befugnisnorm für Berufsgeheimnisträger in § 4 Abs. 3 S. 1 KKG ein.

A. Die ärztliche Feststellbarkeit eines Kindesmisshandlungsfalles

Unter dem Begriff *Kindesmisshandlung* fallen nach der medizinischen Definition die körperliche Misshandlung, der sexuelle Missbrauch, die körperliche und emotionale Vernachlässigung sowie die psychische Misshandlung. Während die psychische Misshandlung und die emotionale Vernachlässigung für den Arzt ohne anamnestische Hinweise kaum nachzuweisen ist, können die anderen Misshandlungsformen vielfach ärztlich nachgewiesen werden.[889] Sofern der Arzt z. B. multiple Hämatome an ungewöhnlichen Körperpartien entdeckt oder Hautveränderungen, wie z. B. Narben, Striemen, Hämatome, Abdrücke von Gegenständen, Würgemale am Hals oder Bissverletzungen, kann das ein gewichtiges Indiz für eine körperliche Misshandlung sein.[890] Da der sexuelle Missbrauch häufig ohne gewaltsamen Kontakt stattfindet, ist der Nachweis des sexuellen Missbrauchs schwieriger. Verletzungen im Intimbereich können jedoch den Verdacht des sexuellen Missbrauchs begründen.[891] Die Vernachlässigung wiederum kann durch den Arzt etwa durch die Unterernährung oder medizinische Unterversorgung des Kindes festgestellt werden.[892]

889 Siehe S. 5 ff.
890 Siehe ausführlich S. 6 ff.
891 Näheres S. 8.
892 Im Detail S. 8 f.

B. Der tatbestandliche Schutz fremder Geheimnisse gemäß § 203 Abs. 1 StGB

Die ärztliche Schweigepflicht ist sowohl verfassungsrechtlich in Art. 2 Abs. 1 GG i. V. m. Art. 1 Abs. 1 GG als auch im Berufsrecht und im Zivilrecht verankert. Von besonderer Bedeutung für die vorliegende Dissertation ist zudem die strafbewehrte Verschwiegenheitsverletzung gemäß § 203 Abs. 1 StGB. Das von § 203 Abs. 1 StGB geschützte Rechtsgut ist in dem Schutz des Vertrauensverhältnisses zwischen der Vertrauensperson und demjenigen, der vertrauensvoll ihre Hilfe in Anspruch nimmt, zu erblicken. Dieses kann sowohl im Individualinteresse als auch im Interesse der Allgemeinheit bestehen. Tatbestandlich werden von § 203 Abs. 1 StGB fremde Geheimnisse geschützt. Die nähere Untersuchung des Geheimnisbegriffs in Bezug auf seine Reichweite hat folgendes Bild ergeben:

Zum einen ist eine Tatsache auch tatbestandlich geschützt, wenn sie unwahr ist.[893] Zum anderen werden auch offen*sichtliche* Tatsachen vom § 203 Abs. 1 StGB geschützt.[894] Von § 203 Abs. 1 StGB werden nach der hier bevorzugten Ansicht auch uneingeschränkt Drittgeheimnisse geschützt.[895] Auch die Identität der (misshandelnden) Eltern wird folglich als sogenanntes Drittgeheimnis zumindest tatbestandlich geschützt.

C. Rechtfertigungsebene

Ein Schwerpunkt dieser Dissertation lag in der Prüfung der Rechtfertigung einer Verletzung der ärztlichen Schweigepflicht. Zunächst wurden die Mitteilungsmöglichkeiten des Arztes zur Informationsweitergabe an das Jugendamt erörtert. In einem zweiten Schritt wurden die Mitteilungsmöglichkeiten des Arztes zur Informationsweitergabe an weitere Stellen, wie z. B. das Familiengericht, die Polizeibehörden, die Strafverfolgungsbehörden und die gesetzlichen Krankenkassen dargestellt.

Bevor die Voraussetzungen der in § 4 Abs. 3 S. 1 KKG normierten Befugnisnorm dargestellt wurden, wurden die Einwilligung und die mutmaßliche Einwilligung als in Betracht kommende Rechtfertigungsgründe erörtert. Diese Rechtfertigungsgründe gehen der in § 4 Abs. 3 S. 1 KKG normierten Befugnisnorm

893 Näheres S. 32 f.

894 Siehe hierzu S. 33 f.

895 Hierzu siehe S. 40 ff.

vor. Im Rahmen der Prüfung der Einwilligung war die Frage nach der Einwilligungsberechtigung von Belang. Ursächlich hierfür waren die Auswirkungen der Drittgeheimnisproblematik auf die Einwilligungsberechtigung.[896] Die Verfügungsbefugnis über ein Drittgeheimnis ist differenziert danach zu beantworten, ob das misshandelte Kind seinen Arzt selbst aufsucht oder aber in Begleitung seiner Eltern. Im ersten Fall kann das Kind – sofern es einwilligungsfähig ist – selbst über eine Preisgabe des Geheimnisses entscheiden. Andernfalls müssen alle Geheimnisträger mit der Informationsweitergabe einverstanden sein.[897] Eine ähnlich gelagerte Problematik ergibt sich für die Frage nach der Strafantragsberechtigung i. S. v. § 205 StGB. Diese steht grundsätzlich den Geheimnisträgern zu.[898]

Der Arzt kann im Ausnahmefall auch auf Grundlage der mutmaßlichen Einwilligung einen Kindesmisshandlungsfall anzeigen. Gegen den mutmaßlichen Willen des einwilligungsfähigen Patienten darf der Arzt die Misshandlung nicht dem Jugendamt oder weiteren Stellen anzeigen.[899]

Mit § 4 Abs. 3 S. 1 KKG hat der Gesetzgeber eine bundeseinheitliche Norm zur Informationsweitergabe für Berufsgeheimnisträger geschaffen. Einen zentralen Problembereich bildete die Frage, was unter dem Begriffspaar *gewichtige Anhaltspunkte* zu verstehen ist.[900] Der Gesetzgeber hat dadurch zum Ausdruck gebracht, dass der Arzt ab einem bestimmten Verdachtsgrad eine (vermutete) Kindesmisshandlung anzeigen darf. Eine absolute Sicherheit wird folglich nicht verlangt. Sofern nicht mehr ernsthaft von einer Kindeswohlgefährdung gesprochen werden kann und der Arzt damit ein bestehendes erlaubtes (Rechtfertigungs-) Risiko überschreitet, scheidet eine Rechtfertigung auf Grundlage des § 4 Abs. 3 S. 1 KKG aus. Dem Arzt steht bezüglich der Frage, ob die Einschaltung des Jugendamtes erforderlich ist, ein in gewissem Umfang gerichtlich unüberprüfbarer Beurteilungsspielraum zu.[901] Als ein weiteres Problem hat sich die Frage nach einer aufgedrängten Informationsweitergabe ergeben. Die rechtliche Würdigung dieses Problems hat ergeben, dass der Arzt nicht gerechtfertigt ist, wenn er die Misshandlung gegen den erklärten oder mutmaßlichen Willen des einsichtsfähigen Patienten weiterleitet. Das Veto des einsichts*un*fähigen Minderjährigen und/oder

896 Siehe S. 66 ff.
897 Siehe zu dem Sonderfall, dass eine Patientin ihrem Arzt anvertraut, dass das Nachbarskind misshandelt worden ist, S. 72.
898 Vgl. hierzu S. 70 ff.
899 Siehe S. 72 ff.
900 Vgl. hierzu ausführlich S. 77 ff.
901 Siehe S. 89 f.

der Eltern ist hingegen unbeachtlich und führt nicht zu einer Anwendungssperre des § 4 Abs. 3 S. 1 KKG. Problematisch war zudem das Verhältnis von § 4 Abs. 3 S. 1 KKG zu landesrechtlichen Befugnisnormen. Eine ausführliche Erörterung hat ergeben, dass § 4 Abs. 3 S. 1 KKG den landesrechtlichen Befugnisnormen vorgeht, was auch dann gilt, wenn die landesrechtliche Regelung[902] eine Offenbarungspflicht vorsieht.[903] In einem weiteren Schritt wurde geprüft, ob neben der (mutmaßlichen) Einwilligung und § 4 Abs. 3 S. 1 KKG weitere Rechtfertigungsgründe in Betracht kommen können. Weitere Rechtfertigungsgründe, wie z. B. der rechtfertigende Notstand, § 9 Abs. 2 der jeweiligen Berufsordnung oder die Wahrnehmung berechtigter Interessen analog § 193 StGB finden keine Anwendung. Schließlich wurde eingehend die Frage erörtert, ob das KKG Auswirkungen auf „RISKID" haben könnte. Eine ausführliche Prüfung ergab, dass die Eintragung der Daten in diese Risikodatei rechtswidrig ist, woran auch das KKG nichts zu ändern vermag.[904]

Der Arzt darf die Kindesmisshandlung auf Grundlage der Einwilligung und der mutmaßlichen Einwilligung an weitere Stellen weiterleiten.[905] Analog § 4 Abs. 3 S. 1 KKG darf der Arzt im Ausnahmefall dem Familiengericht und den Polizeibehörden die Kindesmisshandlung anzeigen. Nach § 4 Abs. 3 S. 1 KKG analog darf der Arzt jedoch nicht die Strafverfolgungsbehörden informieren, weil diese Befugnisnorm ausschließlich präventive Zwecke verfolgt.[906] Einer näheren Prüfung bedurfte die Frage, ob der rechtfertigende Notstand als Rechtfertigungsgrund für den Falltypus der Kindesmisshandlung (noch) Anwendung finden kann. Am Ende der Untersuchung stand fest, dass § 34 StGB unter keinem Gesichtspunkt – auch nicht unter dem Blickwinkel der Informationsweitergabe zugunsten des Strafverfolgungsinteresses – in Betracht kommt.[907] Problematisch war auch das Verhältnis von § 4 Abs. 3 S. 1 KKG zu § 294a Abs. 1 SGB V. Eine verfassungskonforme Auslegung hat ergeben, dass § 294a Abs. 1 SGB V selbst keine Rechtfertigung für den Falltypus der Kindesmisshandlung begründet, sondern eine nach § 4 Abs. 3 S. 1 KKG gerechtfertigte Informationsweitergabe voraussetzt.[908] Weitere Rechtfertigungsgründe, wie z. B. die Wahrnehmung berechtigter Interessen kommen

902 So z. B. nach Art. 14 Abs. 6 BayGDVG.
903 Näheres S. 98 ff.
904 Siehe hierzu S. 121 ff.
905 Vgl. S. 106 f.
906 Vgl. S. 109.
907 Siehe S. 110 ff.
908 Siehe S. 115 ff.

ebenfalls nicht in Betracht. Schließlich wurden die Auswirkungen subjektiver Fehlvorstellungen (Erlaubnistatbestands- und Erlaubnisirrtum) auf eine Strafbarkeit des Arztes gemäß § 203 Abs. 1 StGB erörtert.[909]

D. Informationsweitergabe des Jugendamtes an weitere Stellen

Im fünften Kapitel wurde die Frage näher untersucht, ob und unter welchen Voraussetzungen das Jugendamt Daten bezüglich der Kindesmisshandlung an andere Stellen weiterleiten darf, wenn die Informationen den ärztlichen Bereich verlassen haben. In einem ersten Schritt wurden hierzu die Befugnistatbestände zur Informationsweitergabe durch das Jugendamt an andere Stellen dargestellt, wobei auch eine Differenzierung zwischen der Informationsweitergabe zu präventiven und repressiven Zwecken vorgenommen worden ist. Am Ende der Prüfung stand fest, dass das Jugendamt befugt ist, die Daten an das Familiengericht und die Polizeibehörden weiterzuleiten. Der Informationsweitergabe der Daten zu repressiven Zwecken an die Strafverfolgungsbehörden stand jedoch die Übermittlungsschranke des § 76 SGB X entgegen.

Sofern allerdings eine befugte Zweitübermittlung stattgefunden hat – beispielsweise zwischen dem Jugendamt und dem Familiengericht – kann das Familiengericht die Daten aufgrund der Ausnahmeregelung gemäß § 78 Abs. 1 S. 5 SGB X auch den Strafverfolgungsbehörden zu Strafverfolgungszwecken weiterleiten. Dies gilt gleichsam für die zu präventiven Zwecken erfolgte Datenübermittlung vom Jugendamt an die Polizeibehörden. Diese können die Daten auch zum Zwekke der Strafverfolgung nutzen.[910]

E. Strafbarkeitsrisiken des Arztes durch die Nichtanzeige der Kindesmisshandlung

Eine Strafbarkeit des Arztes durch die Nichtanzeige einer Kindesmisshandlung kommt grundsätzlich nicht in Betracht, weder wegen Strafvereitelung durch Unterlassen gemäß §§ 258 Abs. 1, 13 Abs. 1 StGB, noch wegen der Verwirklichung von Körperverletzungstatbeständen durch Unterlassen gemäß §§ 223 ff., 13 Abs. 1

909 Näheres S. 128 ff.
910 Vgl. ausführlich S. 133 ff.

StGB oder wegen Nichtanzeige geplanter Straftaten gemäß §§ 138, 139 StGB.[911] In diese Prüfung fiel auch die im Ergebnis zu verneinende Frage, ob der behandelnde Arzt rechtlich i. S. v. § 13 Abs. 1 StGB zum Schutz des kindlichen Lebens und seiner körperlichen Unversehrtheit in der Weise verpflichtet ist, dass er die Kindesmisshandlung offenbaren muss. Im Ausnahmefall besteht allerdings ein Strafbarkeitsrisiko des Arztes gemäß § 323c StGB wegen unterlassener Hilfeleistung, wenn der Arzt trotz sicherer Kenntnis einer bevorstehenden Misshandlung untätig bleibt.[912]

F. Rechtliche Risiken einer Falschanzeige

Im letzten Kapitel wurden die straf-, zivil-, berufs-, approbations-, vertragsarzt- und arbeitsrechtlichen Risiken des Arztes dargestellt, die eine Falschanzeige hervorrufen könnte. Auch an dieser Stelle ist hervorzuheben, dass das wesentliche Risiko einer Falschanzeige in einer Strafbarkeit wegen der Verletzung von Privatgeheimnissen gemäß § 203 Abs. 1 StGB besteht.

Im Regelfall verwirklicht der Arzt durch die Fehldiagnose „Kindesmisshandlung" keinen Beleidigungstatbestand nach den §§ 185 ff. StGB. Zwar ist durch die Falschanzeige die Verwirklichung einer üblen Nachrede gemäß § 186 StGB naheliegend. Eine Anzeige an das Jugendamt oder weitere Stellen kann allerdings gemäß § 4 Abs. 3 KKG gerechtfertigt sein.[913]

Aus der Falschanzeige können durchaus auch zivilrechtliche Schadensersatzansprüche resultieren. Sofern ein Arzt die Fehldiagnose „Kindesmisshandlung" stellt, kann dies zum einen die Verletzung einer Hauptleistungspflicht (Diagnoseirrtum) und zum anderen die Verletzung einer Nebenpflicht (Verletzung der ärztlichen Schweigepflicht) begründen. Allerdings sind Diagnoseirrtümer aufgrund des dem Arzt zustehenden weiten Beurteilungs- und Wertungsspielraums nur mit Zurückhaltung als schadensauslösender Behandlungsfehler einzuordnen.[914]

Neben den straf- und zivilrechtlichen Konsequenzen, die mit einer Falschanzeige einhergehen können, können sich darüber hinaus auch berufs-, approbations-, vertragsarzt- oder arbeitsrechtliche Risiken ergeben.[915] Eine ausführliche Prüfung

911 Siehe S. 149 ff.
912 Im Detail S. 161 ff.
913 Ausführlich S. 169 ff.
914 Vgl. ausführlich S. 172 ff.
915 Im Detail S. 177 ff.

dieser Risiken hat ergeben, dass neben einer strafrechtlichen Sanktionierung aufgrund des sogenannten berufsrechtlichen Überhangs berufsrechtliche Konsequenzen nur dann in Betracht kommen, wenn der Arzt beispielsweise durch offenkundige Falschanzeigen die ärztliche Schweigepflicht verletzt. Obwohl ein fahrlässiger Verstoß gegen die ärztliche Schweigepflicht nicht strafrechtlich sanktioniert werden kann, kommt bei fahrlässigen Verstößen gegen die ärztliche Schweigepflicht eine berufsgerichtliche Ahndung in Betracht. Approbations-, vertragsarzt- und arbeitsrechtliche Konsequenzen kommen nur dann in Betracht, wenn der Arzt durch evidentes Fehlverhalten, wie z. B. durch offenkundige Falschanzeigen, die ärztliche Schweigepflicht verletzt.

G. Gesamtfazit

Dem Arzt stehen im Falle einer diagnostizierten Kindesmisshandlung rechtliche Mittel zur Verfügung, um unter bestimmten Voraussetzungen öffentliche Stellen einzuschalten. Der Gesetzgeber hat insbesondere mit § 4 Abs. 3 S. 1 KKG eine Befugnisnorm für Berufsgeheimnisträger geschaffen, die die Rechtssicherheit mit dem Umgang von Verdachtsfällen erhöhen wird. Die teilweise anzutreffende Ansicht, dass den Berufsgeheimnisträgern mit der Einwilligung und dem rechtfertigenden Notstand ausreichend Handlungsalternativen an die Hand gegeben worden sind und es deshalb keiner besonderen gesetzlich normierten Befugnisnorm bedurft hätte,[916] ist daher nach dem Vorstehenden abzulehnen.

916 *Duttge,* ZRP 2009, 159; *Kliemann/Fegert,* ZRP 2011, 110 (112).

Literaturverzeichnis

Amelung, Knut, Irrtum und Zweifel des Getäuschten beim Betrug, GA 1977, S. 1 ff.

–, Über die Einwilligungsfähigkeit, ZStW 104 (1992), S. 525 ff; ZStW 104 (1992), S. 821 ff.

–, Probleme der Einwilligungsfähigkeit, Recht und Psychiatrie 1995, S. 20 ff.

Amelung, Knut/Eymann, Frieder, Die Einwilligungsfähigkeit des Verletzten im Strafrecht, JuS 2001, S. 937 ff.

Arloth, Frank, Arztgeheimnis und Auskunftspflicht bei AIDS im Strafvollzug, MedR 1986, S. 295 ff.

Bader, Johann/Ronellenfitsch, Michael (Hrsg.), Beck´scher Onlinekommentar VwVfG, München, Edition 20, Stand: 1.7.2013 (zitiert: BeckOK/*Bearbeiter,* VwVfG, § Rn.).

Bamberger, Heinz Georg/Roth, Herbert (Hrsg.), Beck´scher Onlinekommentar BGB, München, Edition 28, Stand: 1.8.2013 (zitiert: BeckOK/*Bearbeiter,* BGB, § Rn.).

Baumann, Jürgen/Weber, Ulrich/Mitsch, Wolfgang, Strafrecht Allgemeiner Teil, 11. Auflage, Bielefeld 2003 (zitiert: *Baumann/Weber/Mitsch,* AT, § Rn.).

Beaucamp, Guy, Zum Beurteilungsspielraum im Gentechnikrecht, DÖV 2002, S. 24 ff.

Beck, Friedrich-Christian/Hausch, Axel, Das Recht des Patienten auf informationelle Selbstbestimmung im Spannungsverhältnis zum Akteneinsichtsanspruch der Krankenkassen nach § 294a SGB V, VersR 2008, S. 1321 ff.

Becker, Ulrich/Kingreen, Thorsten, SGB V – Gesetzliche Krankenversicherung – Kommentar, 3. Auflage, München 2012 (zitiert: Becker/Kingreen/*Bearbeiter,* SGB V, § Rn.).

Belling, Detlev W./Eberl, Christina/Michlik, Frank, Das Selbstbestimmungsrecht Minderjähriger bei medizinischen Eingriffen, Neuwied u.a. 1994 (zitiert: *Belling/Eberl/Michlik,* Selbstbestimmungsrecht).

Bender, Albrecht, Das Verhältnis von ärztlicher Schweigepflicht und Informationsanspruch, MedR 1997, S. 7 ff.

–, Anm. zu OLG Frankfurt Beschl. v. 8.7.1999 – 8 U 67/99, in: VersR 2000, S. 322 f.

Bender, Denise, Grenzen der ärztlichen Schweigepflicht des Arztes bei Kenntnis von Misshandlungen oder entwürdigenden Behandlungen durch Eltern, MedR 2002, S. 626 ff.

Bergmann, Karl Otto/Pauge, Burkhard/Steinmeyer, Heinz-Dietrich (Hrsg.), Gesamtes Medizinrecht, Baden-Baden 2012 (zitiert: *Bergmann/Pauge/Steinmeyer,* Gesamtes Medizinrecht, § Rn.).

Beulke, Werner, Züchtigungsrecht – Erziehungsrecht – strafrechtliche Konsequenzen der Neufassung des § 1631 Abs. 2 BGB, in: *Ebert, Udo/Roxin, Claus/Rieß, Peter/Wahle, Eberhard (Hrsg.),* Festschrift für Ernst-Walter Hanack, Berlin u.a. 1999, S. 539 ff. (zitiert: *Beulke,* Züchtigungsrecht, in: *Ebert u.a.,* FS-Hanack).

–, Neufassung des § 1631 Abs. 2 BGB und Strafbarkeit gemäß § 223 StGB – Darf der Erziehungsberechtigte in Ausnahmefällen eine „maßvolle Ohrfeige" erteilen?, in: *Amelung, Knut/Beulke, Werner/Lilie, Hans/Rosenau, Henning/Rüping, Hinrich/Wolfslast, Gabriele (Hrsg.),* Strafrecht, Biorecht, Rechtsphilosophie, Festschrift für Hans-Ludwig Schreiber, Heidelberg 2003, S. 29 ff. (zitiert: *Beulke,* Neufassung des § 1631 Abs. 2 BGB und Strafbarkeit gemäß § 223 StGB, in: *Amelung u.a.,* FS-Schreiber).

Beulke, Werner/Swoboda, Sabine, Beschützergarant Jugendamt. Zur Strafbarkeit von Mitarbeitern des Jugendamtes bei Kindestod, Kindesmisshandlung oder -missbrauch innerhalb der betreuten Familie, in: *Dölling, Dieter/Erb, Volker (Hrsg.),* Festschrift für Karl Heinz Gössel, Heidelberg 2002, S. 73 ff. (zitiert: *Beulke/Swoboda,* Beschützergarant Jugendamt, in: *Dölling u.a.,* FS-Gössel).

Bindokat, Heinz, Anm. zu OLG Köln Beschl. v. 19.10.1961 – Zs 859/60, in: NJW 1962, S. 686 ff.

Bockelmann, Paul, Das Strafrecht des Arztes, in: *Ponsold, Albert (Hrsg.),* Lehrbuch der gerichtlichen Medizin, 3. Auflage, Stuttgart 1967 (zitiert: *Bockelmann,* Das Strafrecht des Arztes, in: *Ponsold,* Lehrbuch der gerichtlichen Medizin).

–, Strafrecht des Arztes, Stuttgart 1968 (zitiert: *Bockelmann,* Strafrecht des Arztes).

Bode, Harald/Zoubek, Andreas, Monatsschrift Kinderheilkunde, 2008, S. 627 f.

Bohnert, Joachim, Die Eltern und ihr Sohn, Jura 1999, S. 533 ff.

–, Der beschuldigte Amtsträger zwischen Aussagefreiheit und Verschwiegenheitspflicht, NStZ 2004, S. 301 ff.

–, Die Verletzung der Fürsorgepflicht und die Garantie der Sozialarbeiter, ZStW 117 (2005), S. 290 ff.

Borchert, Günther/Hase, Friedhelm/Walz, Stefan, Gemeinschaftskommentar zum Sozialgesetzbuch – Schutz der Sozialdaten (GK-SGB X 2), Neuwied u.a. 1989 (zitiert: Borchert/Hase/Walz/*Bearbeiter,* GK-SGB X 2, § Rn.).

Bottke, Wilfried, Suizid und Strafrecht, zugl.: Habil. – Schr., Universität München 1982 (zitiert: *Bottke,* Suizid und Strafrecht).

Bringewat, Peter, Tod eines Kindes – Soziale Arbeit und strafrechtliche Risiken, Baden-Baden 1997 (zitiert: *Bringewat,* Tod eines Kindes).

Coester, Michael, Das Kindeswohl als Rechtsbegriff – Die richterliche Entscheidung über die elterliche Sorge beim Zerfall der Familiengemeinschaft, zugl.: Habil. – Schr., Universität Augs burg, 1 982 (zitiert: *Coester,* Das Kindeswohl als Rechtsbegriff).

Corinth, Ärztliche Schweigepflicht und kollidierende Gesundheitsinteressen Dritter, zugl.: Diss., Universität Hannover 2008 (zitiert: *Corinth,* Ärztliche Schweigepflicht und kollidierende Gesundheitsinteressen Dritter).

Cramer, Steffen, Strafprozessuale Verwertbarkeit ärztlicher Gutachten aus anderen Verfahren, zugl.: Diss., Universität Gießen 1995 (zitiert: *Cramer,* Verwertbarkeit ärztlicher Gutachten).

Deutsch, Erwin/Spickhoff, Andreas, Medizinrecht, 6. Auflage, Berlin u.a. 2008 (zitiert: *Deutsch/Spickhoff,* Medizinrecht, Rn.).

Deutsch, Erwin, Schweigepflicht und Infektiosität, VersR 2001, S. 1471 ff.

Deutsches Institut für Jugendhilfe und Familienrecht (DIJuF) e.V., Datenschutz bei frühen Hilfen, 2010 (zitiert: *DIJuF,* Datenschutz bei frühen Hilfen).

–, Rechtsgutachten – Auswirkungen des Inkrafttretens des Bundeskinderschutzgesetzes (BKiSchG) auf das sächsische Kindergesundheits- und Kinderschutzgesetz (SächsKiSchG), JAmt 2012, S. 28 ff.

–, Rechtsgutachten – Zur Frage, ob eine Gefährdungsmitteilung durch eine Mitarbeiterin der Gemeindeverwaltung an den Kindergarten zu einer Strafbarkeit wegen übler Nachrede führen kann sowie zur Frage der Akteneinsicht durch die Staatsanwaltschaft im entsprechenden Ermittlungsverfahren, JAmt 2012, S. 150 ff.

Dickmeis, Franz, Keine Schweigepflicht der Ärzteschaft bei Gewalttaten an Frauen und Kindern, ZfJ 1995, S. 474 ff.

Diepold, Barbara, Einsicht und Urteilsfähigkeit von Kindern, in: *Dierks, Christian/Graf-Baumann, Toni/Lenard, Hans-Gerd (Hrsg.),* Therapieverweigerung bei Kindern und Jugendlichen, Berlin u.a. 1995, S. 39 ff. (zitiert: *Diepold,* Einsicht und Urteilsfähigkeit von Kindern, in: *Dierks u.a.,* Therapieverweigerung).

Dittrich, Iris, Drittgeheimnisse im Rahmen der Verletzung von Privatgeheimnissen gemäß § 203 StGB, zugl.: Diss., Universität Kiel 2007 (zitiert: *Dittrich,* Drittgeheimnisse).

Dölling, Dieter/Duttge, Gunnar/Rössner, Dieter, Gesamtes Strafrecht, StGB, StPO, Nebengesetze, 3. Auflage, Baden-Baden 2013 (zitiert: *Dölling/Duttge/Rössner,* § Rn.).

Dölling, Dieter, Anm. zu LG Hamburg Beschl. v. 05.03.1993 – 617 Qs 7/92, in: NStZ 1993, S. 402 f.

Duttge, Gunnar, Befreiung von der Schweigepflicht zu Gunsten des Kinderschutzes?, ZRP 2009, S. 159.

Ehlers, Alexander P.F. (Hrsg.), Disziplinarrecht für Ärzte und Zahnärzte, 2. Auflage, München 2013 (zitiert: *Ehlers,* Disziplinarrecht, Kap., Rn.).

Eichelbrönner, Nicolas, Die Grenzen der Schweigepflicht des Arztes und seiner berufstätigen Gehilfen nach § 203 StGB im Hinblick auf Verhütung und Aufklärung von Straftaten, zugl.: Diss., Universität Würzburg 2001 (zitiert: *Eichelbrönner,* Schweigepflicht).

Eisenberg, Ulrich, Kriminologie, 6. Auflage, München 2005 (zitiert: *Eisenberg,* Kriminologie).

Emberger, Herbert/Wallner, Felix (Hrsg.), Ärztegesetz mit Kommentar, 2. Auflage, Wien 2008 (zitiert: *Emberger/Wallner,* Ärztegesetz, § Rn.).

Engisch, Die rechtliche Bedeutung der ärztlichen Operation, Jena 1958 (zitiert: *Engisch,* Die rechtliche Bedeutung der ärztlichen Operation).

Engländer, Armin, Schweigepflicht bei HIV-Infektionen, Anm. zu OLG Frankfurt Urt. v. 5.10.1999 – 8 U 67/99, in: MedR 2001, S. 143 f.

– Grund und Grenzen der Nothilfe, zugl.: Habil. – Schr., Universität Mainz 2008 (zitiert: *Engländer,* Grund und Grenzen der Nothilfe).

Epping, Volker/Hillgruber, Christian, (Hrsg.), Beck´scher Onlinekommentar GG, München, Edition 18, Stand: 15.5.2013 (zitiert: BeckOK/*Bearbeiter,* GG, Art. Rn.).

Erbs, Georg/Kohlhaas, Max (Begr.), Strafrechtliche Nebengesetze.

– Band 1, Loseblattsammlung, 195. Auflage 2013, München, Stand: Juli 2013 (zitiert: Erbs/Kohlhaas/*Bearbeiter,* Strafrechtliche Nebengesetze, § Rn.).

– Band 3, Loseblattsammlung, 195. Auflage 2013, München, Stand: Juli 2013 (zitiert: Erbs/Kohlhaas/*Bearbeiter,* Strafrechtliche Nebengesetze, § Rn.).

Erb, Volker, Der rechtfertigende Notstand, Jus 2010, S. 17 ff.

Eser, Albin, Wahrnehmung berechtigter Interessen als allgemeiner Rechtfertigungsgrund, Zugleich ein Versuch über Rechtsgüterschutz und evolutives Recht, Berlin u.a. 1969 (zitiert: *Eser,* Wahrnehmung berechtigter Interessen).

–, Medizin und Strafrecht: Eine schutzgutorientierte Problemübersicht, ZStW 97 (1985), S. 1 ff.

Fischer, Thomas, Strafgesetzbuch, StGB und Nebengesetze, 60. Auflage, München 2013 (zitiert: *Fischer,* § Rn.).

Fleig, Meinrad, Die Mitteilungspflichten der Justizorgane bei Straftaten von Angehörigen des öffentlichen Dienstes im Licht neuerer Rechtsprechung, NJW 1991, S. 1016 ff.

Freund, Georg, Strafrecht Allgemeiner Teil, Personale Strafrechtslehre, 2. Auflage, Berlin u.a. 2008 (zitiert: *Freund,* AT, § Rn.).

Frister, Helmut, Die Notwehr im System der Notrechte, GA 1988, S. 291 ff.

–, Erlaubnistatbestandszweifel – Zur Abwägung der Fehlentscheidungsrisiken bei ungewissen rechtfertigenden Umstanden –, in: *Rogall, Klaus/Puppe, Ingeborg/Stein, Ulrich/Wolter, Jürgen (Hrsg.),* Festschrift für Hans-Joachim Rudolphi, Neuwied 2004, S. 45 ff. (zitiert: *Frister,* Erlaubnistatbestandszweifel, in: *Rogall u.a.,* FS-Rudolphi).

–, Strafrecht Allgemeiner Teil, 6. Auflage, München 2013 (zitiert: *Frister,* AT, Kap. Rn.).

Frister, Helmut/Lindemann, Michael/Peters, Alexander, Arztstrafrecht, Düsseldorf 2011 (zitiert: *Frister/Lindemann/Peters,* Arztstrafrecht, Kap. Rn.).

Frister, Helmut/Lehmann, Maja Caroline, Die gesetzliche Regelung der Präimplantationsdiagnostik, JZ 2012, S. 659 ff.

Geiger, Michael, Anm. zu BGH Urt. v. 26.10.1983 – 1 StR 413/82, in: JZ 1983, S. 153 f.

Geilen, Gerd, Einwilligung und ärztliche Aufklärungspflicht, zugl.: Habil. – Schr., Universität Bonn 1963 (zitiert: *Geilen,* Einwilligung und ärztliche Aufklärungspflicht).

–, Strafrecht Allgemeiner Teil, 5. Auflage, Bochum 1980 (zitiert: *Geilen,* Strafrecht AT).

Gemeinsame Stellungnahme der Bundesärztekammer und der Kassenärztlichen Bundesvereinigung zum Entwurf der Bundesregierung für ein „Gesetz zur Stärkung eines aktiven Schutzes von Kindern und Jugendlichen" „ (Bundeskinderschutzgesetz – BKiSchG, BT-Drucksache 17/6256), unter Berücksichtigung der Stellungnahme des Bundesrates (BR-Drucksache 202/11) und der Gegenäußerung der Bundesregierung vom 22.06.2011, abrufbar unter: http://www.bundesaerztekammer.de/downloads/StellKinderschutz_15092011.pdf (zuletzt abgerufen am 19.11.2013), (zitiert: gemeinsame Stellungnahme der Bundesärztekammer und der Kassenärztlichen Bundesvereinigung zum Entwurf der Bundesregierung für ein „Gesetz zur Stärkung eines aktiven Schutzes von Kindern und Jugendlichen").

Gemeinsame Stellungnahme der Bundesärztekammer und der Kassenärztlichen Bundes-vereinigung zum Referentenentwurf des Bundesministeriums für Familie, Senioren, Frauen und Jugend für ein „Gesetz zur Stärkung eines aktiven Schutzes von Kindern und Jugendlichen“ (Bundeskinderschutzgesetz – BKiSchG), abrufbar unter: http://www.bundesaerztekammer.de/downloads/StellRefKinderschutzgesetz_15022011.pdf (zuletzt abgerufen am 19.11.2013), (zitiert: Gemeinsame Stellungnahme der Bundesärztekammer und der Kassenärztlichen Bundesvereinigung zum Referentenentwurf des Bundesministeriums für Familie, Senioren, Frauen und Jugend für ein „Gesetz zur Stärkung eines aktiven Schutzes von Kindern und Jugendlichen“).

Geppert, Klaus, Die ärztliche Schweigepflicht im Strafvollzug, Berlin u.a. 1983 (zitiert: *Geppert,* Strafvollzug).

Giesen, Zum Begriff des Offenbarens nach § 203 StGB im Fall der Einschaltung privatärztlicher Verrechnungsstellen, NStZ 2012, S. 122 ff.

Goll, Eberhard, Offenbarungsbefugnisse im Rahmen des § 203 Abs. 2 StGB – zugleich eine Darstellung der verschiedenen Funktionen des Merkmals „unbefugt“, zugl.: Diss., Universität Tübingen 1980 (zitiert: *Goll,* Offenbarungsbefugnisse).

Göppinger, Hans, Die Entbindung von der Schweigepflicht und die Herausgabe oder Beschlagnahme von Krankenblättern, NJW 1958, S. 241 ff.

– *(Begr.),* Kriminologie, 6. Auflage, München 2008 (zitiert: *Göppinger,* Kriminologie, § Rn.).

Gössel, Karl Heinz/Dölling, Dieter, Strafrecht Besonderer Teil 1 – Straftaten gegen Persönlichkeits- und Gemeinschaftswerte, 2. Auflage, Heidelberg 2004 (zitiert: *Gössel/Dölling,* BT 1, § Rn.).

Grömig, Ursula, Schweigepflicht der Ärzte untereinander, NJW 1970, S. 1209 ff.

Grünwald, Gerald, Zur gesetzlichen Regelung der unechten Unterlassungsdelikte, ZStW 70 (1958), S. 412 ff.

Grünwald, Gerald bei *Berz, Ulrich,* Tagungsbericht – Die Diskussionsbeiträge der Strafrechtslehrertagung 1977 in Gießen, ZStW 90 (1978), S. 210 ff.

Günther, Hans-Ludwig, Die Auswirkungen familienrechtlicher Verbote auf das Strafrecht – Erläutert am Beispiel der neuen Diskussion um ein elterliches Züchtigungsverbot durch § 1631 Abs. 2 BGB, in: *Medicus, Dieter/Mertens, Hans-Joachim/Nörr, Knut Wolfgang/Zöllner, Wolfgang (Hrsg.),* Festschrift für Hermann Lange, Stuttgart u.a. 1992, S. 877 (zitiert: *Günther,* Auswirkungen familienrechtlicher Verbote, in: *Medicus u.a.,* FS-Lange).

Günter Rudolf/von Agris, Ulrich, Die ärztliche Schweigepflicht im Spannungsfeld zwischen strafrechtlicher Anzeigepflicht und rechtfertigendem Notstand (Teil I), Der Arzt und sein Recht 1992, S. 4 ff.

Gusy, Christoph, Polizeirecht, 8. Auflage, Tübingen 2011 (zitiert: *Gusy,* Polizeirecht, Rn.).

Hackel, Wolfgang, Drittgeheimnisse innerhalb der ärztlichen Schweigepflicht, NJW 1969, S. 2257 ff.

Haffke, Bernhard, Schweigepflicht, Verfahrensrevision und Beweisverbot, GA 1973, S. 65 ff.

Haft, Fritjof, Strafrecht Allgemeiner Teil, 9. Auflage, München 2004 (zitiert: *Haft,* AT).

Harderthauer, Christine, Befreiung von der Schweigepflicht zu Gunsten des Kinderschutzes?, ZRP 2009, S. 159.

Hassemer, Raimund, Schutzbedürftigkeit des Opfers in der Strafrechtsdogmatik – Zugleich ein Beitrag zur Auslegung des Irrtumsmerkmals in § 263 StGB, zugl.: Diss., Universität Mannheim 1980 (zitiert: *R. Hassemer,* Schutzbedürftigkeit des Opfers in der Strafrechtsdogmatik).

von Heintschel-Heinegg, Bernd (Hrsg.), Beck´scher Onlinekommentar Strafrecht, München, Edition 23, Stand: 22.7.2013 (zitiert: BeckOK/*Bearbeiter,* StGB, § Rn.).

Henssler, Martin, Das anwaltliche Berufsgeheimnis, NJW 1994, S. 1817 ff.

Herrmann, Bernd/Dettmeyer, Reinhard/Banaschak, Sibylle/Thyen, Ute, Kindesmisshandlung – Medizinische Diagnostik, Intervention, rechtliche Grundlagen, 2. Auflage, Heidelberg, 2010 (zitiert: *Herrmann/Dettmeyer/Banaschak/Thyen,* Kindesmisshandlung).

Herzberg, Rolf Dieter, Die Unterlassung im Strafrecht und das Garantenprinzip, zugl.: Habil. – Schr., Universität Köln 1972 (zitiert: *Herzberg,* Die Unterlassung im Strafrecht).

Hillenkamp, Thomas, Vorsatztat und Opferverhalten, zugl.: Habil. – Schr., Universität Göttingen 1981 (zitiert: *Hillenkamp,* Vorsatztat und Opferverhalten).

–, Der praktische Fall – Strafrecht: Das Aufnahmeritual und seine Folgen, JuS 2001, S. 159 ff.

Hoyer, Andreas, Im Strafrecht nichts Neues? – Zur strafrechtlichen Bedeutung der Neufassung des § 1631 II BGB, FamRZ 2001, S. 521 ff.

Hruschka, Joachim, Strafrecht nach logisch-analytischer Methode – Systematisch entwickelte Fälle mit Lösungen zum Allgemeinen Teil, 2. Auflage, Berlin u.a. 1988 (zitiert: *Hruschka,* Strafrecht).

Huster, Stefan/Rux, Johannes, Kindeswohl und Datenschutz – Rechtslage und Reformüberlegungen am Beispiel von RISKID, NWVBl. 2008, S. 455 ff.

Jahn, Kurt/Figge, Gustav/Wältermann, Günter/Wiegand, Dietrich/Menard, Lutz (Hrsg.), Sozialgesetzbuch für die Praxis – SGB Kommentar, Loseblattsammlung, 222. Ergänzungslieferung, Freiburg u.a., Stand: November 2011 (zitiert: *Bearbeiter,* in: Jahn u.a., SGB X Rn.).

Jakobs, Günther, Allgemeiner Teil. Studienausgabe. Die Grundlagen und die Zurechnungslehre, 2. Auflage, Berlin u.a. 1991 (Jakobs, AT, Abschnitt/Rn.).

Janda, Constanze, Medizinrecht, 2. Auflage, Konstanz 2012 (zitiert: *Janda,* Medizinrecht).

Jescheck, Hans-Heinrich/Weigend, Thomas, Lehrbuch des Strafrechts, Allgemeiner Teil, 5. Auflage, Berlin 1996 (zitiert: *Jescheck/Weigend,* AT).

Joecks, Wolfgang, Strafgesetzbuch – Studienkommentar – 10. Auflage, München 2012 (zitiert: *Joecks,* Studienkommentar StGB, § Rn.).

Johannsen, Kurt H./Henrich, Dieter (Hrsg.), Familienrecht – Scheidung, Unterhalt, Verfahren, Kommentar, 5. Auflage, München 2010 (zitiert: Johannsen/Henrich/*Bearbeiter,* Familienrecht, § Rn.).

Kaufmann, Arthur, Anm. zu OLG Nürnberg Beschl. v. 17.08.1956 – Ws 267/56, in: NJW 1958, S. 272 ff.

Kaufmann, Ferdinand, Die Jugendhilfe im Spannungsfeld zwischen Strafverfolgung und Erziehungshilfe; Rechtsfragen im Zusammenhang mit Straftaten, an denen Minderjährige als Täter oder Opfer beteiligt sind, ZfJ 1990, S. 1 ff.

Kasseler Kommentar Sozialversicherungsrecht, *Leitherer Stephan (Hrsg.)*, München, 78. Ergänzungslieferung, Stand: 1. Juni 2013 (zitiert: KassKomm/*Bearbeiter,* § Rn.).

Kemper, Andrea/Fegert, Jörg M./Fangerau, Heiner, Bruch der ärztlichen Schweigepflicht bei Androhung von Gewalt und Sexualstraftaten – Ethische und rechtliche Grundlagen als Wegweiser, Nervenheilkunde 2010, S. 460 ff.

Kierski, W.-S., Zeugnisverweigerungsrecht des Arztes über Geheimnisse Dritter?, Der medizinische Sachverständige 1963, S. 205 f.

Kindhäuser, Urs, Strafgesetzbuch, Lehr- und Praxiskommentar, 5. Auflage, Baden-Baden 2012 (zitiert: *Kindhäuser,* LPK, § Rn.).

–, Strafrecht – Allgemeiner Teil, 5. Auflage, Baden-Baden 2011 (zitiert: Kindhäuser, AT, § Rn.).

Kindhäuser, Urs/Neumann, Ulfrid/Paeffgen, Hans-Ullrich (Hrsg.), Nomos Kommentar zum Strafgesetzbuch, 4. Auflage, Baden-Baden 2013 (zitiert: NK-StGB-*Bearbeiter,* § Rn.).

Kliemann, Andrea/Fegert, Jörg M., Informationsweitergabe im Kinderschutz – Endlich eine klare Mitteilungsbefugnis durch das neue Bundeskinderschutzgesetz?, ZRP 2011, S. 110 ff.

–, Kategorische Einschaltung der Strafverfolgungsbehörden bei sexuellem Kindesmissbrauch in Institutionen – Leitlinien und Mindeststandards wollen Leistungskräfte in die Verantwortung nehmen, JAmt 2012, S. 127 ff.

Knauer, Christoph, Der Arzt, die Kommunikation und das Strafrecht – Aspekte der ärztlichen Schweigepflicht unter besonderer Berücksichtigung von Supervision, ärztlichem Konsil und Sachverständigentätigkeit – in: *Dölling, Dieter/Götting, Bert/Meier, Bernd-Dieter/Verrel, Torsten (Hrsg.),* Festschrift für Heinz Schöch, Berlin u.a. 2010, S. 439 ff. (zitiert: *Knauer,* Der Arzt, die Kommunikation und das Strafrecht, in: *Dölling u.a.,* FS-Schöch).

Knauf, Christian, Mutmaßliche Einwilligung und Stellvertretung bei ärztlichen Eingriffen an Einwilligungsunfähigen – Zugleich ein Beitrag zur Patientenverfügung, zugl.: Diss., Universität Düsseldorf 2005 (zitiert: *Knauf,* Mutmaßliche Einwilligung).

Kohlhaas, Max, Schwierigkeiten bei der Aufklärung von Kindesmisshandlungen, NJW 1967, S. 958 ff.

Kohte, Wolfhard, Die rechtfertigende Einwilligung, AcP 185 (1985), S. 105 ff.

Köhler, Michael, Strafrecht Allgemeiner Teil, Berlin u.a. 1996 (zitiert: *Köhler,* AT).

Krahmer, Utz (Hrsg.), Sozialdatenschutz nach SGB I und X – Kommentar, 3. Auflage, Köln 2011(zitiert: Krahmer/*Bearbeiter,* § Rn.).

Kreße, Bernhard/Rabe, Vera, Gefahr für die anwaltliche Schweigepflicht: Das geplante Bundeskinderschutzgesetz, NJW 2009, S. 1789 ff.

Kreuzer, Arthur, Anm. zu BGH Urt. v. 26.10.1983 – 1 StR 413/82, in: JR 1984, S. 294 ff.

Kröner, Caroline/Koletzko, Berthold, Basiswissen Pädiatrie, Berlin u.a. 2009 (zitiert: *Kröner/Koletzko,* Pädiatrie).

Kubella, Kathrin, Patientenrechtegesetz, zugl.: Diss., Universität Köln 2011 (zitiert: *Kubella,* Patientenrechtegesetz).

Kühl, Kristian, Strafrecht Allgemeiner Teil, 7. Auflage, München 2012 (zitiert: *Kühl,* Strafrecht AT, § Rn.).

Kunkel, Peter-Christian, Kindesmißhandlung und Sozialdatenschutz, NDV 1992, S. 87 ff.

–, Anzeige- und Auskunftspflicht, Zeugnisverweigerungsrecht und Datenschutz bei Straftaten an Kindern, StV 2002, S. 333 ff.

– *(Hrsg.),* Sozialgesetzbuch VIII – Kinder- und Jugendhilfe, Lehr- und Praxiskommentar, 4. Auflage, Baden-Baden 2011 (zitiert: *Kunkel,* LPK-SGB VIII, § Rn.).

Lackner, Karl/Kühl, Kristian, Strafgesetzbuch mit Erläuterungen, 27. Auflage, München 2011 (zitiert: *Lackner/Kühl,* StGB, § Rn.).

Landesärztekammer Baden-Württemberg (Hrsg.), Merkblatt zur ärztlichen Schweigepflicht in Fällen von häuslicher Gewalt, Stand März 2006, abrufbar unter:

http://www.aerztekammer-bw.de/10aerzte/40merkblaetter/10merkblaetter/schweige pflicht- gewalt.pdf (zuletzt abgerufen am 19.11.2013), (zitiert: *Landesärztekammer BW,* Schweigepflicht in Fällen von häuslicher Gewalt).

–, Merkblatt zur ärztlichen Schweigepflicht, Stand Oktober 2009, abrufbar unter: http://www.aerztekammer-bw.de/10aerzte/40merkblaetter/10merkblaetter/schweigepflicht.pdf (zuletzt abgerufen am 19.11.2013), (zitiert: *Landesärztekammer BW,* Schweigepflicht).

Landgraf, M./Zahner, L./Nickel, P./Till, H./Keller, A./Geyer, C./Schwanitz, N./Gausche, R./Schmutzer, G./Brähler, E./Kiess, W., Kindesmisshandlung, Monatsschrift Kinderheilkunde 2010, S. 149 ff.

Langkeit, Jochen, Umfang und Grenzen der ärztlichen Schweigepflicht gem. § 203 Abs. 1 Nr. 1 StGB, NStZ 1994, S. 6 ff.

Larenz, Karl (Begr.)/Canaris, Claus-Wilhelm, Methodenlehre der Rechtswissenschaft – Studienausgabe, 3. Auflage, Berlin u.a. 1995 (zitiert: *Larenz/Canaris,* Methodenlehre).

Laufs, Adolf/Kern, Bernd-Rüdiger, Handbuch des Arztrechts, 4. Auflage, München 2010 (zitiert: *Laufs/Kern,* Handbuch Arztrecht, § Rn.).

Laufs, Adolf/Katzenmeier, Christian/Lipp, Volker, Arztrecht, 6. Auflage, München 2009 (zitiert: *Laufs/Katzenmeier/Lipp,* Arztrecht, Rn.).

Leipziger Kommentar zum Strafgesetzbuch (zitiert: LK/*Bearbeiter,* § Rn.).

– Band 1 (§§ 1–31 StGB), *Jähnke, Burkhard/Laufhütte, Heinrich Wilhelm/Odersky, Walter (Hrsg.),* 11. Auflage, Berlin 2003.

– Band 2 (§§ 32–55 StGB), *Laufhütte, Heinrich Wilhelm/Rissing van Saan, Ruth/Tiedemann, Klaus (Hrsg.),* 12. Auflage, Berlin 2006.

– Band 5 (§§ 110–145d StGB), *Laufhütte, Heinrich Wilhelm/Rissing van Saan, Ruth/Tiedemann, Klaus (Hrsg.),* 12. Auflage, Berlin 2009.

– Band 6 (§§ 146–210 StGB), *Laufhütte, Heinrich Wilhelm/Rissing van Saan, Ruth/Tiedemann, Klaus (Hrsg.),*12. Auflage, Berlin 2009.

– Band 6 (§§ 223–263a StGB), *Jähnke, Burkhard/Laufhütte, Heinrich Wilhelm/Odersky, Walter (Hrsg.),* 11. Auflage, Berlin 2005.

– Band 8 (§§ 242–262 StGB), *Laufhütte, Heinrich Wilhelm/Rissing van Saan, Ruth/Tiedemann, Klaus (Hrsg.),* 12. Auflage, Berlin 2010.

Lenckner, Theodor, Anm. zu LG Augsburg Beschl. v. 21.11.1963 – 5 T 109/63, in: NJW 1964, S. 1186 ff.

–, Aussagepflicht, Schweigepflicht und Zeugnisverweigerungsrecht, NJW 1965, 321 ff.).

–, Ärztliches Berufsgeheimnis, in: *Göppinger, Hans (Hrsg.),* Arzt und Recht, Medizinisch-juristische Grenzprobleme unserer Zeit, München 1966, S. 159 ff.

(zitiert: *Lenckner,* Ärztliches Berufsgeheimnis, in: *Göppinger,* Arzt und Recht).

Lindner, Josef Franz, ZRP 2007, S. 115 ff.

Lisken, Hans/Denninger, Erhard (Hrsg.), Handbuch des Polizeirechts, 5. Auflage, München 2012 (zitiert: *Lisken/Denninger,* Handbuch des Polizeirechts, Kap. Rn.).

von Liszt, Franz, Der Begriff des militärischen Geheimnisses, in: Festschrift für Heinrich Brunner zum fünfzigjährigen Doktorjubiläum am 8. April 1914, überreicht von der Juristenfakultät der Universität Berlin, München u.a. 1914, S. 207 ff. (zitiert: *von Liszt,* Der Begriff des militärischen Geheimnisses, in: FS-Brunner).

Lücken, Kurt, Schweigepflicht, Zeugnisverweigerungsrecht und Gutachtenverweigerungsrecht der Mitarbeiter einer Erziehungsberatungsstelle, der ein Arzt zugeordnet ist, RdJB 1969, S. 289 ff.

Marx, Michael, Schweigepflicht und Schweigerecht der Angehörigen des Behandlungsstabs im Straf- und Maßregelvollzug, GA 1983, S. 160 ff.

Maurach, Reinhart/Schroeder, Friedrich-Christian/Maiwald, Manfred, Strafrecht Besonderer Teil, Teilband 1, Straftaten gegen Persönlichkeits- und Vermögenswerte, 10. Auflage, Heidelberg 2009 (zitiert: *Maurach/Schroeder/Maiwald,* BT 1, § Rn.).

Menne, Klaus, Hinweise zu Rechtsfragen bei Kindesmißhandlung und sexuellem Mißbrauch, ZfJ 1993, S. 291 ff.

Merkel, Reinhard, Früheuthanasie, Rechtsethische und strafrechtliche Grundlagen örtlicher Entscheidungen über Leben und Tod in der Neonatalmedizin, zugl.: Habil. – Schr., Universität Frankfurt, 2000 (zitiert: *Merkel,* Früheuthanasie).

Mertens, Verena, Das Münchhausen-by-proxy-Syndrom und seine zivil- und strafrechtliche Bedeutung, NJW 2009, S. 1712 ff.

Meurer, Dieter, AIDS und strafrechtliche Probleme der Schweigepflicht, in: *Szwarc, Andrzej J. (Hrsg.),* Aids und Strafrecht, Berlin 1996, S. 133 ff. (zitiert: *Meurer,* Schweigepflicht, in: *Szwarc,* Aids und Strafrecht).

Meysen, Thomas, Bundeskinderschutzgesetz: gesetzliche Programmatik im Baukastensystem, FamRZ 2012, S. 405 ff.

Meysen, Thomas/Eschelbach, Diana, Das neue Bundeskinderschutzgesetz, Heidelberg 2012 (zitiert: *Meysen/Eschelbach,* Bundeskinderschutzgesetz, Kapitel Rn.).

Michalowski, Sabine, Schutz der Vertraulichkeit strafrechtlich relevanter Patienteninformationen, ZStW 109 (1997), S. 519 ff.

Mitsch, Wolfgang, Rechtfertigung und Opferverhalten, zugl.: Habil. – Schr., Universität Tübingen 1991 (zitiert: *Mitsch,* Rechtfertigung).

–, Anm. zu BGH Urt. v. 29.10.1992 – 4 StR 358/92 in: NStZ 1993, S. 384 f.

–, Lösegeld für ein Gemälde, JA 1999, S. 388 ff.

Mittenzwei, Ingo, Anm. zu AG Celle Beschl. v. 9.2.1987 – 25 VII K 3470 SH, in MedR 1988, S. 43 ff.

Moritz, Heinz Peter, Die wichtigsten Neuregelungen im Kindschaftsrecht, JA 1998, S. 704 ff.

Heinz, Müller/Lamberty, Jennifer/de Paz Martinez, Laura, Kinderschutz und Hilfen zur Erziehung: Empirische Befunde zu Kinderschutzverdachtsmeldungen, Kindeswohlgefährdungen und der Praxis der Jugendämter, JAmt 2012, S. 68 ff.

Müller, Katja, Aufgaben der Polizei bei Vernachlässigung, Misshandlung oder sexuellem Missbrauch von Kindern und Jugendlichen, FPR 2009, S. 561 ff.

Müller, Klaus, Schweigepflicht und Schweigerecht des Arztes, in: *Mergen, Armand (Hrsg.),* Die juristische Problematik in der Medizin, Band II- Ärztliche Aufklärungs- und Schweigepflicht, München 1971, S. 63 ff. (zitiert: *Müller,* Schweigepflicht und Schweigerecht, in: *Mergen,* Die juristische Problematik in der Medizin II).

Müller-Dietz, Heinz, Juristische Grundlagen und Dimensionen der Schweigepflicht des Arztes, in: *Jung, Heike/Meiser, Richard Johannes/Müller, Egon (Hrsg.),* Aktuelle Probleme und Perspektiven des Arztrechts, Stuttgart u.a. 1989, S. 39 ff. (zitiert: *Müller-Dietz,* Schweigepflicht des Arztes, in: *Jung u.a.,* Aktuelle Probleme und Perspektiven des Arztrechts).

Münchener Kommentar zum Bürgerlichen Gesetzbuch, Säcker, Franz Jürgen/Rixecker, Roland (Hrsg.) (zitiert: MK/*Bearbeiter,* BGB, § Rn.).
– Band 1, Allgemeiner Teil, 1. Halbband (§§ 1–240, ProstG), 6. Auflage, München 2012.
– Band 4, Schuldrecht, Besonderer Teil II (§§ 611–704, EFZG, TzBfG, KSchG), 6. Auflage, München 2012.
– Band 8, Familienrecht II (§§ 1589–1921, SGB VIII), 6. Auflage, München 2012.

Münchener Kommentar zum Strafgesetzbuch, Joecks, Wolfgang/Miebach, Klaus (Hrsg.), (zitiert: MK/*Bearbeiter,* StGB, § Rn.).
– Band 1 (§§ 1–37 StGB), 2. Auflage, München 2011.
– Band 3 (§§ 80–184g StGB), 2. Auflage, München 2012.
– Band 4 (§§ 185–262 StGB), 2. Auflage, München 2012.
– Band 4 (§§ 263–358 StGB, §§ 1–8, 105, 106 JGG), München 2006.

Münder, Johannes/Meysen, Thomas/Trenczek, Thomas (Hrsg.), Frankfurter Kommentar zum SGB VIII – Kinder- und Jugendhilfe, 7. Auflage, Baden-Baden 2013 (zitiert: Münder/Meysen/Trenczek- *Bearbeiter,* Frankfurter Kommentar SGB VIII, § Rn.).

Müther, Detlef, Möglichkeitsvorstellungen im Bereich der Notrechte des Strafgesetzbuches (§§ 32, 34 StGB), zugl.: Diss., Universität Münster 1998 (zitiert: *Müther,* Notrechte).

Narr, Helmut (Begr.), Ärztliches Berufsrecht, Ausbildung – Weiterbildung – Berufsausübung, Loseblattsammlung, Band II, 2. Auflage, Köln, Stand: 21. Ergänzungslieferung, April 2013 (zitiert: *Narr,* Ärztliches Berufsrecht, Rn.).

Neyen, Werner, Die Einwilligungsfähigkeit im Strafrecht, zugl.: Diss., Universität Trier 1991 (zitiert: *Neyen,* Die Einwilligungsfähigkeit im Strafrecht).

Nebendahl, Mathias, Selbstbestimmungsrecht und rechtfertigende Einwilligung des Minderjährigen bei medizinischen Eingriffen, MedR 2009, S. 197 ff.

Odenwald, Steffen, Die Einwilligungsfähigkeit im Strafrecht unter besonderer Hervorhebung ärztlichen Handelns, zugl.: Diss., Universität Heidelberg 2004 (zitiert: *Odenwald,* Einwilligungsfähigkeit).

Ollmann, Rainer, Strafanzeige des Jugendamtes bei sexuellem Kindesmißbrauch, ZfJ 1998, S. 354 ff.

–, Ist das Jugendamt bei sexuellem Kindesmißbrauch zur Strafanzeige verpflichtet, ZfJ 1999, S. 195 ff.

Olzen, Dirk/Götz, Torben, Gutachterliche Stellungnahme zum Referentenentwurf eines Patientenrechtegesetzes unter besonderer Berücksichtigung der Belange psychisch Kranker, abrufbar unter: http://www.dgppn.de/fileadmin/user_upload/_medien/download/pdf/stellungnahmen/2012/stn-2012-03-21-gutachten.pdf (zuletzt abgerufen am 19.11.2013) (zitiert: *Olzen/Götz,* Gutachterliche Stellungnahme zum Referentenentwurf eines Patientenrechtegesetzes).

Ostendorf, Heribert, Der strafrechtliche Schutz von Drittgeheimnissen, JR 1981, S. 444 ff.

Otto, Harro, Grundkurs Strafrecht – Allgemeine Strafrechtslehre, 7. Auflage, Berlin u.a. 2004 (zitiert: *Otto,* AT, § Rn.).

–, Grundkurs Strafrecht – Die einzelnen Delikte, 7. Auflage, Berlin 2005 (zitiert: *Otto,* Strafrecht BT, § Rn.).

Parzeller, Markus/Bratzke, Hansjürgen, Arztrecht: Grenzen der ärztlichen Schweigepflicht, DÄBl. 2000, S. A 2364 ff.

Parzeller, Markus/Dettmeyer, Reinhard/Bratzke, Hansjürgen/Flaig, Benno/Zedler, Barbara, Schutz von Kindern vor Gewalt – Rechtliche Vorgaben der UN-Kinderrechtskonvention und im Grundgesetz, Rechtmedizin 2010, S. 147 ff.

Paulus, Manfred, Denn sie wissen nicht, was sie tun – oder doch? Sexueller Missbrauch von Kindern – Über die Anzeige- und Schweigepflicht und darüber, wie Täter geschützt und Opfer im Stich gelassen werden, Die Kriminalpolizei 2012, S. 4 ff.

Pawlik, Michael, Der rechtfertigende Notstand – Zugleich ein Beitrag zum Problem strafrechtlicher Solidaritätspflichten, Berlin u.a. 2002 (zitiert: *Pawlik,* Notstand).

Pawlowski, Hans-Martin, Anscheinsvollmacht der Erziehungsberechtigten?, MDR 1989, S. 775 ff.

Pfeiffer, Gerd, Strafprozessordnung, Kommentar, 5. Auflage, München 2005 (zitiert: *Pfeiffer,* StPO, § Rn.).

Pieroth, Bodo/Schlink, Bernhard, Grundrechte Staatsrecht II, 27. Auflage, Heidelberg 2011 (zitiert: *Pieroth/Schlink,* Grundrechte, § Rn.).

Prasser, Georg, Anzeigepflicht bei Kindesmissbrauch, ZRP 2003, S. 220.

Proksch, Roland, Sozialdatenschutz in der Jugendhilfe, Münster 1996 (zitiert: *Proksch,* Sozialdatenschutz).

Pschyrembel, Wilibald (Hrsg.), Klinisches Wörterbuch, 264. Auflage, Berlin 2013 (zitiert: *Pschyrembel,* Klinisches Wörterbuch, Stichwort).

Quaas, Michael/Zuck, Rüdiger, Medizinrecht, 2. Auflage, München 2008 (zitiert: *Quaas/Zuck,* Medizinrecht, § Rn.).

Rasmussen, Heike, Der Schutz medizinischer Daten im Sozialdatenschutz, NZS 1998, S. 67 ff.

Ratzel, Rudolf, Rechte und Pflichten des Arztes bei Verdacht oder Vorliegen von Kindesmisshandlungen, ZMGR 2010, S. 31 ff.

Ratzel, Rudolf/Luxenburger, Bernd, Handbuch Medizinrecht, 2. Auflage, Bonn 2011 (zitiert: *Ratzel/Luxenburger,* Handbuch Medizinrecht, § Rn.).

Ratzel, Rudolf/Lippert, Hans-Dieter, Kommentar zur Musterberufsordnung der deutschen Ärzte (MBO), 5. Auflage, Berlin 2010 (zitiert: *Ratzel/Lippert,* MBOÄ, § Rn.).

Rauschert, Klaus, Schutzpflichten der Jugendhilfe im Strafverfahren, ZfJ 1989, S. 477 ff.

Reiser, Stanley Joel/Dyck, Arthur J./Curran, William J., Ethics in Medicine-Historical Perspectives and Contemporary Concerns, Cambridge u.a. 1977 (zitiert: *Reiser/Dyck/Curran,* Ethics in Medicine).

Reip, Stefan, Täterhandeln bei ungewisser Rechtfertigungslage, zugl.: Diss., Universität Tübingen 1996 (zitiert: *Reip,* Täterhandeln bei ungewisser Rechtfertigungslage).

Reipschläger, Christiane, Die Einwilligung Minderjähriger in ärztliche Heileingriffe und die elterliche Personensorge, zugl.: Diss., Universität Hamburg 2004 (zitiert: *Reipschläger,* Einwilligung).

Renelt, Götz-Dietrich, Sozialdatenschutz und Strafverfolgung – Beitrag zu einem immer währenden Spannungsverhältnis zwischen Sozial- und Strafverfolgungsbehörden aus der Sicht einer Gemeinde, ZFSH/SGB 2002, S. 579 ff.

Rengier, Rudolf, Strafrecht Allgemeiner Teil, 5. Auflage, München 2013 (zitiert: *Rengier,* AT, § Rn.).

–, Strafrecht Besonderer Teil II, 14. Auflage, München 2013 (zitiert: *Rengier,* BT II, § Rn.).

Renzikowski, Joachim, Notstand und Notwehr, zugl.: Diss., Universität Tübingen 1993 (zitiert: *Renzikowski,* Notstand und Notwehr).

Rieger, Hans-Jürgen/Dahm, Franz-Josef/Steinhilper, Gernot (Hrsg.), Heidelberger Kommentar Arztrecht – Krankenhausrecht – Medizinrecht – HK-AKM, Loseblattsammlung, Heidelberg u.a., Stand: 50. Aktualisierung, Oktober 2013 (zitiert: *HK-AKM/Bearbeiter,* Ziffer Rn.).

Rogall, Klaus, Die Verletzung von Privatgeheimnissen (§ 203 StGB) – Aktuelle und ungelöste Fragen, NStZ 1983, S. 1 ff.

–, Anm. zu OLG Köln Beschl. v. 30.11.1982 – 3 Zs 126/82, in: NStZ 1983, S. 413 f.

Rolfs, Christian/Giesen, Richard/Kreikebohm, Ralf/Udsching, Peter (Hrsg.), Beck´scher Onlinekommentar Sozialrecht, München, Edition 31, Stand: 1.9.2013 (zitiert: BeckOK/*Bearbeiter,* SGB, § Rn.).

Rönnau, Thomas, Willensmängel bei der Einwilligung im Strafrecht, zugl.: Habil. – Schr., Universität Kiel 1999 (zitiert: *Rönnau,* Willensmängel bei der Einwilligung).

–, Voraussetzungen und Grenzen der Einwilligung im Strafrecht, Jura 2002, S. 665 ff.

Rössner, Dieter, 30 Probleme aus dem Strafprozessrecht, 2. Auflage, München u.a. 2007 (zitiert: *Rössner,* 30 Probleme aus dem Strafprozessrecht).

Rothärmel, Sonja/Wolfslast, Gabriele/Fegert, Jörg Michael, Informed Consent, ein kinderfeindliches Konzept?, MedR 1999, S. 293 ff.

Roxin, Claus, Strafrecht Allgemeiner Teil Band I: Grundlagen. Der Aufbau der Verbrechenslehre, 4. Auflage, München 2006 (zitiert: *Roxin,* AT I, § Rn.).

–, Strafrecht Allgemeiner Teil Band II: Besondere Erscheinungsformen der Straftat, München 2003 (zitiert: *Roxin,* AT II, § Rn.).

Roxin, Claus/Schroth, Ulrich, Handbuch des Medizinstrafrechts, 4. Auflage, Stuttgart u.a. 2010 (zitiert: *Roxin/Schroth,* Medizinstrafrecht).

Runder Tisch „Sexueller Kindesmissbrauch in Abhängigkeits- und Machtverhältnissen in privaten und öffentlichen Einrichtungen und im familiären Bereich". – Abschlussbericht vom 30.11.2011, abrufbar unter: http://www.rundertisch-kindesmissbrauch.de/documents/AB%20RTKM_barrierefrei.pdf(zuletzt abgerufen am 19.11.2013), (zitiert: Abschlussbericht des Runden Tisches „Sexueller

Kindesmissbrauch in Abhängigkeits- und Machtverhältnissen in privaten und öffentlichen Einrichtungen und im familiären Bereich" vom 30.11.2011).
– Leitlinien zur Einschaltung der Strafverfolgungsbehörden, abrufbar unter: www.bmj.de/SharedDocs/Downloads/DE/pdfs/RunderTisch_Leitlinien_zur_Einschaltung_der_Strafverfolgungsbehoerden.pdf (zuletzt abgerufen am 19.11.2013), (zitiert: Leitlinien zur Einschaltung der Strafverfolgungsbehörden des Runden Tisches „Sexueller Kindesmissbrauch in Abhängigkeits- und Machtverhältnissen in privaten und öffentlichen Einrichtungen und im familiären Bereich").

Sauter, Fritz, Das Berufsgeheimnis und sein strafrechtlicher Schutz (§ 300 R.St.G.B.), Strafrechtliche Abhandlungen, Breslau 1910 (zitiert: *Sauter,* Berufsgeheimnis).

Scherer, Inge, Schwangerschaftsabbruch bei Minderjährigen und elterliche Zustimmung, FamRZ 1997, S. 589 ff.

Schimke, Hans-Jürgen, Das neue Bundeskinderschutzgesetz – erste Einschätzungen und Perspektiven, JAmt 2011, S. 621 ff.

Schlack, Hans G./Thyen, Ute/von Kries, Rüdiger (Hrsg.), Sozialpädiatrie – Gesundheitswissenschaft und pädiatrischer Alltag, Heidelberg, 2009 (zitiert: *Schlack/Thyen/v. Kries,* Sozialpädiatrie).

Schlund, Gerhard, Zu Fragen der ärztlichen Schweigepflicht, JR 1977, S. 265 ff.

–, Anm. zu OLG Frankfurt Urt. v. 5.10.1999 – 8 U 67/99, in: JR 2000, S. 376 f.

Schmidhäuser, Eberhard, Strafrecht Allgemeiner Teil, Studienbuch, 2. Auflage, Tübingen 1984 (zitiert: *Schmidhäuser,* Strafrecht AT).

Schmidt, Eberhard, Der Arzt im Strafrecht, Leipzig 1939 (zitiert: *Eb. Schmidt,* Der Arzt im Strafrecht).

–, Brennende Fragen des ärztlichen Berufsgeheimnisses, München 1951 (zitiert: *Eb. Schmidt,* Brennende Fragen).

–, Ärztliche Schweigepflicht und Zeugnisverweigerungsrecht im Bereiche der Sozialgerichtsbarkeit, NJW 1962, S. 1745 ff.

Schmidt, Gerhard, Zur Problematik des Indiskretionsdelikts, ZStW 79 (1967), S. 741 ff.

Schmitz, Roland, Verletzung von (Privat)geheimnissen – Der Tatbestand des § 203 StGB, JA 1996, S. 772 ff.

–, Verletzung von (Privat)geheimnissen – Qualifikation und ausgewählte Probleme der Rechtfertigung, JA 1996, S. 949 ff.

Schmelz, Sabine, Gesetzliche Grundlagen der Blutentnahme, in: *Schneider, Frank/Frister, Helmut (Hrsg.),* Alkohol und Schuldfähigkeit – Entscheidungshilfen für Ärzte und Juristen, Berlin u. a. 2002, S. 91 ff. (zitiert: *Schmelz,* Blutentnahme, in: *Schneider/Frister,* Alkohol und Schuldfähigkeit).

Schnoor, Kathleen, Schweigepflicht in der Zusammenarbeit mit Strafverfolgungsbehörden in Fällen von Misshandlung, Vernachlässigung, in: *Jörg M. Fegert/Schrapper, Christian (Hrsg.),* Handbuch Jugendhilfe – Jugendpsychologie, Weinheim u.a. 2004, S. 375 ff. (zitiert: *Schnoor,* Schweigepflicht, in: *Fegert u.a.,* Handbuch Jugendhilfe- Jugendpsychologie).

Schönke, Adolf/Schröder, Horst, Strafgesetzbuch, Kommentar, 28. Auflage, München 2010 (zitiert: Sch/Sch/*Bearbeiter,* § Rn.).

Schreiner, Helmut, Drittgeheimnisse und Schweigepflicht, zugl. Diss., Universität Heidelberg 1974 (zitiert: Schreiner, Drittgeheimnisse).

Schröder, Daniela, Auskunftsanspruch der Eltern minderjähriger Kinder gegen den Arzt, zugl.: Diss., Universität Düsseldorf 2010 (zitiert: *Schröder,* Auskunftsanspruch).

Schroeder, Friedrich-Christian, Die Notwehr als Indikator politischer Grundanschauung, in: *Schroeder, Friedrich-Christian/Zipf, Heinz (Hrsg.),* Festschrift für Reinhart Maurach, Karlsruhe 1972, S. 127 ff. (zitiert: *Schroeder,* Notwehr als Indikator politischer Grundanschauung, in: *Schroeder/Zipf,* FS-Maurach).

Schroth, Ulrich, Die Annahme und das „Für-Möglich-Halten" von Umständen, die einen anerkannten Rechtfertigungsgrund begründen, in: *Haft, Fritjof/Hassemer, Winfried, Neumann, Ulfrid/Schild/Wolfgang/Schroth, Ulrich (Hrsg.),* Festschrift für Arthur Kaufmann, Heidelberg 1993, S. 595 ff. (zitiert: *Schroth,* „Für-Möglich-Halten", in: *Haft u.a.,* FS-Arthur Kaufmann).

Schultz, Hans, Der Arzt als Büttel der Polizei, in: *Kaufmann, Arthur/Bemmann, Günter/Krauss, Detlef/Volk, Klaus (Hrsg.),* Festschrift für Paul Bockelmann, München 1979, S. 603 ff. (zitiert: *Schultz,* Der Arzt als Büttel der Polizei, in: *Arthur Kaufmann u.a.,* FS-Bockelmann).

Schünemann, Bernd, Der strafrechtliche Schutz von Privatgeheimnissen, ZStW 90 (1978), S. 11 ff.

–, Methodologische Prolegomena zur Rechtsfindung im Besonderen Teil des Strafrechts, in: *Kaufmann, Arthur/Bemmann, Günter/Krauss, Detlef/Volk, Klaus (Hrsg.),* Festschrift für Paul Bockelmann, München 1979, S. 117 ff. (zitiert: *Schünemann,* Methodologische Prolegomena zur Rechtsfindung im Besonderen Teil des Strafrechts, in: *Arthur Kaufmann u.a.,* FS-Bockelmann).

–, Die Unterlassungsdelikte und die strafrechtliche Verantwortlichkeit für Unterlassungen, ZStW 96 (1984), S. 287 ff.

–, Die deutschsprachige Strafrechtswissenschaft nach der Strafrechtsreform im Spiegel des Leipziger Kommentars und des Wiener Kommentars – 1. Teil: Tatbestands- und Unrechtsebene, GA 1985, S. 341 ff.
–, Die Zukunft der Viktimo-Dogmatik: die viktimologische Maxime als umfassendes regulatives Prinzip zur Tatbestandseingrenzung im Strafrecht, in: *Zeidler, Wolfgang/Maunz, Theodor/Roellecke, Gerd (Hrsg.),* Festschrift für Hans Joachim Faller, München 1984, S. 357 ff. (zitiert: *Schünemann,* Die Zukunft der Viktimo-Dogmatik, in: *Zeidler u.a.,* FS-Faller).
–, Zur Stellung des Opfers im System der Strafrechtspflege, NStZ 1985, S. 439 ff.
Searle, John R., Sprechakte, Frankfurt 1971 (zitiert: *Searle,* Sprechakte).
Seeberg, Rouven, Aufgedrängte Nothilfe, Notwehr und Notwehrexzess, zugl.: Diss., Universität Göttingen 2004 (zitiert: *Seeberg,* Aufgedrängte Nothilfe)
Seelmann, Kurt, Das Verhältnis von § 34 StGB zu anderen Rechtfertigungsgründen, Heidelberg u.a. 1978 (zitiert: *Seelmann,* Rechtfertigungsgründe).
Seier, Jürgen, Umfang und Grenzen der Nothilfe im Strafrecht, NJW 1987, S. 2476 ff.
Seizinger, Kurt, Der Konflikt zwischen dem Minderjährigen und seinem gesetzlichen Vertreter bei der Einwilligung in den Heileingriff im Strafrecht, zugl.: Diss., Universität Tübingen 1976 (zitiert: *Seizinger,* Konflikt).
Simtis, Spiros (Hrsg.), Bundesdatenschutzgesetz, 7. Auflage, Baden-Baden 2011 (zitiert: Simitis/*Bearbeiter,* BDSG, § Rn.).
Smentkowski, Ulrich, Akteneinsichtsrecht der Krankenkassen nach § 294a SGB V und Gesetzesinitiativen, VersR 2008, S. 465 ff.
Spickhoff, Andreas, Erfolgszurechnung und „Pflicht zum Bruch der Schweigepflicht“, zugl. Besprechung von OLG Frankfurt Beschl. v. 8.7.1999 – 8 U 67/99, in: NJW 2000, S. 848 f.
–, Die Entwicklung des Arztrechts in den Jahren 2009/2010, NJW 2010, S. 1718 ff.
–, Medizinrecht, München 2011 (zitiert: *Spickhoff,* Medizinrecht, § Rn.).
Staubli, Georg, Notfall und Rettungsmedizin, 2007, S. 579 ff.
von Staudinger, Julius (Begr.), J. von Staudingers Kommentar zum Bürgerlichen Gesetzbuch mit Einführungsgesetz und Nebengesetzen (zitiert: Staudinger/*Bearbeiter,* § Rn.).
– Buch 1, Allgemeiner Teil, §§ 90–133, §§ 1–54, 63, BeurkundungsG, (Allgemeiner Teil 3 und Beurkundungsverfahren) Neubearbeitung, Berlin u.a. 2011.
– Buch 4, Familienrecht.
– §§ 1626–1631; Anhang zu § 1631: RKEG (Elterliche Sorge 1 – Inhaberschaft und Inhalt), Neubearbeitung, Berlin u.a. 2007.

– §§ 1638–1683 (Elterliche Sorge 2 - Vermögenssorge, Kindesschutz, Sorgerechtswechsel), Neubearbeitung, Berlin u.a. 2009.
– Eckpfeiler des Zivilrechts, Berlin u.a. Neubearbeitung 2012 (zitiert: Staudinger/*Bearbeiter,* Eckpfeiler, Kap. Rn.).

Stegemann, Eduard (Hrsg.), Die gesamten Materialien zu den Reichsjustizgesetzen, Band 3, Materialien zur Strafprozessordnung – Abteilung 2, 2. Auflage, Aalen 1983 (zitiert: Stegemann, Die gesamten Materialien zur StPO).

Sternberg-Lieben, Detlev, Die objektiven Schranken der Einwilligung im Strafrecht, zugl.: Habil. – Schr., Universität Tübingen 1997 (zitiert: *Sternberg-Lieben,* Die objektiven Schranken der Einwilligung).

–, § 228 StGB: eine nicht nur überflüssige Regelung, in: *Strafrechtsprofessoren der Tübinger Juristenfakultät und des Justizministeriums Baden-Württemberg (Hrsg.),* Gedächtnisschrift für Rolf Keller, Tübingen 2003, S. 289 ff. (zitiert: *Sternberg-Lieben,* § 228 StGB: eine nicht nur überflüssige Regelung, in: *Tübinger Juristenfakultät,* GS Keller).

Sternberg-Lieben, Detlev/Sternberg-Lieben, Irene, Zur Strafbarkeit der aufgedrängten Nothilfe, JuS 1999, S. 444 ff.

Stratenwerth, Günter/Kuhlen, Lothar, Strafrecht Allgemeiner Teil – Die Straftat, 6. Auflage, München 2011 (*Stratenwerth/Kuhlen,* AT, § Rn.).

Stucke, Ulrich, Berufliche Schweigepflicht bei Drittgeheimnissen als Vertrauensschutz, zugl.: Diss., Universität Osnabrück 1981 (zitiert: *Stucke,* Berufliche Schweigepflicht).

Suhr, Christian, Zur Begriffsbestimmung von Rechtsgut und Tatobjekt im Strafrecht, JA 1990, S. 303 ff.

Systematischer Kommentar zum Strafgesetzbuch, Loseblattsammlung, München u.a., (zitiert: SK-StGB/*Bearbeiter,* § Rn.).
– Band I, (§§ 1–45b), 8. Auflage, Stand: 139. Lieferung (August 2013).
– Band III, (§§ 123–211), 8. Auflage, Stand: 139. Lieferung (August 2013).
– Band V, (§§ 267–358), 8. Auflage, Stand: 139. Lieferung (August 2013).

Taupitz, Jochen, Gutachten A zum 63. Deutschen Juristentag, Leipzig 2000, München 2000 (zitiert: *Taupitz,* 63. DJT, A).

Teubner, Patrick, Verteidigungsstrategien in Arztstrafverfahren – auch im Hinblick auf Folgeverfahren, in: *Arbeitsgemeinschaft Medizinrecht im Deutschen Anwaltverein, Berlin/Institut für Rechtsfragen der Medizin, Düsseldorf (Hrsg.),* 2. Düsseldorfer Medizinstrafrechtstag – Brennpunkte des Arztstrafrechts, Baden-Baden 2012, S. 65 ff. (zitiert: *Teubner,* Verteidigungsstrategien in Arztstrafverfahren, in: *AG Medizinrecht im DAV/IMR (Hrsg.)*, 2. Düsseldorfer Medizinstrafrechtstag – Brennpunkte des Arztstrafrechts).

Timm, Manfred, Grenzen der ärztlichen Schweigepflicht, zugl.: Diss., Universität Düsseldorf 1987 (zitiert: *Timm,* Grenzen der ärztlichen Schweigepflicht).

Trockel, Horst, Die Einwilligung Minderjähriger in den ärztlichen Heileingriff, NJW 1972, S. 1493 ff.

Trube-Becker, Elisabeth, Gewalt gegen das Kind, Vernachlässigung, Mißhandlung, sexueller Mißbrauch und Tötung von Kindern, 2. Auflage, Heidelberg 1987 (zitiert: *Trube-Becker,* Gewalt gegen das Kind).

Ulrich, Hans-Joachim, Unterlassene Hilfeleistung des Arztes gegenüber einem behandlungswilligen Patienten? Anm. zu BGH Urt. v. 26.10.1983 – 1 StR 413/82, in: MedR 1983, S. 137 ff.

Ulsenheimer, Klaus, Therapieverweigerung bei Kindern. Strafrechtliche Aspekte, in: *Dierks, Christian/Graf-Baumann, Toni/Lenard, Hans-Gerd (Hrsg.),* Therapieverweigerung bei Kindern und Jugendlichen, Berlin u.a. 1995, S. 65 ff. (zitiert: *Ulsenheimer,* Therapieverweigerung bei Kindern, in: *Dierks u.a.,* Therapieverweigerung).

–, Arztstrafrecht in der Praxis, 4. Auflage, Heidelberg 2007 (zitiert: *Ulsenheimer,* Arztstrafrecht, Rn.).

Vogels, Tim O., Anm. zu OLG Frankfurt Beschl. v. 8.7.1999 – 8 U 67/99, in: MDR 1999, S. 1445 f.

Voßkuhle, Andreas, JuS 2007, Grundwissen – Öffentliches Recht: Der Gefahrenbegriff im Polizei- und Ordnungsrecht, S. 908 f.

Wabnitz, Reinhard, Das Berliner Kinderschutzgesetz im Kontext zum Bundeskinderschutzgesetz, FPR 2011, S. 192 ff.

Walter, Tonio, Der Kern des Strafrechts, zugl.: Habil. – Schr., Universität Freiburg i. Br. 2006 (zitiert: *Walter,* Kern des Strafrechts).

Warda, Günter, Vorsatz und Schuld bei ungewisser Tätervorstellung über das Vorliegen strafbarkeitsausschließender, insbesondere rechtfertigender Tatumstände, in: *Warda, Günter/Wieder, Heribert/von Hippel, Reinhard/Meurer, Dieter (Hrsg.),* Festschrift für Richard Lange, Berlin u.a. 1976, S. 119 ff. (zitiert: *Warda,* ungewisse Tätervorstellung, in: *Warda u.a.,* FS-Lange).

Weddehage, Ina, Ärztliche Schweigepflicht bei Verdacht auf Straftaten, das Krankenhaus 1997, S. 231 ff.

Wessels, Johannes/Beulke, Werner, Strafrecht Allgemeiner Teil, Die Straftat und ihr Aufbau, 41. Auflage, Heidelberg u.a. 2011 (zitiert: *Wessels/Beulke,* AT, Rn.).

Wiesner, Reinhard, Möglichkeit und Grenzen der Kooperation von Jugendamt und Familiengericht, in: *Deutsches Institut für Jugendhilfe und Familienrecht (DIJuF) e.V. (Hrsg.),* Zusammenarbeit zwischen Familiengerichten und Jugendämtern bei der Verwirklichung des Umgangs zwischen Kindern und Eltern

Dokumentation einer Veranstaltungsreihe des Bundesministeriums der Justiz und des Bundesministeriums für Familie, Senioren, Frauen und Jugend, Heidelberg 2004, S. 30 ff., abrufbar unter: http://www.dijuf.de/tl_files/downloads/2010/fachzeitschrift_das_jugendamt/Tagungsdokumentation_JA_FamG.pdf (zuletzt abgerufen am 19.11.2013), (zitiert: *Wiesner,* Möglichkeit und Grenzen der Kooperation von Jugendamt und Familiengericht, in: *DIJuF,* Zusammenarbeit zwischen Familiengerichten und Jugendämtern).

– *(Hrsg.),* SGB VIII Kinder- und Jugendhilfe, Kommentar, 4. Auflage, München 2011 (zitiert: Wiesner/*Bearbeiter,* SGB VIII, § Rn.).

Woesner, Horst, Fragen ärztlicher Geheimhaltungspflicht, NJW 1957, S. 692 ff.

Wolfslast, Gabriele, Aufklärung über Aids-Erkrankung, Anm. zu OLG Frankfurt Beschl. v. 8.7.1999 – 8 U 67/99, in: NStZ 2001, S. 151 f.

–, Zur ärztlichen Schweigepflicht bei der Behandlung Minderjähriger, in: *Gropp, Walter/Lipp, Martin/Steiger, Heinrich (Hrsg.),* Rechtswissenschaft im Wandel, Festschrift des Fachbereichs Rechtswissenschaft zum 400jährigen Gründungsjubiläum der Justus-Liebig-Universität Gießen, Tübingen 2006, S. 361 ff. (zitiert: *Wolfslast,* Schweigepflicht, in: *Gropp u.a.,* FS-Justus-Liebig-Universität Gießen).

Wölk, Florian, Der minderjährige Patient in der ärztlichen Behandlung, MedR 2001, S. 80 ff.

von Wullfen, Matthias, Sozialgesetzbuch, Zehntes Buch Sozialgesetzbuch – Sozialverwaltungsverfahren und Sozialdatenschutz – (SGB X) – Kommentar, 7. Auflage, München 2010 (zitiert: von Wullfen/*Bearbeiter,* SGB X, § Rn.).

Zielinski, Diethart, Handlungs- und Erfolgsunwert im Unrechtsbegriff, zugl.: Diss., Universität Bonn 1973 (zitiert: *Zielinski,* Handlungs- und Erfolgsunwert).

Zitelmann, Ernst, Ausschluss der Widerrechtlichkeit, AcP 99 (1906), S. 1 f.